KB179596

기업윤리와 경제윤리

서광조 · 이응권 공저

철학과 현실사

머리말

　60년대 초 5개년 경제 개발 계획을 실시한 이후 우리 나라는 지속적으로 고도의 성장을 달성하면서 95년에는 일인당 국민 소득이 1만 달러에 달하는 한편 무역 규모도 2천 5백억 달러에 육박하여 세계 11~12위로 올라서는 엄청난 발전을 하여 왔다. 물론 이같은 놀라운 성장과 발전을 하여 오는 과정에서 많은 어려움이 전혀 없었던 것은 아니다. 1차 석유 파동 때 선진국에 비하여 다소 적은 피해를 입었지만, 곧 밀어닥친 세계 경제의 침체와 국제 무역 시장의 불황으로 인해 우리의 수출도 큰 타격을 받으면서 둔화되지 않을 수 없었다. 그후 곧 이어 2차 에너지 파동에선 1차 때와는 비교되지 않을 정도로 많은 타격을 받아 높은 실업률과 물가 상승률을 나타내면서 우리 경제가 개발 계획을 실시한 이래 처음으로 마이너스 성장률을 기록하는 어려움을 겪기도 하였다.

　그러나, 80년대 중반 국제적으로 나타난 3저 현상과 더불어 정부, 기업 및 시민들이 힘을 모아 많은 노력을 기울임으로써 경제적 위기를 무사히 극복하고 86년부터는 우리들이 그렇게도 갈망하던 무역 흑자와 고성장을 달성하게 되었다. 이와 동시에 국내 저축도 증가하게 됨에 따라 투자를 국내 자본으로 감당할 수 있게 될 뿐 아니라 그동안 많이 누적된 외채도 대폭 축소시켜 나갈 수 있었다. 또 한편으로 86년의 아시안 게임에 이어 88년에는 올림픽 게임마저도 개최하게 됨에 따라 우리 나라는 온통 축제 분위기 속에 빠져 들어 그 동안 열심히 노력했던 근검절약 생활을 버리고 풍성하게 먹고 마시면서 마음껏 노는 생활을 즐기는 한편 이를 대외적으로 과시하기 위해 홍보까지 하게 되었다.

그러나, 87년부터 불어닥친 노사 분규와 노동 파업은 기업, 정부 및 노동자 사이의 관계를 갑작스럽게 긴장시키는 한편 지속적인 성장에 걸림돌로 작용하기 시작하였다. 불행하게도 이같은 분규와 파업이 일괄성으로 끝나지 않고 계속 일어나면서 전국적인 규모로 확대되자 분배 정의의 문제가 처음으로 거론되기 시작했다. 이때까지 우리 나라는 성장을 최우선 과제로 삼으면서 정부 주도의 발전을 추구하여 왔기 때문에 "나눔"보다는 "파이(pie)"를 더 키우는 데에 열중하고, 그렇게 하는 것을 당연한 일로 받아들였다. 그런 의식 속에서 노동자가 "나눔"을 요구하게 되는 반면에, 정부와 기업은 이를 거절하면서 아직은 당분간 더욱더 열심히 일할 때라고 주장하게 됨에 따라 분위기는 점차로 험악해지기 시작하였다. 이와 때를 같이하여 일어난 부실 기업에 대한 정부의 특혜성 세금 탕감과 자금 지원은 그 당위성을 둘러싸고 많은 논란을 불러일으켰다.

89~90년에 불어닥친 부동산 및 금융 투기는 재벌 기업들로 하여금 마구잡이식의 부동산 취득에 열을 올리게 하였다. 이에 정부는 부동산 투기를 망국적 병폐라 규정하고 이를 억제하는 방안으로 토지 공개념을 들고 나와 초토세 및 개발 이익 환수라는 명목을 내세워 무거운 세금을 부과하려 했다. 그러나, 기업은 그러한 조치가 자본주의의 기본인 사유 재산

권을 침해하는 것이라 단정하고 강력하게 반발하고 나왔다.

한편 세계 경제가 1, 2차 에너지 파동 때 시행된 모든 보호주의를 타파하고 자유 무역을 선호하는 분위기 속으로 전환하면서 UR 협상이 본격화되자 앞으로의 수출은 시장의 경쟁력이 좌우할 것이라 하였다. 그러나, 이를 억제하는 요소가 우리 경제의 여러 곳에 산재하여 경쟁력 제고가 그렇게 쉽지 않을 것이라고 했다. 다시 말하면, 정부의 규제와 금리가 많고 높을 뿐 아니라 여신마저도 여의치 못하여 금융 비용이 경쟁국에 비교해 엄청나게 높다는 것이다. 또한 노동의 임금 인상률도 노동의 생산성을 크게 웃돌아 경쟁력을 갖는다는 것은 매우 어려운 일이라 하였다.

또 다른 한편으로 이 당시 사치성 과다 소비 풍조가 만연되는 것을 기회로 삼아 대기업들이 고가의 사치품을 앞장서서 대량으로 수입하여 높은 폭의 이윤을 챙기게 되자, 기업의 상행위에 대한 비판의 목소리가 높아지기 시작하였다. 이같이 비판적 사회 분위기가 조성되자 오래 전부터 문제삼아오던 문어발식 확장, 중소 기업 분야의 침투, 내부자 거래, 상호 출자, 그리고 상품 거래의 과다한 어음 결재 등을 집중적으로 거론하면서 경제 윤리와 기업의 윤리 도덕성을 따지기 시작하였다.

92~93년에 들어서면서 이같은 경제 윤리 및 기업 윤리 문제가 사회 문제로 크게 부각되어 언론 매체를 통해 집중적으로 거론되자 정부는 공정거래위원회의 기능을 강화시켜 공정한 시장 질서가 잘 지켜지도록 노력하는 한편 경제와 기업 활동에 대한 규제도 대폭 완화시켜 나가겠다고 약속했다. 이같이 경제 윤리와 기업 윤리에 많은 사람들의 관심이 집중되고 있음에도 불구하고 곧 이어 우지 사용으로 인한 "라면"

파동이 발생하여 시민들을 경악케 하는가 하면 부산 구포의 열차 탈선, 목포의 국내 여객기 추락, 그리고 서해 위도의 과다 승선으로 인한 여객선의 전복 등으로 수백 명의 생명을 빼앗아 가는 대형 사고들이 줄이어 발생하여 나라 안팎으로 모든 사람들을 깜짝 놀라게 하였다. 이때 언론 매체는 이같은 대형 사고는 사람의 부주의에서 오는 인재라고 결론내린 다음 이는 그동안 이룩한 고도의 성장 및 발전의 허점이기 때문에 당연한 결과라고 했다.

불행하게도 인재는 그것으로 끝나지 않고 곧 이어 교통이 매우 복잡한 아침 출근 시간에 성수대교가 붕괴되어 어린 학생을 포함하여 많은 승객들이 한강물에 빠져 사망하는 참변이 일어나는가 하면 대구 지하철 공사의 실수로 인한 대형 가스 폭발, 마포 아현동 가스 폭발, 그리고 세계 각국을 깜짝 놀라게 한 서울 삼풍백화점의 붕괴 등 대형 사고들이 계속 발생하여 수백 명의 생명을 빼앗아 갔다. 이것은 대형 사고가 연속적으로 일어나 모든 시민들이 엄청난 놀라움과 분노 속에서 누구를 원망할지 몰라 망연자실하고 있을 때 군인 출신의 전직 대통령들의 비자금 및 뇌물 사건이 폭로되어 또한 번 더 깜짝 놀라게 하였다.

이때 시민들은 TV 화면을 통해 전직 대통령이 수감되는 장면은 물론 수천억 원에 달하는 뇌물을 건넨 재벌 총수들이 줄줄이 심문 혹은 재판을 받기 위해 검찰청과 재판정에 출두하는 모습을 생생하게 볼 수 있었다. 이러한 비자금과 뇌물 사건을 두고 세계 각국의 언론 매체는 한국에는 처음부터 경제 윤리, 기업 윤리 및 정치 윤리가 없는 것인지, 그렇지 않으면 고성장 속에서 실종한 것인지에 대해 강한 의문을 나타내었다.

이같이 대형 사고와 사건들이 연속적으로 발생하여 정치가와 기업인들에게 따가운 비난의 목소리가 쏟아지면서 자각과 반성을 촉구하자 대기업들은 기업 경영의 선명성, 참신성 및 정직성을 실현시키겠다고 앞다투어 윤리 강령을 만들어 내놓았다. 그러나, 이러한 윤리 강령에도 불구하고 대통령 측근의 뇌물, 은행장의 부정 대출과 관련된 뇌물, 공정거래위원회 고위 관리의 뇌물 착복, 일선 경찰 및 세무 공무원의 뇌물과 세금 착복, 그리고 유해 물질이 함유된 "간장" 파동 등의 비리 및 뇌물 사건들이 줄지어 계속 나타나고 있었다.

그리고 대기업들은 엄청난 이윤을 내며 이를 관리하지 못해 고민하는 반면에 중소 기업은 부도에 직면하여 고민 끝에 죽음을 택하는 슬픈 일이 발생하는가 하면 매년 봄이면 노사간에 임금 인상률을 둘러싸고 공방전을 벌이면서 "올려 달라" 혹은 "못 올려 준다"라는 입장을 고수하면서 대립하는 것이다. 또 한편으로 중도금을 챙기고 잠적하는 아파트 건설업체, 음식물의 유통 기간을 둘러싼 제조 혹은 수입업자와 소비자간의 마찰, 그리고 자연 보호와 개발 혹은 사유 재산권 사이에서 일어나는 한강 상류 지역 개발, 대구 위천 공단 건설, 설악산 개발, 북한산 개발 및 동계 올림픽 개최를 위한 무주 구천동의 스키장 건설에 대한 논란은 극단적인 대립 상태로까지 치닫고 있다.

한편, 최근에 와서 이상과 같이 고성장의 후유증으로 나타나는 대형 사고, 사건, 후유증 및 부작용을 두고 대기업의 창업자들은 2세에게 경영권을 넘겨주고 뒤로 물러서면서 정부의 규제 완화를 강력하게 요구하는 한편 이것이 실현될 때에 기업이 경쟁력을 갖는 것은 물론, 한국 경제도 계속 도약하여 경제 선진국 대열에 진입하면서 2천 년에는 확고한 위치를 확립하게 될 것이라고 주장하였다. 이에 대해 정부도 같은 입장이라고 동의하면서 기구의 축소 및 통폐합과 개혁을 강력히 추진하는 한편 규제를 대폭 완화시키겠다고 약속했다. 그러나, 개혁의 결과가 가시적으로 나타나기 이전에 우리 경제를 기업의 손에 완전히 내맡길 수만은 없다는 자세를 내보이는 것이다.

이에 맞추어 중소 기업은 고성장에 의해 경제 구조가 왜곡되어 엄청난 피해를 받게 되었다고 주장한 다음 이의 근본적인 해결책을 요구하고 나오는가 하면 소비자들도 소비자를 우롱하면서 엄청난 피해를 안겨 주는 기업의 횡포를 더 이상 참고 보고만 있을 수 없다면서 강력히 반발하는 한편 고소와 고발을 서슴없이 하는 것이다. 또 다른 한편으로 노동자들도 자신들의 정당한 몫을 찾는 것은 물론 노동 조건이 대폭 개선되어야 한다고 주장하면서 이 요구가 관철될 때까지 계속 투쟁해 나가겠다고 다짐하는 것이다.

지금까지 우리들은 고도의 성장 및 발전을 달성하는 과정에서 파생되어 나오는 대형 사고, 사건, 부정, 부패 및 부작용 등의 어려움을 대략적으로 살펴보았다. 그러면, 이러한 어려움들을 어떻게 해소시킬 수 있는 방법이나 방안이 있지 않을까 하는 생각을 하여 보게 된다. 여기서 거론될 수 있는 방안으로는 법적 규범과 윤리 도덕적 규범이 있겠다. 앞에서 이미 언급한 바와 같이 대형 사고, 사건, 부정, 부패 및 부실 등의 어려움이 발생할 때마다 윤리 도덕의 부재를 언급하지만 전문가와 학자들을 포함해 거의 대부분의 사람들은 윤리 도덕보다는 법, 제도, 감독 및 통제가 그 근본적인 해결책인 반면에 윤리 도덕은 이를 보완하는 역할만을 하는 것으로 믿고 있다.

또 한편으로 윤리 도덕을 언급할지라도 그것이 어떤 내용을 담고 있는지 구체적으로 밝히지 않을 뿐 아니라 거의 대부분의 사람들은 윤리 도덕이 무엇인가조차도 전혀 이해하지 못하고 있었다.

이에 따라 본서에서는 우선 법, 제도, 감독 및 통제 등만으로 지금까지 계속되고 있는 고성장의 후유증과 부작용을 해소하면서 정부와 기업이 청사진으로 내놓은 장미빛 그림의 경제 선진국으로의 도약이 과연 가능한지를 검토해 볼까 한다. 그런 다음 만약에 법, 제도, 감독 및 통제 등이 근본적인 해결책이 되지 못하고 윤리 도덕을 필요로 한다면, 그러한 윤리 도덕이 무엇이며, 어떤 윤리 도덕이 필요한가를 검토해 볼 것이다.

그러나 첫번째의 의문은 예상외로 쉽게 풀린다. 우리 나라의 경우에는 유능한 정부 관리와 법조인들이 많이 있을 뿐 아니라 이들에 의해 그동안 훌륭한 법과 제도가 마련되어 철저하게 지휘, 감독 및 통제를 하여 왔다. 그럼에도 불구하고 대형 사고, 사건, 부정, 부패 및 부작용 등은 줄어들기보다는 오히려 더욱더 늘어나는 추세를 보이고 있어 법, 제도, 감독 및 통제가 그 한계점에 도달하지 않았나 하는 느낌을 가지게 한다. 또한 경제 선진국의 경우를 보더라도 법, 제도, 감독 및 통제만으로 부정, 부패 및 부작용을 해소시켜 나가려 하지 않고, 사회 생활 질서의 기본 바탕이 되는 윤리 도덕과 가치관에 많이 의존하는 것을 볼 수 있게 된다.

이러한 점들을 감안한다면 우리들도 지금까지 법, 제도, 감독 및 통제에 과다하게 의존하려는 자세를 고쳐 윤리 도덕의 절대적 필요성을 인정해야 할 것이다. 그런 다음 윤리 도덕에 대한 이해 부족을 해소시키는 한편 어떠한 윤리 도덕이 우리에게 알맞으면서도 필요한가를 찾아내어야 할 것이다. 이러한 과정을 통해 가장 적절한 윤리 도덕이 마련된다고 한다면 기업, 정부, 소비자 및 노동자들은 각자 자신들에게 주어진 윤리 도덕적 책임과 의무를 지켜 나가도록 최대한의 노력을 기울여야 할 것이다. 이와 때를 맞추어 법과 제도도 이러한 윤리 도덕과 연결되어 서로 충돌하지 않게끔 조정 혹은 보완되어야 할 것이다.

이상과 같은 문제에 대한 접근 방법이 옳다고 판단되면, 우선 우리들은 우리 삶의 터전과 생활 의식의 기본 바탕이 무엇인가를 알아내야 할 것이다. 이에 대해서는 이미 많은 연구와 조사가 이루어져 잘 알려져 있는 상태에 있다. 우리 나라는 역사적으로 오랜 기간을 통해 고유의 신앙, 불교 및 유교의 생활 의식이 강하게 작용하고 있으며, 이중에서도 유교 의식이 더욱더 크게 우리의 생활을 규제 혹은 통제하고 있는 것으로 믿고 있다. 이런 가운데서 우리 나라는 해방과 더불어 서구 사회의 생활 바탕이면서도 기본 지침이 되는 자유 민주주의와 자본주의를 받아들여 생활의 바탕으로 삼고자 하였다.

그러나 불행하게도 서구의 생활 의식, 규범 및 가치와 우리의 의식 및 규범 사이에 그 내용에 있어서 엄청난 차이가 존재한다는 사실을 알게 되었다. 이에 따라 우리가 서구의 생활 의식 및 규범을 받아들여 생활화시키는 데에 많은 노력과 시간이 필요할 뿐 아니라 그렇게 하는 과정 속에서 오해와 이해 부족 등으로 많은 갈등과 마찰이 발생할 것을 예상하게 되었다. 이같이 갈등과 마찰이 발생하여 우리 생활에 많은 피해와 손해를 가져다 줄 것이 확실시됨에도 불구하고, 전문가와 학자들을 위시해 대부분의 사람들은 서구의 생활 의식 및 규범을 수용 혹은 이를 답습하는 것이 결과적으로 우리의 경제 사회 발전에 큰 보탬이 되는 것은 물론 정치, 문화 및 교육 등의 여러 분야에도 획기적인 기여를 할 것으로 믿었다.

이같은 우리들의 믿음이 확고하고 앞으로 서구의 생활 의식 및 규범을 생활화시키는 데에 확실한 의지와 자세를 가진다면 자유 민주주의와 자본주의가 무엇이며, 이들이 기초로 하는 윤리 도덕이 무엇인가를 우선적으로 파악해야 할 것이다. 지금까지 우리들은 자유 민주주의와 자본주의를 외형적 및 제도적으로만 받아들였지 그 본질과 그것을 바탕으로 하는 윤리 도덕적 규범에는 전혀 신경을 쓰지 않았다. 그 결과 자유 민주주의와 자본주의에 대해 각양각색의 이해 및 해석이 나오는가 하면 그 윤리 도덕적 규범에 대해서도 아무런 지식과 이해를 가지지 못했다. 이러한 이유로 인해 우리의 고유 의식 및 규범과 자유 민주주의 및 자본주의의 의식과 규범 사이에 마찰과 갈등이 빈번하게 발생하여 우리들로 하여금 일상 생활 속에서 큰 혼란과 어려움에 직면하게 할 뿐 아니라 경제 선진국 혹은 서구 사회와의 접촉에 있어서도 오해, 시행착오 및 마찰을 유발케 하고 있다.

따라서 본서에서는 앞에서 언급한 두번째 문제를 해결하는 데에 초점을 맞추어 서술할까 한다. 그렇게 되면 자연히 서구의 자유 민주주의 및 자본주의가 어떻게 형성되어 왔으며, 그런 과정 속에서 이들의 윤리 도덕적 규범과 가치관은 어떤 형태로 발전하여 왔는지를 살펴보아야 할 것으로 판단된다. 그런 다음, 기업은 언제, 어떻게 형성되면서 어떠한 윤리 도덕적 규범을 가지게 되었는지 그 과정을 규명해 볼 것이다. 물론 자유 민주주의와 자본주의가 사회 생활 속에서 형성·

발전되었기 때문에 이를 거론함에 있어 정부, 기업, 소비자 및 노동자들의 역할과 그 기여 등을 상호 연결시켜 언급해야 균형된 이해와 올바른 인식을 할 수 있을 것이다. 그러나 이 곳에서는 주제에 맞추어 기업 윤리와 경제 윤리에 초점을 두는 한편 이를 토대로 서술할까 한다.

그럼 1장에서는 우선 세계 경제가 어떻게 발전하여 지금과 같은 구조적 특징을 가지게 되었는지 시대별로 그 변천 과정을 짚어 보고, 그런 다음 18세기를 전후로 서구에서 산업 사회가 어떻게 발달되면서 산업 자본주의가 나타나게 되었는지 그 경위를 살펴볼 것이다. 이에 맞추어 대량 생산 체제로 진입하면서 기업이 출현하게 된 동기와 그 과정을 검토하고, 그리고 20세기 후반에 들어와서는 어떻게 발전하였는지를 볼 것이다. 그런 다음 경제 생활의 의식은 어떤 형태로 형성되었고 안정되면서도 질서있는 삶을 추구하려 하였으며, 그런 삶을 달성하기 위해 어떠한 윤리 도덕적 규범을 필요로 하였는지를 검토해 볼 것이다.

그리고 그 규범이 생활 및 의식의 변화에 따라 어떻게 변천하면서 현재에 이르게 되었는지 그 변화 과정도 아울러 살펴볼까 한다. 그런 다음 기업은 경제 생활의 변화에 맞추어 어떤 변화 혹은 변신을 거듭하면서, 생활 규범에 비추어 볼 때에 자신들의 활동이 어떻게 하는 것이 올바르면서도 정당한가를 판단할 수 있는 기준(기업 윤리)을 형성시켜 왔는지를 알아볼 것이다.

2장에서는 우선 우리 나라가 해방 이후 어떤 과정을 통해 지금과 같은 경제 성장 및 발전을 하게 되었는지를 시대별 및 구조적 특징에 따라 간단히 검토한 다음, 이러한 성장과 발전을 위해 한국 기업은 어떤 역할과 기여를 하였는지를 검토할 것이다. 그리고, 그렇게 하는 가운데서 기업들이 자신의 역할과 기여에 대해 규범적 평가를 해보려고 하였는지, 만약에 그러하다면 어떤 기준과 형태에서 시도하였는지를 살펴볼 것이다.

3장에서는 한국 기업의 역할 및 기여를 규범적으로 평가하면서 지금까지 많이 발생하고 있는 후유증 및 부작용의 원인을 밝히고자 할 것이다. 따라서 서구의 경제 및 기업 윤리를 어떻게 받아들여 적용시키는지를 규명하면서 1장에서 제시한 서구의 경제 및 기업 윤리에 따라 한국 기업의 역할 및 경영 관리를 규범적으로 엄격히 평가해 볼 것이다.

마지막 장에서는 앞으로 세계 경제와 경제 및 기업 윤리가 어떤 방향으로 발전해 나갈 것인가를 가늠하여 본 다음, 이에 맞추어 한국 기업도 어떤 형태의 윤리를 가지는 것이 매우 바람직하면서도 타당한가를 모색해 볼 것이다.

1996년 10월 31일
푸른 숲으로 어우러진 분당 서재에서
서광조, 이응권

·

차   례

제1장
세계 경제, 기업 및 윤리

경제라고 함은 경제학에서는 생산, 소비, 시장, 노동, 조세, 그리고 상품 및 자본의 수·출입 등의 변화 혹은 움직임을 의미한다. 이같은 변화와 움직임이 국내에 국한될 때 국내 경제라고 하고, 이것이 세계 각국의 경제와 연결될 때에는 세계 경제 혹은 국제 경제라고 한다. 그러나, 최근에는 미국, 일본 및 EU 등의 선진국 경제가 세계 경제에 미치는 파급 효과가 크기 때문에 이들 국가의 경제적 변화와 움직임을 세계 경제의 변화 및 움직임으로 간주하는 실정에 있다.

한편, 이같이 미국, 일본 및 EU 등의 선진국 경제를 중심으로 한 세계 경제 구조는 오래 전부터 형성되어 온 것이 아니고 2차 세계 대전 후 경제적 요인과 더불어 정치, 과학 및 문화적 요인들이 상호 결합·작용하여 만들어진 것이다. 따라서 앞으로 이러한 요인들이 변하게 되면 현재의 세계 경제 구조는 바뀌어 새로운 모습으로 나타나게 될 것이다. 그러나 이러한 모습의 변화가 언제, 어디에서 어떻게 일어날 것인가를 예측하기는 어렵다. 하지만 한 가지 분명한 사실은 경제 및 경제 외적 요인들이 동시에 변해야만 가능해진다는 것이다. 그러므로 세계 경제의 흐름과 구조 변화에 많은 관심을 가지고 싶다면 이들 요인의 변화를 주의깊게 관찰해야 할 것이다.

위에서 언급한 바와 같이 현재의 세계 경제 구조 및 모습이 2차 세계 대전 이후에 형성된 것이라고 한다면, 그 이전에는 어떠한 구조와 모습을 가졌으며, 더 나아가 인간이 경제 사회를 이룩한 다음 그 속에서 경제 활동을 시작한 이래 얼마만큼 혹은 몇 번에 걸쳐 변화를 하여 왔는지가 궁금하여진다. 왜냐하면 경제 및 경제 외적 요인들이 변함으로써 구조 및 모습의 변화가 이루어진다고 가정을 하였기 때문이다. 물론 이러한 변화에 있어 일방적 인과 작용뿐만 아니라 새로운 구조와 모습이 변화를 더욱 가속화시키는 상호 원인 작용을 했다고 보아야 할 것이다.

이같은 세계 경제의 구조적 변화 속에서 현재 우리들이 많은 관심을 가지고서 관찰하고자 하는 기업은 언제쯤 출현하게 되었는지에 대해 궁금하여진다. 지금 우리들이 받아들이는 보편적 의미의 기업은 산업 자본주의가 형성되면서 나타나게 된 결과라고 한다. 이러한 추측이 정확하다면 기업이 세계 경제와 국내 경제에 출현하게 된 시점은 불과 1~2백년밖에 되지 않는다는 사실을 쉽게 알 수 있게 된다. 그렇다고 하면 그 당시의 경제 및 경제 외적 요인들이 어떻게 변하였기에 기업이 형성되고, 그후 어떤 변화 과정을 통해 현재의 모습으로 나타나며, 앞으로는 계속 어떻게 변하여 갈 것인지에 대해 매우 궁금하여진다.

또 한편으로 인류의 역사를 통해 볼 때, 인간은 태어나면서부터 안락하고도 편안한 삶을 지속적으로 추구하여 왔다고 한다. 이에 따라 고대 사회에서는 그러한 삶의 추구에 정치가 가장 큰 영향력을 미쳤기 때문에 정치에 많은 관심을 가지게 되고, 그럼으로써 정치 철학이 일찍이 발달하기 시작하였다고 한다. 그러다가 경제 부문이 점차적으로 그 영향력을 확대해 감에 따라 사람들은 경제의 변화에도 많은 관심을 가지게 되었다는 것이다. 따라서 사람들은 원시 사회가 시작되면서부터 자신들이 추구하는 삶과 생활에 방해 혹은 장애가 되는 것을 나쁘다고 하는 반면에 득이 되거나 도움이 되면 좋으면서 올바른 것이라고 평가하기 시작하였다.

그리고 더 나아가 경제 구조의 변화에 맞추어 단순히 평가하는 것만으로 그치지 않고 방해 혹은 장애가 되는 일, 행위 및 관습 등을 버리는 반면에 득 혹은 도움이 되는 것은 적극 권장시켜 나가려고 했다. 이같이 편안하고 안락한 삶을 추구하는 과정 속에서 경제 규범(윤리 도덕)과 가치관이 나타나고, 그후 경제 구조 및 흐름이 바뀌게 되면 이에 걸맞은 새로운 규범과 가치관을 만들려고 하였다. 경우에 따라서는 인간의 이성이 발달하게 됨에 따라 가만히 앉아서 경제 구조의 변화가 나타나길 기다리지 않고 사전에 바람직한 규범과 가치관을 제시한 다음 이에 걸맞은 경제 구조를 엮어 나가려고도 하였다.

이와 같은 변화와 흐름 속에서 나타난 기업은 세계 경제와 그 규범 및 가치관의 테두리 내에서 자신의 경제적 활동에 적합한 기업 규범(윤리 도덕)과 가치관을 창출해 내고자 하였다. 따라서 세계 경제의 구조와 그 규범이 바뀌게 되면 기업 규범도 자연히 바뀌게 되고, 그렇게 될 때에 많은 사람들로부터 긍정적 평가와 대폭적인 지지를 받았다. 물론 기업도 사람의 생명과 같이 소멸할 수도 혹은 소생할 수도 있기 때문에 긍정적 평가와 소멸 중 어느 한쪽을 택하여야 할 난처한 입장에 놓이기도 하였다. 이때 어떤 쪽을 택하느냐 하는 것은 전적으로 기업의 자유로운 판단에 맡겨지게 된다. 하지만 기업은 자신의 자유로운 판단과 선택에 따라오는 결과에 대해서는 책임을 져야만 하였다. 과거의 역사를 돌이켜보면, 기업들은 사람들의 비판을 의식한 나머지 기존의 규범을 부정 혹은 무시하기보다는 새로운 규범을 만들어 내어 자신들의 활동 혹은 행위를 정당화시키려고 많은 노력을 하고, 지금까지 그러한 시도가 상당한 효과를 나타내기도 하였다.

따라서 여기서는 세계 경제의 형성과 그 구조적 변화를 시대별로 그 특징을 중심으로 하여 간략하게 살펴본 다음 이 과정 속에서 기업은 언제, 어떻게, 그리고 무엇 때문에 나타나게 된 것인가를 알아보도록 할 것이다. 그리고 이 변화 속에서 경제 윤리는 어떻게 형성되어 지금에 이르고 있으며, 그 속에서 기업 윤리는 어떻게 만들어져 지금의 모습을 가지게 되었는지를 검토해 볼 것이다. 물론 산업 자본주의와 이에 필연적으로 따라오는 기업이 서구의 선진국에서는 오래 전부터 형성된 반면에 우리 사회에서는 2차 대전 이후부터 본격적으로 생활화되었기 때문에 서구 사회의 경제, 기업 및 윤리 도덕을 중심으로 살펴보도록 할 것이다.

1. 세계 경제의 어제와 오늘

I

인간은 약 2억 년 전 원숭이 계통으로부터 분리되어 나와 기온이 매우 높은 열대 지방인 동부 아프리카에서 서식하기 시작하였다. 하지만 이들 원시 인간은 2천만 년 전까지만 하여도 원숭이와 비슷하였으나 그후 빠른 속도로 진화함으로써 인간의 모습을 갖추기 시작했다. 그러면서 밀림 혹은 깊은 숲속보다는 넓은 평원에서 살기를 좋아하면서 서로간에 경쟁 관계를 유지함과 동시에 가족 중심의 생활을 영위하였다. 그후 50만 년이 지나면서 생활에 필요한 도구를 만들어 먹이를 구하는 데 사용했다. 그 당시 음식은 고기, 곡물 및 나무 뿌리 등 여러 종류를 먹음으로써 잡식을 하였다.

그후 수 차례의 기후 및 환경 변화를 거치면서 오늘과 같은 인간의 모습으로 변하고, 지능이 발달함에 따라 살기에 알맞은 곳을 찾아 이동하기 시작했다. 이 결과 BC 3~1만 년 사이에 유라시아 및 미주 대륙 등의 지역으로 이동하여 정착하였다. 이 시기를 대략 구석기 시대라고 하는데, 이때의 사람들은 생활 방법이 다양하여 강에서 물고기를 잡거나, 산과 들에서 사냥을 하든지 혹은 단순히 주워 먹는 삶을 영위했다. 그리고 생활의 변화에 따라 지능이 더욱더 발달하게 되자 이번에는 생활에 매우 도움이 되는 도구를 만들기 위해 나무, 뿔, 돌 등을 이용하였다. 또한 나무 껍질과 넝쿨을 손질하여 천을 만든 다음 이를 옷으로 만들어 입고, 박을 주워 모아 물을 담아 보관하기도 하였다. 이같이 생활 개선이 이루어지자 원시 인간은 신석기 시대로 접어들게 되고, 그로부터 얼마 후에는 활과 화살을 만들어 사냥에 사용하며, 나무를 잘라 배를 만들어 강을 건너거나 바다로 나아가기도 했다. 이와 같이 도구의 발명과 제작은 생활을 더욱 윤택하고 안락하도록 만들게 되어 종족의 증식은 물론 인간의 지능을 더욱더 발달하게 하였다.

BC 1만 년경에 지구의 마지막 빙하기가 지나감에 따라 인간은 오랜 기간 동안 살아왔던 동굴로부터 나와 평원에서 거주하기 시작하였다. 이러한 생활을 하기 시작하면서부터는 씨앗을 뿌리고 열매가 맺으면 그것을 수확하여 먹는 농사를 짓기 시작했다. 물론 이들의 생활이 농업에만 의존한 것은 아니고 계속 수렵과 채집 등을 병행하고 있었다. 아무튼 이같이 신석기 시대로의 발전은 BC 7천 년 전후로 본격화되면서 매우 땅이 비옥한 유프라데스 강과 티그리스 강 사이의 분지, 팔레스타인 지역, 이집트의 나일 강 유역, 시리아와 쿠르다스탄 지역 사이의 분지, 그리고 중국의 황하강 지역 등이 비교적 빨리 신석기 시대를 맞이했다. 그후 BC 6세기에는 거의 모든 지역에서 농사를 짓고 한편 자연적 운하를 이용해 생활 필수품을 운반하기도 하였다.

이상과 같이 생활의 발전으로 수메리아의 문화가 형성되고, 이 문화가 바빌론과 페르시아와 같은 지역으로 확산되면서 보다 더 새롭고 발달된 기술과 생활의 지혜를 창출해 내었다. 이렇게 발전하는 과정 속에서 금속물이 페르시아 근방의 산악 지대에서 발견됨에 따라 동과 철이 대량으로 생산되기 시작하고, 이들의 생산은 생활 도구 제작에 커다란 발전과 혁신을 가져다 주었다. 특히 철의 생산은 생활 경제뿐만 아니라 정치, 군사에도 엄청난 파급 효과를 미쳐 종족의 우월성과 지배권을 둘러싼 치열한 싸움으로 이어지면서 새로운 종족의 탄생과 멸망을 창출해 내었다. 이 무렵 나타난 사르곤 족은 그 유명한 함무라비(Hammurabi) 대왕의 출현을 가능케 하면서 함무라비 법전을 만들었다. 아무튼 생활의 변화와 발전 속에서 바빌론의 문화가 형성되고, 이 문화가 주변 지역으로 파급됨으로써 사람들은 미개척 지역으로 과감하게 진출하여 새로운 삶을 구축하기 시작하였다.

이 결과 인간들은 이집트, 유럽 대륙, 그리스 및 유태 등과 같은 새로운 지역을 발견하고, 나중에 이들 지역은 서구의 경제 사회 형성에 결정적 역할을 하게 되었다.

BC 6천 년경에 시작된 이집트는 수천 년에 걸쳐 여러 왕조를 탄생시키면서 예술, 문화 및 종교의 발전은 물론 농업과 목축업에도 많은 관심을 쏟음으로써 경제 발전에 크게 기여하였다. 그러나 폐쇄적 지형으로 인한 외부와의 교류는 문화의 발전에 비교해 미미하였다. 이에 반해 BC 2천 년경 지금의 레바논에 거주하던 페니키아 족의 영향을 받은 희랍은 처음부터 생활의 개방과 그 발전에 큰 의미를 부여하였다. 즉 그리스는 페니키아인들이 배를 만드는 데 필요한 큰 나무를 구하기 위해, 또는 먼 거리를 항해하는 중간 지점으로 기착하여 배를 수리하거나 식량을 조달하기에 알맞은 곳으로 보았던 것이다. 이러한 사실이 널리 알려지자 여러 다른 종족들이 줄지어 들어와 커다란 생활 문화권을 형성시키는가

하면 이를 기반으로 하여 이집트, 리비아, 유럽 및 아시아 등과의 빈번한 왕래와 교역도 가능케 하였다.

이같은 생활 경제의 변화에 맞추어 희랍인들은 고립보다는 자유로우면서도 개방된 생활을 선호하는 한편 바다를 편리한 교통의 수단으로 이용하기 시작했다.

그후 희랍은 북쪽으로부터 수 차례에 걸쳐 아리아 족의 침입을 당하면서 이들 침입자와 결합하여 새로운 삶을 영위하기 시작하고, 이를 토대로 문호 개방을 더욱 확대하면서 다른 종족의 유입을 관대히 받아들였다. 그런 다음 그들의 생각과 의사를 자유롭게 표출하도록 만들면서 그들이 가지고 있던 지식과 기술을 생활 발전에 크게 기여하게 하였다. 특히 스파르타보다는 아테네 도시 국가가 더욱 개방적이면서 자유로운 분위기를 조성하여 여러 종족이 함께 잘 살아갈 수 있도록 많은 노력을 기울였다. 하지만 이들 종족에게 정치적, 경제적 권리를 인정하지 않음으로써 시간의 흐름에 따라 많은 갈등과 마찰이 발생하였다.

한편 희랍의 뒤를 이어 나타난 로마 제국은 BC 5세기경 북쪽으로부터 여러 종족들이 침입해 들어와 살게 되면서 탄생하였다. 그리고 처음부터 여러 종족이 모여 함께 살아가게 됨으로써 그리스 및 헬레니즘(Hellenism)의 문화를 받아들여 이를 생활화시키려고 많은 노력을 했다. 그러나 그 당시 지중해 해상권을 쥐고 있던 카르타고와의 포에니 전쟁에서 승리하게 되자, 지중해 연안을 장악하면서 정치·군사적으로 막강한 제국으로 발돋움하였다. 그리고 군대를 앞세워 영토 확장에 열중함으로써 지중해 연안은 물론 유럽 대륙의 전역을 자신의 지배하에 두었다.

이같은 영토 확장과 지배력의 증대는 자유로운 왕래를 가

능케 할 뿐만 아니라 상품의 교역도 한층 더 활발히 이루어
질 수 있게 하였다. 또 한편으로 많은 전쟁 포로들을 노예로
삼고, 이들로 하여금 귀족과 시민들이 소유한 장원(라티푼디
움)에서 노동을 하게 만듦으로써 농업의 대량 생산도 가능하
여졌다. 그리고 교역 확대를 통한 많은 사람들의 왕래는 새
로운 기술과 씨앗을 가지고 오게 하여 많은 수확을 올리게
함은 물론 생필품의 생산도 용이하게 만들어 생활을 더욱 윤
택하게 하였다. 이 결과 서구 사회는 지중해 시대를 열면서
상품 교역이 생활의 주축 역할을 하는 경제를 맞이하게 되었
다.

  그후 로마 제국의 멸망과 더불어 기독교 시대가 도래하여
서구 사회는 봉건 제도 속으로 깊숙이 빠져 들어가기 시작하
였다. 봉건 영주들은 영토 보존 혹은 확대를 위해 막강한 군
사력을 구축하는 한편 이웃 영주들에 대해 견제와 많은 경계
심을 가지게 되자 자연히 폐쇄적인 경제 생활을 할 수밖에
없었다. 따라서 농업을 토대로 하는 생활을 영위하게 되면서
교역은 교통의 불편과 더불어 대폭 감소하였다. 그리고 사회
계급은 영주를 위시한 귀족과 농민으로 양분되고, 국민은 농
노로서 농업에만 종사하도록 강요당했다. 물론 지중해 연안
의 도시들은 그 명맥을 유지하면서 귀족들의 수요에 응하기
도 하였지만 그 정도는 미미하였다.

  이같은 교역의 위축은 10세기 전후로 이슬람교의 침입을
막는 한편 기독교를 보호하기 위해 십자군을 파견하여 새로
운 왕래를 가능케 할 때까지 지속되었다. 이에 상거래 및 교
역을 통한 경제 사회의 발전이 뒤로 후퇴하는 비정상적인 현
실이 나타나고 있었다.

Ⅱ

　지금까지 원시 사회로부터 시작하여 10세기 경에 이르는 서구 사회의 경제 흐름을 개략적으로 살펴보았다. 이 기간 동안 동양에 있어서는 중국이 정치, 경제, 문화 및 군사 등에 있어 막강한 영향력을 행사하고 있었다. BC 2천 년에 삼황오제(한자) 시대를 시발로 BC 10세기에는 주나라, 그후 춘추전국 시대를 거쳐 BC 2세기에 정치 및 군사적으로 중국을 통일시키는 막강한 진나라 시대가 열렸다. 이러한 진나라도 곧 멸망하고, 그 다음 한나라가 4백여 년간의 발전을 거듭한 후에는 혼란 속에 빠진 남북조 시대를 거쳐 6세기 말경에 수나라, 7세기 초에는 당나라가 각각 등장하였다.

　그리고, 10세기경에는 송나라가 들어섰다. 이 오랜 기간 동안에 여러 왕조의 등장과 몰락이 잇따랐지만 이는 외부의 세력보다는 내부의 부패와 갈등, 농민의 반란 등에 의해 이루어졌다. 이같은 역사적 사실이 보여 주듯 중국은 비록 동남이 바다에 접하고 있음에도 불구하고 외부와의 교역보다는 광활한 토지를 바탕으로 농업 중심의 경제 사회를 이룩해 왔다. 따라서 일찍부터 삼, 뽕 등을 재배하여 가정에서 고급 옷을 만들고, 나무와 뼈로 농기구를 만들어 쌀, 수수 및 밀 등의 곡식을 재배하였다. 한편 수공업이 발달하여 대형 궁궐을 세우는가 하면 옥으로 다양한 장식품도 가공했다. 그리고 계급 제도가 발달하여 지배 계급이 토지를 소유하는 한편 평민은 이를 대여받아 경작한 다음 조세를 바쳤다. 따라서 평민은 지배 계급에 과다한 노동력을 제공하였을 뿐 아니라 전쟁에도 의무적으로 참여해야만 했다.

물론 중국이 폐쇄적인 생활로 인해 외부와의 거래가 전혀 없었던 것은 아니다. 후한 때에 서아시아 및 인도와의 교역을 하기 시작하고 수와 당나라 시대에는 이웃 나라를 침공함으로써 군사적 문화적 접촉을 가지는 한편 한나라는 인도로부터 불교를 받아들여 종교적 관계를 맺었다. 그리고 서역을 통해 유럽과도 상품 거래를 시도하는 개방적 자세를 보이기도 하였지만, 비단길의 국내 정치 문제와 험난한 교통 장애로 인해 동서간의 교역이 활발하게 이루어지지 못하였다.

그 다음 송나라 시대에 와서 농업, 공업 및 상업이 크게 발달하여 벼 경작이 확대되는 한편 이웃 국가와의 교역도 활발해졌다. 그리고 목판 인쇄술이 발달하여 유학 및 지식의 대중화가 처음으로 이루어져 서민 문화가 발달하기 시작하였다.

그러나 이같은 중국의 교역이 한국, 일본 및 남방의 중소 국가들과의 거래에 머물게 됨으로써 그 한계점을 나타내었다. 특히 이 당시의 교역이 상인보다는 국가간의 거래에 많이 치우치는 한편 대등한 관계보다는 종속적 관계 속에서 이루어지기 때문에 크게 발달할 수가 없었다. 또한 주변의 국가들도 농경 사회를 유지하고 있었기 때문에 상업 및 산업적으로 상호간에 도움을 줄 수 있는 거래를 처음부터 기대하기는 곤란하였다.

Ⅲ

10세기 전후로 서구 사회에서는 정치, 군사 및 종교적으로 큰 변화가 일어나기 시작하고 있었다. 우선 대내적으로 영주들의 반항으로 기독교의 권위가 서서히 강화되는가 하면 영주들 사이에 있어서도 세력 다툼으로 마찰이 더욱 확대되면서 생활을 불편하게 만듦과 동시에 생활 질서를 허물어뜨리고 있었다. 대외적으로는 동쪽의 아랍 지역에서 이슬람교를 주축으로 탄생한 이슬람 제국이 그 세력을 서쪽으로 확대시켜 기독교를 신봉하는 봉건 영주 국가들과 군사적 충돌을 일으키는가 하면 북쪽에서는 바이킹 족이 세력을 규합하여 남쪽으로 침입하여 내려오고 있었다. 이에 교황청은 기독교의 보존과 신도들의 안전을 염려하지 않을 수 없어 여러 영주들의 병력을 동원하여 십자군을 조직한 다음 이교도와 싸우도록 원정을 보냈다. 십자군의 원정이 한 번에 끝나지 않고 오랜 기간을 통해 7차례에 걸쳐 파병을 하게 됨에 따라 국왕, 제후, 기사 및 상인들에게는 종교적 열정보다 현실적 욕구가 대두되어 목적이 변질되었다.

이러한 결과로 인해 십자군의 원정은 서로마 제국의 멸망이래 거의 중단되었던 동서간의 교역이 다시 활기를 띠게 하는 계기를 마련하여 주었다. 이와 같이 동서간의 접촉이 가능해지자 상인들은 앞을 다투어 상거래 혹은 교역을 하기 시작하고, 지중해 연안으로 사람의 이동이 많아지면서 상품의 거래도 대폭 증가하였다. 이러한 접촉과 상거래는 시간이 지나면서 내륙 깊숙이까지 침투하게 되며, 이로 인해 그때까지 문을 꼭 잠가 두었던 폐쇄적인 봉건 영주의 장원 사회는 서서히 개방되기 시작하면서 본격적인 상업주의 시대로 진입하고 있었다.

한편 지중해를 중심으로 상품 교역이 활발하여질수록 거래를 통해 부를 축적할 수 있는 기회가 많아지고, 이러한 기회를 놓치지 않고 도시의 상인들은 모든 수단과 방법을 동원하여 부의 축적에 전력을 기울였다. 이 결과 상인들은 처음으로 부의 축적을 통해 여유있는 생활을 즐기게 되면서 봉건 영주와는 완전히 독립된 독자적인 새로운 삶을 모색하기 시작하였다. 이에 이들은 그리스와 로마의 고전을 탐독·번역하면서 이제부터라도 인간은 신으로부터 독립하여 스스로 자신의 삶을 개척해야 할 것이라고 주장한 다음 관습과 제도상의 모순점을 시정하는 한편, 경제 생활을 더욱더 발전시켜 나가고자 노력했다. 이러한 과정 속에서 상업 자본주의가 태동하기 시작하였다.

또 한편으로 정치·군사적으로 영주들 사이에 대립과 마찰이 심화되면서 침략과 전쟁이 빈번해지고, 이를 통해 통합 혹은 합병이 일어나게 됨에 따라 영토의 확장과 더불어 절대 군주 국가가 형성되어 나타나기 시작하였다. 이들 군주 국가는 교황청과 독립적인 관계에서 막강한 군사력을 유지해 나가려고 하기 때문에 처음부터 막대한 자금을 필요케 함은 물론 이를 자체적으로 조달해야만 하였다.

그러나 이같은 자금 조달은 폐쇄적인 장원 제도 속에서는 거의 불가능하였다. 이에 따라 절대 군주는 시민 계급과 손잡고 재정에 필요한 자금을 조달하면서 이들의 상업 활동을 돕는 중상주의와 보호주의 정책을 추구하였다. 이러한 폐쇄적 보호 무역주의는 곧 새로운 시장을 필요로 하였다. 따라서 절대 군주도 군대를 앞세워 바다로 진출하여 먼 외지 혹은 미개척지에 가서 강제적으로 금, 은, 보화를 강탈하여 오는 것이었다.

이보다 앞서 서구 사회는 르네상스를 맞이하게 되고, 이들은 신의 지배로부터 벗어나 인간 중심의 삶 및 사회를 모색하면서 이에 필요한 지식과 생활 지혜를 습득코자 하는 한편 이를 바탕으로 삶의 질적 발전도 도모코자 하였다. 이 당시 새로운 지식 및 기술의 습득은 인간이 자연을 얼마만큼 잘 알고 있으며, 그로부터 얻은 지식이 인간의 삶에 얼마만큼 효과적으로 활용될 수 있느냐의 결과에 따라 결정되었다.

이같이 새로운 과학 지식과 기술에 대한 사회적 열망이 고조될 무렵 코페르니쿠스(Copernicus), 케플러(Kepler), 길버트(Gilbert) 및 갈릴레오(Galileo) 등과 같은 위대한 과학자들이 연이어 나타나 큰 도움을 주었다. 이들에 의해 기독교 시대의 지구 중심에서 태양 중심으로 지구가 돌고 있다는 사실을 발견함과 동시에 물체의 관성 운동 법칙을 찾아내게 되고, 그런 다음 지구의 끝이 낭떠러지가 아니고 둥글다는 사실을 알아내게 되었다. 이에 따라 그때까지 먼 바다로 나가면 낭떠러지에 떨어진다는 두려움으로부터 벗어나 자유로이 먼 곳으로 나갈 수 있게 되고, 또한 천문학의 발달로 별의 좌표에 따른 항해술을 발휘해 냄으로써 먼 거리의 목적지를 향하여 안전한 항해도 할 수 있게 되었다.

이같은 과학 지식 및 기술의 개발은 해외로 진출하고자 하는 절대 군주 국가에 큰 도움을 주었다. 이들은 앞을 다투어 큰 선박을 건조하는 한편 미지의 세계를 탐색코자 대서양으로 진출해 나아갔다. 이 무렵 콜럼버스에 의해 미국의 신대륙이 발견되고, 남아 연방의 희망봉을 돌아 인도양과 태평양으로 진출하는 항로도 찾아내었다. 이렇게 신대륙 혹은 미지의 세계를 발견하게 되자 절대 군주 국가들은 이들 지역에 군대를 앞세워 진출하면서 귀중한 금, 은 및 보화를 약탈해 모든 초기 중상주의 시대를 열어 갔다. 이같은 약탈을 통해 미개발 지역을 식민지로 확보한 다음 점차적으로 식민지 교역을 이루어 나가게 되자 교역의 중심은 지중해로부터 대서양으로 옮겨지면서 경제적으로 대서양 시대를 열어 나가기 시작하였다.

이렇게 식민지 교역이 활발하여지자 교역의 내용도 단순한 약탈에서 원료 혹은 원자재 쪽으로 옮아 가고, 이를 국내에 반입하여 완제품으로 가공한 다음 다시 식민지로 수출하여 생산과 교역에서 발생하는 엄청난 차액을 챙기고자 하였다. 이같은 추세가 본격화되자 그때까지 매우 중시되었던 단순 교역보다는 생산 교역이 더 많은 주목을 받게 되고, 그렇게 하는 것이 절대 군주의 재원 조달에 큰 도움이 될 뿐 아니라 국가적 부의 축적과 해외로의 국력 팽창에 크게 기여한다는 사실도 알게 되었다. 이러한 사실을 알면 알수록 절대 군주 국가는 식민지 개척과 교역에 깊숙이 개입하면서 상인들과 결탁하여 보다 더 효과적인 방법과 상호 보완적 역할을 모색 코자 하였다. 이 결과로 상업 자본주의가 본격화되면서 산업 자본주의로 옮아 가는 발판도 마련되기 시작하였다.

18세기에 이르러 서구 사회는 르네상스를 계기로 불붙기 시작한 새로운 과학 지식에 대한 갈망이 시간이 흐르면서 더욱더 고조되어 또 다른 새로운 과학 지식이 각 분야에서 연이어 발견되는가 하면 국가도 과학 지식의 탐구와 기술 개발을 적극 지원하여 이를 가속화시켜 나아갔다. 이와 같이 과학 및 기술의 발전, 식민지 개척에 따른 자원 공급의 원활화, 판매 시장의 확보, 상업 자본의 축적, 그리고 계속적인 이익 추구 등은 상품의 대량 생산과 이에 따른 자본의 축적을 더욱더 필요하게 만들었다. 드디어 석탄의 효율적 사용, 방직의 기계화, 그리고 스팀 엔진의 개발 등이 이루어지면서 대량 생산을 가능케 하는 산업 혁명이 일어났다.

영국에서 처음으로 시작된 산업 혁명은 서서히 유럽 대륙과 미국 대륙으로 전파되고, 이들 대륙의 국가들도 영국의 뒤를 이어 대량 생산의 체제를 구축해 나아갔다. 이러한 대량 생산으로의 체제 전환은 상업 자본주의에서 산업 자본주의로 변신케 하면서 이제는 더욱더 많은 산업 자본의 축적을 가능하게 만들었다. 그러나 자본의 축적과 경제의 성장 및 발전은 종전보다 더 치열한 경쟁을 벌이면서 더 많은 해외 시장을 확보하지 않으면 안 되게 하였다.

따라서 각 국가들은 식민지 정책을 더욱 강화시켜야만 하고, 비교적 많은 식민지 시장을 확보하여 유리한 입장에 있던 영국은 자유 무역을 강조하였다. 이에 반해 한 발 뒤떨어진 독일, 프랑스 및 미국은 수세에 몰리자 국가 주도의 보호주의를 들고 나와 영국에 대항하는 한편 자신들의 이익을 최대한으로 보호하고자 했다.

한편 자본의 축적은 자본가의 사회 경제적 지위를 한층 더 높여 주어 정치, 사회적으로 큰 영향력을 행사할 수 있게끔 만들어 주었다. 이에 반해 노동자는 열악한 근로 조건과 저임금에도 불구하고 열심히 일하지 않으면 안 되었다. 그리고 산업화는 농민들로 하여금 공장이 밀집해 있는 도시로 집중하게 만들어 주거를 비롯하여 의료, 교육 및 위생 등에 큰 어려움을 발생케 하면서 정치, 사회적으로 심각한 문제점으로 부각되게 하였다. 이에 각 국가들은 앞을 다투어 여러 종류의 복지 정책을 펴면서 노동자의 욕구를 충족시켜 주는 한편 근로 조건도 대폭 개선시켜 나가려고 노력했다.

그러나 국가가 경제에 개입하여 정책적으로 도움을 주려고 하는 데에는 여러 가지의 문제점 및 한계점이 뒤따르게 되어 기대한 바와 같은 효과를 나타내지는 못하였다. 이에 노동자는 자본가와 맞서 자신들의 이익을 스스로 보호코자 하면서 근로 조건을 개선시켜 나가기 위해 힘을 모아 대항하려고 하였다. 이 결과 노동 조합이 결성되고, 이에 일부의 지식인들이 가세하여 자본주의를 비판하게 되자 사회주의가 등장하면서 경제에 있어 자유보다는 평등이 더 많이 잘 지켜져야 할 것이라고 주장하였다.

또 한편으로 생산의 확대와 국제 교역의 증대는 화폐 금융의 발달을 필요케 하고, 이로써 금 본위의 화폐 경제가 점차로 자리를 잡아 나가기 시작하였다. 화폐 경제의 출현은 자본주의 경제의 발전에 좋은 점과 나쁜 점을 동시에 가져다 주었다. 우선 좋은 점에 있어, 각국의 경제는 물론 세계 경제에 안정을 가져다 주면서 대내 및 대외의 상거래를 보다 정확하고 신속하게 처리할 수 있게 만들어 주었다. 그리고 자본주의 경제의 발전에 절대적으로 필요한 신용을 창출해 내는 데 획기적인 기여를 하였다. 이에 반해 나쁜 점은, 경제 규모 및 활동의 확대에 맞추어 공급이 적절히 늘어나지 못하면 경제 발전이 멈추거나 위축되어 침체할 수 있고, 그리고 과다하게 공급되면 초과 수요를 유발시켜 인플레를 조장할 수 있는 것이다.

이 당시 금의 공급이 채광의 기술 및 새로운 금광의 발견을 하여야 하기 때문에 경제 활동의 증가에 따른 수요의 증대와 일치하지 않을 때가 많았다. 따라서 화폐 공급의 증감에 따른 경기 침체 및 호황이 나타나는 자본주의의 특유한 현상이 나타나기 시작하였다. 이때부터 화폐 공급의 여하에 따라 각국의 경제는 물론 세계 경제가 큰 위험에 빠질 수 있다는 사실을 알게 되었다.

Ⅳ

20세기에 접어들면서 세계 경제는 새로운 국면에 접어들어가기 시작하고 있었다. 생산과 교역에 있어 영국은 막강한 군사력을 앞세워 해외 식민지를 줄기차게 개척하여 온 결과 20세기에 들어오면서 6대륙에 걸쳐 광활한 식민지 시장을 확보하게 되어 그 어느 국가도 감히 도전할 수 없는 최강의 경제 대국으로 등장하였다. 이에 반해 스페인, 프랑스, 네덜란드 및 독일 등은 영국의 세력이 못 미치는 아프리카, 동남아시아 및 남미 등의 지역에서 시장 확보를 위한 치열한 다툼을 벌이고 있었다. 그리고 미국은 중남미와 태평양을 건너 극동 아시아에서 거점 확보를 위해 투쟁함으로써 필리핀을 식민지화하는 데 성공하는 한편 중국과 일본에 대해 상당한 영향력을 행사하기 시작하였다.

한편 아시아 대륙에 있어서는 중국이 오랜 정치, 사회적 전통과 문화를 가졌음에도 불구하고 폐쇄적인 생활 자세로 인해 해외 진출은 물론 경제 사회적 발전도 이룩하지 못하고 있었다. 이에 반해 일본은 16세기에 스페인 및 네덜란드의 무역상들과 접촉하기 시작하면서부터 유럽의 무기, 직물류, 유기 그릇, 담배 및 안경 등을 은과 동으로 바꾸는 거래를 하기 시작하면서 처음으로 서구 사회와의 접촉을 이루어 나아갔다.

이같은 접촉은 국내 정치의 통일은 물론 해외 진출에 많은 관심을 가지게 만들면서 한반도의 침략을 꿈꾸게 하였다. 이로써 일본은 고립된 폐쇄적 시대로부터 벗어나 개방 시대로 진입하기 시작하였다. 그러나 정치, 사회적 이유로 인해 이러한 개방은 곧 중단되고, 그후 19세기 중엽 미국이 접근하여 문호 개방을 요구하게 되자 이에 응하여 폐쇄 정책을 포기하는 한편 해외 진출을 본격화하면서 서구의 자본주의와 더불어 해외 식민지의 개척과 시장 확보에 경쟁적으로 동참하였다. 그런 과정에서 러시아 및 중국과 더불어 한판 승부로 군사적 우위를 확보하게 되자 식민지 정책을 노골화시켰다. 이 결과 일본은 영국, 독일 및 미국과 연합하여 경제 대국으로 부상하는 길목에 들어서면서 자국의 경제를 산업화시키는 데 박차를 가하였다.

또 한편으로 16세기 이후 과학의 발달은 시간이 흐르면서 더욱 가속화되고, 이의 경제적 활용이 적극 모색되면서 새로운 기술이 연이어 개발되고 있었다. 이에 따라 과학 기술이 경제·사회 발전에 크게 기여하게 되고, 이러한 현상이 20세기에 들어오면서 두드러지게 나타나게 됨에 따라 경제의 산업화는 급속도로 진행되었다. 스팀 엔진의 개발로 대형 선박이 건조되어 대서양 횡단을 시간적으로 대폭 단축시키자 유럽 대륙과 미국 대륙 사이의 사람들의 왕래는 물론 상품 및 원자재의 교역이 활기를 띠면서 크게 늘어나기 시작하였다.

그리고 석유 화학 공업의 발달과 더불어 개발된 자동차의 등장과 스팀 엔진에 의한 증기 기관차의 출현은 바다의 수송과 연결된 내륙의 수송망이 구축되어 상품이 시간과 운임면에서 저렴하고도 신속하게 최종의 소비자에게 전달될 수 있게 하였다. 또한 에디슨에 의해 전기가 발명되어 밤에도 대낮같이 불을 밝혀 주며, 전신과 전화의 발명은 먼 거리와의 대화를 가능케 함으로써 상거래의 발전에 큰 도움을 주었다.

이상과 같은 과학 기술의 발달로 대량 생산, 해외 시장의 확보, 교역의 확대, 그리고 대륙간의 신속한 교통은 세계 경제를 산업 자본주의 시대로 깊숙이 진입하게 만들면서 앞으로 다가올 새로운 국면에 대비할 수 있는 준비를 하게 하였다. 이러한 시점에 맞추어 기업은 이윤 추구에 한층 더 많은 관심을 쏟으면서 시장 독점에 발을 벗고 뛰어들었다. 이에 업종과 상품별로의 독점 현상이 나타나고, 정책 당국은 이들과 협동하여 해외 시장의 확보와 교역의 증대를 통한 국익의 증대에 한층 더 많은 노력을 기울이기 시작하였다. 이 결과 세계 경제는 지역적으로 구별화되면서 이익이 서로 일치하는 국가들간에 경제적 공동 보조를 맞추는 경제 블록화 현상이 나타나고, 이들 블록간의 대립과 마찰은 경제를 뛰어넘어 정치와 군사 부문에까지 확대되는 조짐을 보였다. 이로 인해 1차 세계 대전이 발발하였다.

한편 20세기 초 10월 혁명을 통해 정권을 장악한 소련의 공산주의는 서구의 열강에 비교해 엄청나게 낙후된 경제를 개발시키기 위해 공산당 주도의 경제 개발에 박차를 가하였다. 이 결과 소련의 경제는 오랜 기간을 통해 이룩한 서구 선진국의 경제 수준에 곧장 접근하면서 주변국의 경제는 물론 세계 경제에도 상당한 영향력을 미치기 시작했다.

이 무렵 세계 경제에는 큰 이변이 발생하고 있었는데, 이는 당초 예상하지 못하였던 산업 자본주의의 구조적 모순점으로 세계 경제를 대공황으로 몰고 가는 디플레이션(deflation)이었다. 이 디플레이션은 대량 생산에 의한 공급 과잉과 이에 못 미치는 수요 부족으로 재고가 누적되고 이로 인해 생산의 중단과 대량 실업이 발생함으로써 나타나게 되었다. 특히 금 본위 제도에서 통화 공급이 경제 활동의 증대에 맞추어 신축적으로 늘어나 초과 공급을 흡수하지 못한 것도 큰 원인으로 작용하기도 하였다. 아무튼 1929~30년 사이 미국에서 처음으로 시작된 경제 공황이 유럽 대륙은 물론 일본에까지 전파되면서 큰 파급 효과를 미치게 되자 각 국가들은 이의 타결책을 강구하는 한편 새로운 진로를 모색하기 시작하였다.

그 결과로 제시된 해결책은 수요를 진작시켜 초과 공급을 흡수하도록 하는 데에 초점을 맞추면서 정부가 재정 부문을 통해 경제에 적극 개입하여 고용을 증대시키면서 경기를 활성화한다는 것이었다. 그리고 국제 교역에 있어서는 식민지 시장을 포함하여 자국의 시장을 경쟁국의 침투로부터 적극 보호하고, 그렇게 하기 위해서는 고율의 관세를 실시하는 것이 가장 효과적인 방법이라고 판단하였다. 이에 따라 관세가 높아지면서 국가간 혹은 경제 블록간의 교역을 억제시켜 나아갔다. 이같은 보호주의 정책은 세계 경제로 하여금 시장 보호 및 확보를 둘러싸고 치열한 경쟁으로 몰고 가면서 빈번한 대립과 마찰을 불러일으켰다. 그리고 이 마찰은 정치적 패권주의와 연결되면서 2차 세계 대전이 발발하는 데 큰 원인으로 작용하였다.

V

2차 세계 대전이 종전되자 또 한 번 세계 경제는 새로운 국면에 접어들어 가고 있었다. 우선 유럽 대륙에 있어 독일 및 이탈리아와의 전쟁에서 승리한 영국과 프랑스는 비록 싸움에서 이기기는 하였지만 파괴와 막대한 군비 지출로 인해 국내 경제가 바닥에 머물고 있었다. 이와는 대조적으로 미국의 경우에는 태평양의 전쟁에서 일본과 싸우기는 하였지만 전쟁을 태평양의 여러 섬에서 치르게 됨으로써 파괴를 면할 수 있게 되고, 또한 연합군을 도와 군대 파견과 군비 지원을 하였지만 상당 부문을 유상으로 함으로써 많은 경제적 이득을 챙겼다. 이에 따라 전쟁이 끝난 다음 오랜 기간을 통해 경제 대국으로 군림하여 오던 영국이 몰락함과 동시에 미국이 드디어 최강의 경제 대국으로 부상하였다.

이같이 미국이 경제 대국으로 등장하게 된 배경과 원인을 살펴보면, 우선 종전까지 식민지 국가로 있던 중소 국가들이 독립하여 영국의 영향권으로부터 벗어나게 됨에 따라 영국은 하루아침에 모든 해외 시장을 상실하였기 때문이다. 그리고 전쟁으로 경제적 이득을 많이 챙기면서 다량의 금이 유입됨에 따라 미국은 갑작스럽게 풍부한 자금력을 가지는 한편 이를 바탕으로 미국의 달러($)가 국제 통화로 군림할 수 있었기 때문이기도 하였다. 또한 과학 기술의 획기적 개발 및 발달과 풍부한 자원을 토대로 산업 구조가 고도화되면서 괄목할 만한 경제 발전을 이룩한 것도 큰 원인으로 작용했다.

이와 같은 경제 변화에 맞추어 미국은 전후의 세계 경제를 이끌어 나가는 데 주도권을 잡으면서 자유 무역 및 금융을 강조하고 나왔다. 왜냐하면 국가간 혹은 지역간의 폐쇄적이고도 대립적인 경제 블록화는 세계 경제의 발전에 도움이 되기보다는 이를 파괴 혹은 퇴보시키게 될 것이라고 굳게 믿고 있기 때문이었다. 그러므로 세계 경제는 개방된 분위기 속에서 자유롭게 그 질서를 잡아 나가야 할 것이라고 했다. 즉 국가간의 자유로운 무역과 시장 원리에 바탕을 둔 경제 질서 및 운영이 세계 경제의 발전은 물론 모든 국가들의 경제 발전에 큰 도움이 된다는 것이었다. 이 결과 세계 경제는 거의 20년 동안 안정 속에서 성장과 발전을 달성하는 한편 무역에서도 높은 증가율을 나타내었다. 물론 GATT와 IMF는 세계 경제의 발전과 교역량의 증대에 저해 요인으로 작용하는 고율의 관세, 높은 비관세 장벽, 그리고 차별 대우 등을 국가간의 협의를 통해 인하 혹은 제거해 나갔다.

이같이 자유로운 분위기와 시장 원리가 존중되면서 교역이 활발해지자 패전국이었던 독일과 일본이 무역을 통해 빠르게 경제 재건을 이룩함과 동시에 엄청난 무역 흑자를 내기 시작하였다. 이에 반해 전승국이었던 미국, 영국 및 프랑스 등의 경제 선진국은 적자를 기록하는 한편 경제 침체 속으로 점차로 빠져 들어가기 시작하고 있었다. 특히 미국의 경우에는 과다 수입으로 인한 무역 불균형과 이에 따른 달러의 유출로 경제 대국의 지위를 상실할 위험에 놓이기도 하였다.

이러한 경제 환경의 변화로 인해 막강한 군사력에 의한 해외 시장의 확보와 경제적 영향력의 확대는 그 실효성을 잃어버리게 되고, 이에 반해 자본 및 노동의 생산성이 월등히 높으면서도 산업 기술을 지속적으로 개발하는 국가가 무역에서 큰 이익을 보게 된다는 새로운 현상이 나타나기 시작하였다. 이 무렵 세계 경제는 저개발국인 신생 독립 국가들이 모여 경제 선진국에 효과적으로 대항하기 위해 비동맹국 그룹을 조직함으로써 남북 대립이라는 불편한 관계 속으로 빠져 들어가게 되고, 이에 경제 선진국은 UN에서 이들의 지지를 의식한 나머지 경제적 지원 및 협조를 마련하여 주었다.

1970년대에 접어들면서 세계 경제는 중화학 공업의 발달과 더불어 극도의 소비 경제로 치닫게 됨에 따라 자원의 고갈과 에너지 공급의 부족 현상에 직면하면서 2차례에 걸쳐 에너지 파동을 경험하였다. 이 결과 대공황 이래 처음으로 깊은 침체 속으로 빠지면서 높은 실업 및 물가 상승을 동시에 나타내는 스태그플레이션(stagflation)을 맞이하게 되었다.

이에 대한 타결책으로서 공급 경제학이 제시되고, 이에 맞추어 에너지 다소비형에서 절약형의 구조로 탈바꿈을 시도하는 한편 자본 및 기술 집약 산업을 육성하면서 첨단 기술 개발에 박차를 가하였다. 이에 따라 전자, 반도체, 생명 공학 등의 첨단 산업이 각광을 받으면서 급성장하고, 이중에서 전자 및 반도체 산업의 발달은 산업 사회에서 정보 사회로의 전환을 유도하면서 정보화 시대라는 새로운 경제 사회 시대를 열어 나가려고 했다. 이에 각 국가들은 앞을 다투어 첨단 산업을 육성시키는 한편 이에 걸맞은 생활마저도 모색하게 됨에 따라 삶의 형태 및 모습이 점차로 변하기 시작하고 있었다.

또 한편으로 각 국가들이 국제 수지의 불균형을 시정하기 위한 방안으로 보호 정책을 강화시켜 나가자 국제 무역이 둔화되기 시작하였다. 특히 80년대에 들어와 저렴한 노동력을 바탕으로 급성장한 아시아의 개도국들이 중진국으로 도약하면서 선진국 시장에 깊숙이 침투하고, 그리고 국제 교역에서 엄청난 성과를 올리면서 국제 수지를 대폭 개선해 나가자 이들 국가에 대한 시장 개방의 압력도 거세지기 시작했다. 즉 과거의 경험이 보여 주듯 보호 무역이 득보다 실을 더 많이 가져다 줄 것이 분명하여짐에 따라 자유 경쟁을 통한 무역 증대를 도모코자 한 것이었다.

이에 각 국가들은 경쟁적으로 외국 투자를 유치하여 기술 개발과 첨단 산업의 육성에 온갖 노력을 다 기울이는가 하면 국제 무역에서 유리한 고지를 확보하기 위해 서로 도움을 줄 수 있는 국가들과 어울려 지역 협력체를 설치하려고 하였다. 이 결과 새로운 세계 경제 질서에 걸맞는 WTO가 GATT를 대신하여 출범하고, 미국 대륙, 유럽 및 아시아 지역에서도

NAFTA, EU 및 APEC 등의 지역 협력체가 결성되었다. 20세기를 마감하는 현시점에서 아시아의 여러 개도국들이 급성장을 통해 중진국으로 부상한 다음 이제 본격적으로 경제 선진국으로 발돋움하려고 시도하게 됨에 따라 세계 경제의 중심축이 대서양에서 태평양으로 옮겨 오게 되고, 이것이 21세기에는 환태평양 시대를 열어 갈 것이라고 한다.

여기서 특히 많은 주목을 받는 것은 중국권의 경제가 조만간에 국민 소득 및 교역의 규모에 있어 미국을 앞질러 세계 경제의 2위 자리로 올라설 것이라는 전망이다.

다른 한편으로 경제 성장과 발전이 환경 파괴 및 오염을 가속화시켜 고온과 이상 가뭄을 초래케 함에 따라 식물 생산의 하락은 물론 사람마저도 정상적인 삶을 영위하기 어렵게 되는 위기 상황으로 치닫고 있다는 전문가의 진단이 나오고 있다. 이에 따라 환경 보존 및 보호를 세계 경제 및 무역에 연계시키자는 목소리가 점차로 커지면서 그린 라운드(Green Round)를 강력히 추진시켜 나가려 하고 있는 실정이다.

2. 산업 경제의 발달과 기업의 성장

　세계 경제의 흐름 속에서 산업 경제라고 함은 경제가 업종별로 전문화되어 중간 및 최종 제품을 대량으로 생산하는 것을 의미하게 되겠는데, 이는 시기적으로 18세기 산업 혁명으로부터 시작하여 19세기 말경에 본격화되었다. 이와 마찬가지로 기업의 경우에 있어서도 그같은 생산에 참여하는 생산자 혹은 자본가의 조직으로 볼 수 있는데, 현재는 주식 회사라는 조직체를 의미하게 된다. 이같은 의미를 고수하게 되면 주식 회사의 형태를 갖추지 않은 기업을 이곳에서 제외시킬 것인가라는 문제가 발생하게 된다. 하지만 의미의 해석에 얽매이지 않으려고 하기 때문에 문제의 심각성은 해소될 것이다. 즉, 이곳에서 언급하고자 하는 기업은 법적 의미와는 무관하게 생산과 판매를 통해 이윤을 얻고자 하는 일반 경제인을 지칭하고자 하는 데 불과한 것이다.

　그러므로 대기업을 위시해 중소 기업, 소규모의 상업, 그리고 국영 기업을 포함시켜 기업의 대상으로 볼까 한다. 그러나 시·공간적으로 산업 경제와 대기업이 서로 밀접한 관계를 갖는 것은 분명한 사실이다.

I

앞에서 이미 언급한 바와 같이 원시 사회에서는 그 생활의 특징으로 인해 현재의 의미에서 찾아볼 수 있는 상거래는 존재하지 않았다. 가족 단위의 생활에서는 부모가 자식을 부양하기 위해 수렵이나 채집 등으로 음식을 마련하기 때문에 가족 구성원 사이에 상업적인 거래가 개입할 여지가 전혀 없게 된다. 시간이 경과하여 씨족 및 부족 사회로 발전하면서부터는 생활에 많은 변화가 생기게 되고, 먹을것이 많을 경우에는 내일을 위해 남겨 두거나 저축을 하며, 그렇게 하기가 어려울 때에는 이웃에게 나누어 주게 된다. 이에 반해 부족하거나 없을 경우에는 이웃으로부터 얻거나 빌려 와 먹거나 사용하게 된다.

이같은 생활이 정착된 다음 사회 구조가 복잡 다양해지자 이번에는 시·공간적 여유를 두고 나누거나 얻거나 혹은 빌리는 행위로부터 벗어나 그 즉석에서 자신이 필요로 하는 물건을 받고, 이의 대가로 이웃이 필요로 하는 물건을 주는 단순 물물 교환이 나타났다. 이러한 교환은 생활에 대단히 편리함을 가져다 주는 한편 생활 구조 및 형태에 커다란 파급 효과를 미치기 시작하였다. 자세히 말하면, 수렵과 주워 오기에 있어 내게 꼭 필요한 물건이 없더라도 이웃이 필요로 하겠다고 생각되는 물건을 가지고 와서 이웃과의 교환을 통해 자신이 필요로 하는 물건을 습득하는 생활 행위를 배우게 되는 것이다.

한편 농경 사회로 진입하면서 원시인들은 자급자족을 원칙으로 하였다. 다시 말하면, 자신이 필요한 농작물을 모두 재배하여 의식주에 따른 수요 문제를 해결해 나가는 것이다. 물론 이같은 농경 사회에서도 이웃간에 나누거나 빌려 가는 경우가 발생하지만 이는 어디까지나 생활에 필요한 물건을 스스로 조달한 다음 부족한 부분이 생겼을 때에 국한되고 있었다. 즉 천재지변, 오랜 가뭄 혹은 홍수로 인해 예상한 수확량을 확보하지 못했을 때 부득이 여유있는 이웃으로부터 빌리고, 그 다음해에 갚는 것이다. 따라서 이곳에서는 기본적으로 이웃이 필요로 하는 물건 혹은 교환을 위한 물건을 생산하지 않는다.

이와 같은 원시 사회의 발전 과정을 감안하여 볼 때, 서구 사회는 목축업과 농업이 혼합되어 발전하여 온 반면에 동양 사회는 거의 대부분이 농업 위주의 생활을 영위한 것으로 나타나고 있다. 우선 기원전까지 발전한 서구 사회의 생활을 살펴보면, 서구 사회는 일찍이 각 지역으로 여러 종족이 정착한 다음 목축업과 농업을 생활의 기본 발판으로 삼아 삶을 영위해 나갔다. 그러나 내륙에서는 동과 철이 발견되어 이를 이용하여 도구와 무기를 만들어 보다 좋은 조건을 구비한 땅을 빼앗기 위해 이웃 종족과 싸우거나 혹은 그들의 땅을 점령해 버리고 있었다. 이렇게 함으로써 일정 기간 동안 한 곳에 머물다가 또 다른 좋은 곳으로 이동하는 생활을 하고, 이에 반해 비교적 넓은 평야와 농사짓기에 알맞은 기후와 지리 조건을 가진 종족은 오랜 기간을 통해 한 곳에 머물면서 농업에만 전념하였다.

BC 2천 년경 지중해 연안의 종족들이 배를 만들어 먼 거리를 항해하기 시작하고, 그러면서 생활에 필요한 물건을 발견하거나 찾으려고 노력했다. 이러한 생활은 한 지방의 특산물을 다른 지방의 것과 교환하게 만들고, 이 교환이 생활에 큰 도움이 되자 BC 5세기경에는 지중해 연안의 모든 지역들이 교역을 하면서 이를 생활의 토대로 삼았다. 특히 희랍의 도시 국가인 아테네가 개방적이면서도 자유로운 왕래를 보장하게 되자 교역은 더욱 활발하여졌다.

희랍을 평정하고 주변 지역을 차례로 점령한 다음 광활한 영토를 확보하게 된 로마 제국에서는 그 어느 때보다도 자유로운 이동이 보장되는 한편 이에 따른 지역간의 교역이 크게 성행하였다. 그리고 교역을 하면 할수록 그 지역의 생활이 발전하면서 보다 나은 삶을 영위할 수 있다는 사실도 알게 되었다.

이에 따라 서구 사회에서는 농업보다는 교역이 더 큰 비중을 차지하게 되면서 앞으로의 발전에 크게 기여할 수 있는 토대를 마련하였다. 이렇게 되자 교역에 종사하는 상인들이 많이 나타나고, 처음에는 단순 교역에 집착하였다. 그러나 시간이 경과하면서 거래되는 상품들 사이의 차액을 겨냥하여 교역을 더욱더 확대시켜 나가는 현상마저도 나타나고 있었다. 이에 부의 축적이 가능해지고, 이를 바탕으로 거상들이 출현하기 시작하였다. 이 당시의 교역은 지중해의 연안에만 머물지 않고 대륙 깊숙이, 그리고 동쪽으로 인도와 중국에까지 연결되어 있었다.

그러나 서로마 제국의 멸망 후 기독교 시대에 들어와서는 봉건 영주의 장원 제도가 나타나 폐쇄적인 생활을 고집하게 됨에 따라 동서간 혹은 지역간의 교역은 침체 속으로 빠져들기 시작하였다. 하지만 11세기 이후로 십자군의 원정이 이루어지면서 동서간의 자유로운 이동이 가능해지자 교역은 오랜 침체로부터 벗어나 다시 활기를 띠기 시작하고, 시간이 흐르면서 그 규모도 확대되어 로마 시대를 능가하였다. 그리고 얼마 후 몽고의 침입과 화약의 전래는 교역의 발전에 큰 계기가 되는 결과가 되어 더욱더 확대되어 나갔다.

이같은 교역의 확대 및 발전으로 서구 사회에서는 일찍이 시장이 많이 형성되어 나타나고, 이를 통한 상품 거래도 활발하여지기 시작하였다. 이렇게 되자 교역은 물론 시장에서의 상거래도 생활에서 큰 비중을 차지하게 되고, 이에 종사하는 상인들도 급격히 늘어났다. 이같이 증가하면 할수록 사람들은 거래할 수 있는 상품을 먼 곳으로부터 가져오기보다는 자체적으로 만들거나 혹은 재배하려 하고, 그 결과로 연금술을 비롯한 도구를 제작하는 기술이 발달하면서 새로운 상품을 제작하는가 하면 농산물이 다량으로 생산되었다.

한편, 교역 및 상거래의 확대와 이에 따른 상인들의 수적 증대는 부의 축적을 가능케 하여 상인들로 하여금 정치·사회적 지위를 향상시켜 나가면서 사회에 대해 막강한 영향력마저도 행사할 수 있게 만들었다. 이 결과 상인들이 생활에 있어 막강한 영향력을 행사하는 상업 자본주의 시대가 열리고, 그리고 이들 상인은 그것으로 만족하지 않고 삶의 발전을 도모코자 희랍 및 로마의 생활 문화와 지식을 갈구하면서 이를 일반인들에게 소개하거나 혹은 가르쳐 생활화되도록 하려고 많은 노력을 기울였다. 이같은 이들의 헌신적인 노력으로 복구 풍조가 유행하면서 사회 개혁을 통한 새로운 삶을 모색하는 르네상스가 태동하기 시작하였다.

다른 한편으로, 동양 사회에서는 고대로부터 농업 중심으로 발달하고, 그 결과 바다를 이용한 먼 거리와의 교역은 저조하였다. 앞에서 언급한 바와 같이 육로 혹은 수로를 통한 가까운 지역간의 농산물 거래는 활발히 이루어질 수 있었지만 바다를 건너고 국경을 넘어서는 특산품의 거래는 경제적 및 기술적 특성과 더불어 정치·군사적 이유 때문에 많은 제한을 받았다.

다시 말하면, 동양 사회에서는 정치·군사적 통치가 막강하여 이웃 국가들간의 자유로운 이동이 용이하지 않을 뿐 아니라 일찍부터 폐쇄적 생활을 해왔기 때문에 외부인에게 호의보다는 많은 경계심을 가지면서 적대적 자세를 가졌던 것이다. 또한 농업 위주의 생활을 영위하였기 때문에 굳이 사회를 개방시켜 먼 지역의 사람들과 거래 혹은 접촉할 필요성도 없었다. 이에 반해 비교적 오랜 기간을 통해 생활 관습 및 전통이 잘 보전됨으로써 생활 기술이 발달하여 삶의 질적 개선 및 발전에 많은 도움을 주었다

Ⅱ

서구 사회는 르네상스를 통해 생활에 큰 변화를 맞이하게 되었다. 우선 신의 지배로부터 벗어나 인간 중심의 삶을 영위하게 됨에 따라 지금까지 견지해 온 신과의 밀접한 관계를 버리고 생활의 터전인 자연 쪽으로 관심을 돌리기 시작하였다.

그리고 이로부터 생활 지혜와 지식을 얻고자 노력하게 됨에 따라 인간은 그때까지 몰랐던 많은 자연의 법칙을 발견하게 되었다. 또한 자연으로부터 지혜와 지식을 배우거나 혹은 얻는 방법에 있어서도 종전의 주먹구구식과 같은 초보적 단계를 벗어나 보다 체계적이면서 앞과 뒤가 정연하게 연결되는 논리적 방법을 창안해 내기도 하였다. 이같은 논리적 방법을 통해 얻는 지식과 지혜가 정확할 뿐 아니라 확실하기 때문에 인간은 자연을 더 많이 이해하게 됨은 물론 이를 생

활에 적극 이용하고자 하는 생각마저도 했다.

이같은 생활 분위기 및 자세로 인해 코페르니쿠스, 케플러, 갈릴레오 및 뉴턴 등과 같은 여러 과학자들에 의해 많은 자연 법칙이 발견되면서 새로운 지식을 가지게 되고, 또한 베이컨(Bacon)과 데카르트(Descartes)에 의해 논리적 방법이 고안되어 보다 확실한 지식을 얻게 되었다.

이 결과 자연에 대한 접근과 이의 이용이 한결 용이해지면서 생활 발달에 많은 도움이 되는 지식과 지혜를 가지기 시작하였다. 이미 앞에서 언급한 바와 같이 이러한 지식은 교역을 지중해 시대로부터 벗어나 새로운 대서양 시대로 열어나가는 데에 결정적 역할을 하였다.

이 무렵에 등장한 절대 군주 국가는 국부와 재정 조달을 위해 경제에 개입하면서 해외 진출을 적극 모색하고 있었다. 이때 새로운 지식 및 기술에 의해 가능해진 먼 거리의 항해는 이들에게 엄청나게 큰 기회를 마련해 주었다. 대서양 시대로 진입하는 과정에서 국가가 주도한 중상주의는 교역의 증대는 물론 이의 가속화에 커다란 역할을 하였다. 이로써 18세기 산업 혁명이 일어날 때까지 단순 교역을 위주로 한 중상주의가 그 위력을 떨치면서 세계의 여러 구석구석까지 그 파급 효과를 미쳤다.

이 당시 중상주의는 영국과 스페인이 주도하였는데, 이들 국가는 국가가 앞장서는 형태로 큰 상인들과 결탁하여 교역 확대는 물론 상품 가격 사이의 차액을 극대화시켜 엄청난 이득을 남기는 데에 혈안이 되었다. 이렇게 하는 과정 속에서 교역을 효과적으로 처리 혹은 수행하는 반관반민의 조직체까지 만들었고, 이 조직체가 기업의 발생 및 성장에 큰 계기가 되었다.

한편 이같이 교역이 국제 규모로 확대되는 것과 때를 같이 하여 과학 지식의 습득과 이를 바탕으로 개발한 기술에도 커다란 진전이 나타나고 있었다. 이 당시 과학 지식을 많이 이용한 대표적인 사람은 화가로서 널리 알려진 레오나르도 다빈치(Leonardo Davinci)이고, 그는 기하학을 바탕으로 사물의 역학 구조 및 관계를 규명하는 한편 신체의 구조에까지도 깊은 이해를 가지면서 신체 해부학을 개발해 내었다. 또한 타타그리아(Tataglia)는 기하학과 수학을 활용해 탄두의 각도에 따른 대포의 최대 사정 거리를 산출해 내는가 하면 베네데티(Benedetti)는 사물이 떨어질 때 나타나는 운동량과 낙하 속도에 대해 연구하기도 했다.

17세기에 들어서면서 모든 사물은 자체적으로 서로 잡아당기는 힘을 가졌다고 생각하게 되고, 뉴턴이 나타나 이 사실을 확인시켰다. 이로써 인간은 우주 속에서 자신의 힘 외에 또 다른 힘이 존재한다는 사실에 크게 놀라지 않을 수 없었다.

이와 같은 과학 지식 및 기술의 발달이 다른 여러 부문에까지 확산되기 시작하자 빛에 대한 광학 이론이 개발되어 망원경을 발명하는가 하면 인간의 신체 구조에 대한 연구도 활발히 진행되어 의학이 발달하였다. 이에 피의 순환 과정과 심장의 역할을 알게 되고, 이러한 지식은 신체의 해부와 병을 치료하는 데에 획기적인 기여를 하였다. 이와 때를 같이 하여 질병이 균에 의해 발생 혹은 전염된다는 점을 확신하고, 이에 대한 연구를 하는 한편 연금술을 개발하여 수은, 유황 및 염 등의 원소를 발견하면서 이를 의학에 연결시켜 신체 구조에 대해 보다 정확한 지식을 가지고자 하였다.

더 나아가 연금술의 개발로 공기와 가스의 본질을 규명하게 되고, 이것이 사물의 무게와 밀접한 관계를 가진다는 사실도 알아냈다.

이와 같이 연구와 개발을 통한 새로운 지식 혹은 사실의 발견은 더욱더 많이 연구할 수 있는 혹은 하도록 하는 사회적 분위기를 조성하였다. 이에 정부의 지원이 마련되는가 하면 전문 대학교 혹은 학원 등이 세워져 더 많은 연구를 할 수 있는 기회가 주어지고, 이러한 현상은 영국, 독일 및 프랑스 등의 국가에서 두드러지게 나타나고 있었다.

18세기에 들어오면서 그동안 연구 개발된 과학 지식들이 실제 생활에 적극 활용되기 시작하였다. 지구의 경도가 확정됨에 따라 정확한 항해가 가능해지고, 기계 기술이 발달되어 보다 정확한 시계도 만들어지기 시작하였다. 그리고 채광 기술의 발달로 석탄 생산이 증가하는가 하면 이는 새로운 에너지로써 생산에 크게 활용되기 시작하면서 스팀 엔진의 개발로 이어졌다.

한편으로 식민지 무역은 그 절정에 달하면서 교역 및 생산의 확대를 요구하게 되고, 이같은 요구는 발달된 과학 지식과 기술을 더욱 많이 활용하게끔 만들었다. 이 결과 그동안에 개발한 과학 지식과 기술을 바탕으로 산업 혁명이 일어나고, 특히 식민지 무역과 밀접한 관계를 갖는 방직 산업이 먼저 발생하였다. 즉 방직의 기계화 및 자동화로 대량 생산이 가능해지고, 이는 석탄이 에너지로서 효율적으로 사용되자 더욱더 가속화되었다. 이렇게 시작된 산업 혁명은 다른 산업으로 확산되는 것은 물론 유럽 대륙과 미국 대륙으로 전파되어 이때부터 서구 사회는 새로운 산업 사회로 진입하면서 산업 자본주의 시대의 문을 열었다.

이 당시 동양 사회는 세습적 절대 왕조 시대에 계속 머물면서 과학 지식 및 기술의 개발과는 거리가 먼 생활을 하고 있었다. 이에 따라 15세기의 르네상스 이전까지만 해도 서구 사회를 앞지르던 동양 사회는 점차 뒤로 처지기 시작하였다.

그 이후에도 서구 사회에서는 과학 지식 및 기술의 개발이 끊임없이 지속되고, 20세기에 들어오면서 상대성 이론과 양자론 등이 개발되어 우주의 생성 및 구성에 대한 신비를 벗기려고 하는가 하면, 전자 이론과 컴퓨터 산업이 발달하게 됨에 따라 사람을 달나라에 보내는 우주 시대를 열어 나가려고 했다. 그리고 원자를 이용해 새로운 에너지를 개발해 내는가 하면 반도체 기술의 발달에 힘입어 정보 산업 시대마저도 열어 나가려 하고 있었다.

Ⅲ

이제부터 과학 지식 및 기술과 산업의 발달에 맞추어 기업의 성장을 살펴보도록 하겠다. 서구 사회의 산업 경제 발전에 있어 처음에는 유럽 대륙이 그 주도권을 잡아 나갔다. 그러나 19세기를 지나면서 독립 국가로 탄생한 미국이 막강한 인적 및 물적 자원을 바탕으로 산업 경제의 개발에 본격적으로 착수하자 주도권은 순식간에 여러 정치적 및 경제적 장점을 가지고 있던 미국 쪽으로 넘어가면서 세계 최대의 경제 대국으로 급부상하기 시작하였다.

이때까지 유럽 대륙에 있어 기업의 성장을 보면, 10세기 전까지만 해도 상인들은 지역간에서 발생할 수 있는 가격 차액을 겨냥하고 교역을 했다. 그러나 10세기를 넘어서는 먼 지역에 있는 상인과 동업자의 관계를 맺은 다음 가격 차액에 대한 정보를 빨리 입수하여 이에 해당되는 특정의 상품을 거래하는가 하면 국내 시장에 있어서도 차액이 많은 곳으로 가거나 혹은 동업자를 만들어 공동의 부담으로 상거래를 하려 했다. 만약에 이와 같은 방법의 상거래가 용이하지 않으면 위탁 구매 및 판매를 하면서 그것으로부터 발생하는 손익을 혼자서 책임지기도 하였다. 이 당시 위탁의 수수료는 일정률에 따라 지불하는 것이 관행이었다. 또한 거래의 내용을 정확히 파악하기 위해서 혹은 분명하게 하기 위해 단순 복식 부기를 이용하는 한편 상품의 종류 및 양도 정확하게 관리하고자 하였다. 이같이 상거래에 대한 상인들간의 관계와 관습은 처음 이탈리아의 베니스 등지에 유행하기 시작했으나 15세기를 지나면서 네덜란드와 영국 등의 지역으로 확산되어 그곳의 상인들도 그러한 관계와 관습을 널리 활용했다. 하지만 이 당시의 상거래는 소규모이면서 소수의 상품에 국한되었다.

17세기를 지나면서 이상과 같은 상거래의 방법 및 형식은 중상주의가 본격화되자 그 품목과 규모에 있어 커지기 시작하였다. 다시 말하면 혼자서 모든 책임을 지는 경영 형태로부터 벗어나 공동 출자와 동업자간에 책임의 한계를 분명히 설정하는 등 주식 회사의 초기 형태를 갖추기 시작하는 것이었다. 그리고 교역의 증대에 따라 운송 및 보험 업종까지도 진출하여 상거래를 하고자 하는가 하면, 이에 맞추어 상거래도 지역성을 벗어나 국가적인 수준으로 확대되면서 대륙간 혹은 국가간의 교역을 주도해 나가기 시작하였다.

이같은 상거래의 발달과 상기업의 성장은 18세기 말 미국의 독립과 더불어 대륙간의 교역이 확대되자 미국에서도 그대로 빠르게 재현되기 시작했다. 이 당시 무역 상인들은 수출·입, 도매, 소매, 운송, 보험 및 은행 대출 등을 동시에 모두 겸하고 있었다.

19세기에 들어오면서 업종의 전문화가 생기게 되자 은행, 보험 및 운송 등을 전담하는 별도의 기업이 탄생하고, 이에 맞추어 무역 상인들은 목화, 밀, 건조물, 목재 및 내구재 등의 여러 상품들 중에서 1~2개의 품목만 전문적으로 취급하기 시작하였다. 그리고 그 기능도 도·소매업과 수출·입만을 전담하는 쪽으로 축소되었다. 곧 이어 경제 규모의 증대와 함께 기업의 전문화가 이루어지게 되자 기업의 수가 대폭 증가하는 반면에 무역 상인의 수는 크게 축소되어 동부의 주요 항구에 모여 교역에만 전념하기 시작하였다. 이같이 무역 상인이 줄어드는 반면에 원자재 생산자와 직접 접촉하여 구입한 원료로 상품을 가공하여 최종 소비자에게 판매하는 기업이 늘어나기 시작하였다. 하지만 이들의 장사 방법 및 관행은 15세기 이탈리아, 영국 및 네덜란드 등의 무역 상인들이 하는 것과 비교해 큰 차이가 없었다.

이 당시 상거래는 신용을 바탕으로 약속 어음과 환어음이 많이 사용되고, 이들 어음은 할인되어 재유통되기도 했다. 그리고 상거래의 양이 증가함에 따라 판매자와 구매자를 연결하는 중간 브로커도 생겨나는가 하면 중간 도매상도 나타나고 있었다.

또한 뉴욕과 같은 대도시에서 상공인의 인명록이 발간됨으로써 상품, 기업 및 직장 등이 자세히 소개되고, 이로 인해 기업 활동은 그때까지의 개인적 차원을 벗어나 공공성과 대중성을 가지기 시작했다. 다른 한편으로 무역 상인 은행(Merchant bank)이 교역 중심으로 그 대출을 축소시켜 나가자 모든 금융 거래를 취급하는 큰 규모의 은행이 나타나 그 영업을 전국적인 규모로 확대시켜 나갔다.

그러나 원료 및 상품 수송에 획기적인 수단이 개발되지 못해 산업 경제로의 발전과 기업의 성장에 한계가 있었다. 이 결과 기업의 형태는 계속 합작 회사(partnership)로 머물고, 또한 단순 복식 부기를 계속 사용하고 있었기 때문에 개별 사업 혹은 건수의 수익성 혹은 손익 계산서를 작성하기는 어려웠다. 이에 이윤 증대를 위한 비용 절감을 관리할 능력은 물론 새로운 모험 사업의 개입 여부에 대한 결정에 있어서도 많은 어려움이 뒤따랐다. 하지만 은행, 보험 회사, 운송 및 선박 회사 등에 관한 정보가 신문에 많이 게재됨으로써 금융, 운송 및 거래 등에서 발생하는 비용을 줄일 수 있는 방법을 간접적으로 찾아내려 했다.

  그리고 산업 생산에 있어서도 교역 및 상거래와 마찬가지로 큰 발전은 없었다. 생산은 단순한 도구와 기구를 비롯하여 신발 및 옷 등의 경공업 제품을 만드는 데에 국한되고, 이것도 단순 기술자에 의해 만들어지게 되었다. 이는 노동력의 부족과 새로운 산업 기술 개발의 지연, 충분한 자금의 부족, 그리고 생산 조직의 미완비 등에 기인하고, 또한 이러한 부족, 미비 및 지연 등을 개선해야 할 아무런 자극과 필요성도 못 느꼈다.

  그러나 19세기 중반을 넘어서면서 미국은 수공업으로부터 벗어나 공장 체제로 들어가면서 작업 분업이 이루어지고, 미숙련 노동자도 쉽게 작업에 종사할 수 있는 체제로 진입하고 있었다. 이런 가운데서 스프링필드(Springfield)의 무기 생산은 생산의 지휘, 감독 및 체계화 등에 있어 탁월한 관리 능력을 발휘하는 한편 작업 분업을 통해 생산성을 높이는 데에도 크게 기여하였다. 그리고 비용 회계 방식도 도입되어 생산 라인마다 비용 발생을 독자적으로 기록할 수 있도록 했다.

한편 석탄 생산이 증대되면서 에너지 공급이 풍부하여지자 기계 부품의 생산이 증가하면서 자물쇠 및 시계의 대량 생산을 가능케 하였다. 이에 석탄을 사용하는 공장들이 많이 세워져 수공업을 대신하게 되고, 이는 제당, 맥주, 화학 제품, 유리, 고무 및 도자기 등의 산업을 육성시켜 나아갔다.

이 당시 석탄 사용과 관련하여 많은 주목을 받은 것이 대서양과 태평양을 연결시키는 대륙 횡단의 철도 건설이었다. 이 철도 건설은 토목, 건설, 기계 및 철강 산업을 육성케 하는 한편 증기 기관차의 출현을 가능케 하여 수송의 정확성은 물론 사계절의 대량 운반과 이의 정확성 및 신속성도 기할 수 있게 하였다. 또한 이 건설은 대규모의 사업이었기 때문에 엄청난 투자를 필요로 하고, 이를 채권 발행을 통해 조달함으로써 금융 시장이 급속도로 발달하기 시작했다.

더 나아가 철도 건설은 전신망의 구축을 가능케 하여 통신이 매우 발달하도록 하는 한편 지역 개발과 주변의 신흥 도시 건설로 이어지면서 새로운 경제적 기회도 마련하였다. 그리고 정확하고도 신속하게 다량의 수송이 가능해지자 생산과 판매에 획기적인 새로운 기회가 창출되고, 이는 다른 여러 산업에도 엄청난 파급 효과를 미치게 됨으로써 거의 모든 산업이 동시에 발전하는 계기를 마련하였다. 이에 따라 방직의 기계화로 산업 혁명을 일으킨 영국의 경우와는 상이하게 미국은 철도 건설을 통해 산업 혁명을 본격화시키면서 구조적 변화를 통한 근본적 발전을 모색하였다.

철도 건설로 각 지역을 연결시키는 거미줄 같은 교통망이 구축되자 이번에는 이를 효과적으로 관리해야 할 필요성이 발생하기 시작하였다. 효과적 관리는 그 당시 미국의 산업과 기업 경영에 있어서는 처음으로 맞부닥치게 되는 도전이면서 풀어 나아가야 할 숙제였다. 다시 말하면, 기업 경영, 조직 관리, 의사 소통 및 인사 관리 등이 마련되지 않으면 대량 수송의 신속성 및 정확성이 가져다 주는 엄청난 효과를 충분히 실현시킬 수 없기 때문인 것이다. 이 결과 새로운 경영 방법과 조직 관리가 보완되어 나오는가 하면 작업의 내용에 따라 작업이 분업적으로 분리 혹은 분산되면서 여러 관리 단위를 만들어 내고, 그리고 이를 기술과 일반 관리로 구분한 다음 기능에 따라 중앙과 지역으로 나누면서 그곳에서 모든 책임을 맞는 중간 계층에 전문 관리자를 두어 말단의 노동자를 효과적으로 지휘 감독하게 하였다.

이와 같이 조직 및 기구 관리의 효율성을 도모하는 한편 회계에 있어서도 단순 복식 부기의 차원을 벗어나 손익 계산에 필요한 정보 혹은 통계 자료를 얻을 수 있게끔 새로운 기법을 개발해 내었다. 다시 말하면, 정보와 통계를 체계화·단순화시켜 이를 관리자가 효과적으로 이용할 수 있게끔 만드는 것이었다. 이로써 회계 기법은 더욱 세분화되어 재무, 자본 및 비용 회계 등으로 나누어지면서 일일 보고서의 형식으로 작성하게 하고, 회계 감사도 받도록 하였다.

19세기 말에 접어들면서 미국은 현대적 의미에서 주식 회사 형태의 기업을 가지게 되고, 전문 경영인을 채용함과 동시에 경영에서 유한 책임을 지려고 함으로써 재정적으로 큰 부담을 안지 않게 되었다. 이 결과 증권 발행 및 거래를 통한 자본 조달이 가능해지면서 대기업으로의 발돋움이 가능하게 되었다. 이런 점에서 유럽은 미국에 뒤떨어지기 시작하였다.

한편 여러 철도 회사들은 비용 절감과 상호 업무 협조를 위해 회사들간의 협력을 모색하는 반면에 경쟁 회사보다 경영적 우위를 확보하기 위해 치열한 경쟁을 벌이기도 했다. 다시 말하면, 협력 속에서 경쟁을 하는가 하면 경쟁 속에서 협력을 모색코자 하는 것인데, 이런 과정 속에서 비용 감축과 경영 기술의 개선을 도모하려 했다. 이 결과 기업 경영, 회계 방식 및 부품 등의 사이에 표준화와 규격화가 잦아지고, 비용 절감과 신속한 업무 처리로 경영의 효율화도 기할 수 있었다. 그리고 이같은 효율성의 달성은 대량 수송의 정확성 및 신속성을 더 많이 높여 나갔다.

이런 가운데서 미국 기업은 때마침 불어닥친 경기 침체와 치열한 경쟁으로 이윤 하락이 발생하자 이를 방지하기 위해 기업 합병 혹은 연합(Cartel)을 모색하고, 금융 기관도 이에 적극 협조하면서 대출에 신축성을 나타내 보였다. 그러나 단순한 기업의 연합으로서는 모든 회사에게 손해만 가져다 주는 치열한 경쟁을 막을 수 없다고 판단한 다음, 보다 실질적인 통합을 강구하였다. 이에 1890년 셔만(Sherman)의 반독점법이 제정되면서 이러한 기업의 시도가 불법화되었다.

20세기에 들어와 기업들은 침체로부터 벗어나는 것과 동시에 지속적 성장을 기하기 위해 기술 개발은 물론 생산 및 상품의 다양화를 시도하면서 보다 개량되고 새로운 상품을 소비자에 선보이려고 하는 한편 보다 효율적인 경영 시스템을 개발하고자 많은 노력을 기울였다. 즉 자동차 회사가 트렉터, 디젤 엔진 및 비행기 엔진을 개발 생산하려고 하는가 하면 대부분의 기업 오너(owner)들은 분업 원칙에 따라 기업의 성장 전략 및 정책 수립에만 관여하고 그 나머지는 밑에서 종신직으로 근무하는 고용된 중역에게 맡기는 시스템을 구축한 것이었다. 그리고 투자 은행도 신용 조사를 거쳐 대출하는 한편 철도 회사의 경영에 직접 개입하면서 만약에 파산하거나 혹은 경영에 문제가 생기면 이의 해결은 물론 기업의 재정비에도 적극 참여했다.

그러나 시간이 흐르면서 시스템이 완비되고 가격 결정, 열차 운행 계획 및 투자 등이 일정화되어 용이해지자 경영이 느슨해지면서 관료화되는 경향이 나타나고, 승진에 있어 재능과 지능보다는 서열과 선임이 우선하기 시작하였다.

철도 산업의 발달은 우편, 전신 및 전화 산업 등에 많은 파급 효과를 미쳐 크게 발전할 수 있는 계기를 마련하여 주었다. 이들 산업은 철도의 발달로 사용료의 대폭적인 인하가 가능해지면서 업무 및 고객의 사용량이 크게 증가하자 고용된 전문 경영인에게 관리를 맡겼다. 이에 따라 이들 산업 혹은 기업들은 처음부터 경영 시스템을 구축하는 한편 사용료를 낮추어 시장 점유율을 높여 나가려고 치열한 경쟁을 벌였다.

그러나 시간이 흐르면서 경쟁 기업들간에 협력과 단합이 이루어지면서 독점적 성격이 나타나고, 얼마 후에는 단일 기업으로 흡수되는 기업 통합이 이루어졌다. 그리고 더 큰 성장을 달성하기 위해 벨 회사(Bell co.)와 같은 기업은 장기 계획을 세우는 한편 과감한 투자와 경영 및 조직의 합리화를 시도하였다.

이상과 같은 교통 및 통신 산업의 혁명은 생산자와 소비자 사이를 직접 연결시키는 대량 생산 및 유통을 가능케 했는데, 우선 대량 유통의 측면을 보면 생산자와 소비자를 연결시키는 딜러(dealer)가 나타났는가 하면 완전 서비스를 강조하는 도매 상인들이 나타나 규격이 표준화된 소비 제품을 판매코자 하였다. 이에 백화점, 우편 주문 판매 및 연쇄 상가들도 나타나 도매 시장에 참여하기도 했다. 19세기 중반에 세워진 뉴욕 및 시카고의 상품 거래 시장은 딜러의 역할을 하는 대표적인 예였다.

이같이 도매업이 유행하자 이번에는 소매업이 나타나 대도시와 중소 도시 및 시골을 연결시켜 전국적인 판매망을 구축하면서 도매업자와 경쟁을 하였다. 이때 백화점은 소매업도 겸하면서 박리다매를 통해 이윤을 극대화시키는 전략을 활용했다.

다음으로 대량 생산의 측면을 보면, 이는 많은 산업 기술이 혁신과 조직의 개선을 필요로 하기 때문에 조직의 개선만으로도 가능한 대량 유통보다는 늦게 이루어지게 되었다. 이에 따라 대량 생산은 화학의 발달에 힘입어 비교적 빨리 육성된 정유 산업에서 먼저 가능하게 되었다. 그 뒤를 이어 단순 기계 및 도구 산업으로부터 시작하여 복잡한 기계 산업으로 옮아 갔는데, 이로 인해 생산의 신속성이 이루어지게 되어 비용 절감과 생산성 증대가 발생하였다. 다시 말하면, 전기, 동력 및 공장 사용비의 절감보다는 기계 도구와 인력을 효과적으로 신속히 활용하는 데서 절감과 증대가 일어났던 것이다. 이에 따라 이 부문에 경영 개선의 노력이 많이 집중하게 되었다. 그리고 대량의 석탄 사용이 가능해짐에 따라 대규모의 공장 제도가 나타나고, 그 생산 규모의 확대에 맞추어 이번에는 원료 및 중간재 등을 포함한 단위 생산비의 축소에 관심을 집중시켜 나아갔다.

이같은 대량 생산과 대량 유통이 시간이 흐르면서 서로 연결하게 되자 기업들로 하여금 현대적 의미의 기업으로 크게 발전할 수 있는 계기를 마련하여 주었다. 그러나 더 많은 비용 절감과 생산성 제고가 계속 요구되고, 또한 보다 많은 대량 생산이 신속한 대량 유통을 통해 판매되어야 하기 때문에 이번에는 판매망의 구축에 신경을 쓰면서 수직 통합을 모색하려 했다. 이같은 수직 통합은 부패와 파손하기 쉬운 음식물 생산업체에서 더 적극적으로 추진되고, 그 다음으로 A/S를 계속 해야 하는 재봉침 기계, 농기계, 보일러 및 전기 기구 등의 업체로 확산되었다. 그러나 이 통합이 얼마 후 그 한계에 도달하게 되자 이번에는 수평 통합에 열을 올리기 시작하였다.

이같이 통합을 통해 기업들이 대형화되자 개인주의 및 자유주의의 생활 분위기에 익숙한 시민들로부터 우려의 목소리가 높아지면서 셔만의 반독점법에 의해 제동이 걸리게 되었다. 이에 단순 통합보다는 지주 회사(holding co.)를 만들고, 그 계열사의 명목으로 통합하는 새로운 편법이 강구되었다. 이렇게 통합이 새로운 모습으로 나타나자 금융 기관의 투자가들은 새로운 기회를 포착코자 혈안이 되었다. 즉 통합은 새로운 채권과 주식을 발행하게 되므로 이의 알선 및 구입 등으로 많은 이윤을 챙기려고 한 것이다.

이 당시 통합의 성공 및 실패를 보면, 노동 집약 산업의 경우는 실패가 많았고, 이에 반해 자본 집약 산업이 많이 성공했다. 그리고 동일 혹은 유사 업종간의 통합에도 성공 가능성이 높았다. 특히 식품 산업과 생산 과정이 복잡하면서도 표준 규격이 적용되는 기계 산업에서 성공률이 높았다. 또한 이러한 통합을 통해 대기업으로 성장한 기업들 중에서 자본 집약적, 에너지 다소비형 및 대량 소비로 연결되는 대량 생산을 취급하거나 혹은 이에 가까운 기업이 더 큰 초대형 기업으로 발돋움하는 기회를 많이 가졌다. 이에 담배, 석유, 고무, 유리, 종이, 종합 기계 및 전기 기계 등의 성장 산업에 있던 기업들이 크게 부상하였으며 그리고 1914년경에 해외 직접 투자가 GNP의 7%에 달하였다. 1929년에는 80대 대기업 중에서 80%가 성장 산업에 속하고, 이러한 추세는 60년대까지 지속되었다.

기업 성장과 시장 방어는 관세보다는 특허를 통하는 것이 더욱 유리하고, 그러나 반독점법이 성장을 억제하는 요인으로 작용되면서 기업 규모 및 활동을 규제하자 기업들은 기술의 혁신 및 개발과 마케팅에 더 많은 신경을 집중시켰다. 이러한 현상이 나타나자 오너, 가까운 친척 및 가족보다는 중간 전문 경영인에 의한 경영 및 운영이 필요해지고, 이 필요성은 기업 규모가 확대되면 될수록 더욱더 증대되었다.

특히 제너럴 모터스(General Moters), 듀퐁(Dupont), 제너럴 엘렉트릭(General Electric) 및 유 에스 라버(U. S. Rubber) 등과 같은 회사는 재고 누적 문제에 직면하자 전문 경영인에 의한 경영 관리의 필요성을 절감했다. 이에 오너 경영으로부터 전문인의 관리 경영 시대로 옮아 가면서 관리 경영의 산업 자본주의 시대가 열렸다. 그리고 지속적 기술 개발이 기업 성장에 계속 주요한 요인으로 작용하면서 경영 및 상품의 다변화에도 큰 몫을 하게 되었다.

IV

1920년대에 들어오면서 미국은 포드니-매콤버 법(Fordney-McCumber Act)에 따라 관세를 대폭 인상시켜 광활한 시장을 보호하는 한편, 유럽의 여러 경쟁국들로부터의 침투를 막으려고 하였다. 이같은 시장 보호와 더불어 1차 대전 후 조선 산업의 호황, 신기술 개발, 새로운 상품의 소개, 규격화 및 표준화에 의한 생산비의 절감, 대량 생산 및 대량 소비, 그리고 높은 소득에 따른 서비스 산업의 호황 등으로 미국 경제는 호황 국면에 접어들고 있었다.

이 당시 자동차의 생산은 4~5백만 대에 달하여 영국과 프랑스를 합한 것보다 9배 더 많았고, 산업 생산도 거의 절반 이상이 전력에 의존하게 됨으로써 풍부한 에너지 공급을 과시했다. 이는 가전 제품의 사용을 더욱 촉진시키는 한편 시민들이 외상 구매에 익숙해지는 것을 이용하여 이의 소비를 폭발적으로 늘어나게 만들었다.

이 당시 대기업들이 가격 차별과 독점 강화를 위해 중복 이사제를 실시하자 크레이톤 법(Clayton Act)에 따라 이를 단속하려고 하였지만 재판부의 소극적 자세로 인해 큰 성과를 올리지 못했다. 아무튼 이 당시 무일푼으로 억척 같은 노력을 통해 영세 기업을 굴지의 대재벌 기업으로 성장시킨 예는 허다하고, 갑자기 부자가 되는 사람도 많았다. 이같은 산업 발달, 기업 성장, 소비 증대 및 수출 증가에 힘입어 농업도 크게 발달하기 시작하고, 특히 자동차 산업은 조립 생산을 통한 대량 생산이 가능하여짐에 따라 자동차를 대중화시키고, 이는 생활과 수송에 큰 변혁을 초래케 하면서 19세기의 철도 산업에 뒤이어 미국 경제에 엄청나게 큰 파급 효과를 미쳤다.

이와 같은 경제 호황 속에서 금의 다량 유입으로 유동성이 풍부해지자 투자 은행과 무역 상인 은행들은 일반 시민들에게 주식 투자를 권유하면서 다량의 자금이 주식 시장으로 들어오게 조작하였다. 그러나 대출의 이자율이 주가의 상승률보다 낮으면서 손해를 보게 되자, 이번에는 주식 시장으로부터 빠져 나오기 위한 투기를 하였다.

이러한 투기가 일반 투자가의 심리에 불안감을 조성시키면서 주가 폭락을 유발하게 되자, 이것이 대공황으로 이어지면서 산업 경제를 침체 속으로 빠지게 하였다. 이 결과 30년대에 들어서면서 산업 경제의 발전과 기업 성장이 갑작스럽게 멈추고, 시장 기능도 마비되면서 경제의 자력 회생을 불가능하게 만들었다. 이에 정부는 뉴딜(New deal) 정책을 수립한 다음 경제에 개입하여 은행의 공신력을 회복시키는 한편 와그너 법(Wagner Act)에 따라 불공정 거래의 억제, 실업률의 축소, 기업 대출의 증대, 직장별 노조의 금지와 노동 3권의 보장, 그리고 임금의 대폭적 삭감의 방지 등을 적극 시도하였다.

2차 대전은 뉴딜 정책으로 경제 재건에 여념이 없던 미국에게 예기치 않았던 새로운 기회를 제공하였다. 연합군의 요청에 의해 군수품 생산이 증가하게 되자 실업이 격감하면서 공황 이전의 경제 수준으로 올라서고 있었다. 그러나 정부의 통제하에서 이루어졌기 때문에 기업 경영에는 종전과 같은 자율성이 보장되지 못했다. 그럼에도 불구하고 기업은 생산 시설 및 활동이 완전 가동 상태에 들어가는 것만으로 만족해하였다. 이어서 산업 생산이 증가함에 따라 노동 공급의 부족 현상이 나타나게 되자 생산 차질을 피하기 위해 비록 파업을 하지 아니하더라도 노동자들은 임금 인상을 강력하게 요구하고 나왔다. 한편 산업별 노동 조합이 결성되고, 이들 간의 연대가 이루어지게 됨에 따라 이에 가입하는 회원들도 엄청나게 늘어나고 있었다.

2차 대전이 종전된 다음 경제 공황이 재연될까 하는 두려움에서 한국 전쟁의 발발과 더불어 동서간의 냉전 체제로 돌입하게 되자 자유 시장 원리를 깨뜨리지 않는 범위 내에서 정부는 군사 지출을 증대시키고, 이로 인해 군사 산업이 활기를 띠면서 경제는 계속 호황 속으로 이어져 가고 있었다. 특히 건설 경기가 호조를 보이고 가구 및 가전 제품에 대한 수요가 증가하자 기업 투자도 늘어나 경기 호황을 더욱더 지속시켜 나아갔다. 또한 미사일, 우주 항공 및 원자력 산업에 정부의 지출이 증대함에 따라 엘 티 브이(LTV) 및 리톤(Liton) 등과 같은 대기업이 나타나 신기술 개발이 활발히 이루어지고, 대학 연구소에도 막대한 재정 지원을 하게 되자 신기술 개발은 가속화되기 시작하였다.

60년대에 들어와서도 월남 전쟁으로 정부 지출이 계속 이어지고, 이로 인해 경제는 완전 고용 상태에 도달하면서 고성장을 기록하였다. 이 당시 존슨 대통령은 위대한 사회(Great Society)를 외치면서 실업 수당과 저소득층의 생계비 보조금을 마련하는 것과 더불어 국민 복지 정책을 강화시켰다. 그러나 과다한 전쟁 지출과 복지 비용으로 인해 재정 적자가 누적되고, 조세 증액, 무역 수지 악화, 달러 가치의 하락에 따른 금리 상승, 그리고 투자 감소 등을 억제시키기 위해 통화 공급의 증대를 통한 경제 활성화를 시도하자 인플레 현상이 나타나기 시작하였다.

이같은 경제 악화에 대응하기 위해 대기업들은 외국 투자에 많은 신경을 쓰는 한편 높은 금리와 생산성이 낮은 국내 투자는 기피했다. 이 당시 경영 기법은 엄청나게 발달하여 장단기 계획, Input-Output 분석 및 선형 계획 분석 등을 활용하면서 분산과 다각화를 통해 각 단위별로 독립 체제를 갖도록 했다. 그리고 임금의 높은 상승에 대응해 공장 및 사무 자동화를 적극 추진했다.

하지만 경제가 기본적으로 자유 시장 원리에 바탕을 두면서 이를 모범적으로 실시해야 하기 때문에 20세기 초와 같은 시장 보호는 어렵고, 이에 높은 생산성과 신기술 개발에 힘입은 독일 및 일본 상품의 침입은 시간이 갈수록 두드러지면서 무역 수지의 균형 달성에 큰 위협을 가하였다. 결국 무역 수지 적자가 누적되고, 경쟁력이 떨어진 기업들은 높은 생산비와 영업 손실을 가격 인하와 독과점 전략을 통해 소비자에게 전가시켰다. 이 결과 미국 경제는 높은 실업과 인플레가 동시에 발생하는 스태그플레이션에 직면하면서 깊은 침체 속으로 빠져 들어가기 시작하였다.

그리고 1~2차 에너지 파동은 경제를 더욱 어렵게 만들면서 금융 기관 및 기업의 파산을 속출케 했다. 이에 기업들은 재무제표를 바탕으로 한 합병 혹은 통합을 시도하면서 통합과 해외 직접 투자를 통해 위기로부터 벗어나려고 몸부림쳤다. 이때 많은 주목을 받은 것이 첨단 기술(High-Tech)의 개발이고, 이 기술이 어려움으로부터 벗어나는 데 큰 도움을 줄 것이라는 데에 확신을 가지게 되자 이의 개발에 박차를 가하였다. 이로 인해 컴퓨터 및 반도체 등의 첨단 산업이 발달하면서 이와 연관된 창업 기업들이 졸지에 재벌 기업으로 크게 부상하기 시작하였다.

그리고 경제 발전에 따른 자연 환경 파괴와 대기 오염이 심각하여지면서 생활 환경이 극도로 악화되자 정부와 환경 단체들이 들고 나와 깨끗한 자연, 물 및 공기 등을 보존할 것을 역설하면서 이에 기업들이 적극 협조할 것을 요청하였다. 따라서 기업들은 추가로 많은 비용이 발생함에도 불구하고 깨끗한 자연 환경 보전에 동참해야만 하였다.

한편 무역을 통해 부의 축적이 가능해진 일본, 독일, 한국 및 싱가폴 등의 대재벌 기업들은 드디어 직접 투자 형태를 통해 미국 시장으로 침입해 들어가기 시작했다. 이들 기업은 산업 생산재뿐만 아니라 서비스 산업, 부동산 및 영화 산업 등 여러 산업에 걸쳐 닥치는 대로 미국 기업을 인수·합병하였다. 이에 가격, 생산성 및 자금 조달에서 불리한 미국 기업은 이들 외국 기업에 대항하여 싸우기보다는 연합 혹은 합병에 응하면서 우수한 경영 기법을 배워 미래에 다가올 기회에 대비하였다. 이 당시 일본의 유교식 경영 기법이 미국 기업에 큰 매력으로 느껴졌다.

90년대에 들어오면서 상황은 크게 변하기 시작하였다. 외국 자본의 침투와 외국 상품의 범람에 자존심이 상한 미국은 원상 복구를 외치면서 절약과 근면성을 강조하고 나왔다. 이에 생산성이 점차로 높아지는가 하면 무분별한 투자는 경험 부족과 경영의 미숙 등으로 그 실효를 나타내지 못하고 일본 기업들에게 엄청난 투자 손실을 안겨 주었다. 또한 첨단 기술 개발에 박차를 가하는 한편 이들 국가에 시장 개방의 압력을 가하면서 새로운 해외 시장의 진출에 전력투구하고 나왔다.

3. 경제 윤리

앞에서 우리들은 기원전으로부터 시작하여 20세기가 거의 끝나는 지금에 이르기까지 세계 경제가 어떻게 발전하여 왔는지 그 과정을 간단히 살펴보는 한편 18세기의 산업 혁명을 계기로 산업 경제가 발달함과 동시에 기업이 출현하여 성장하는 과정도 아울러 검토해 보았다. 여기서 나타난 특징은 18세기까지 상업적 수준을 벗어나지 못하던 세계 경제가 산업 혁명을 계기로 하여 복잡 다양한 산업 구조를 가지게 되고, 이와 비슷하게 영세한 상인에서 기술 개발을 통한 대량 생산과 대량 판매를 하는 대재벌과 다국적 기업으로 크게 성장·발전한 것이다.

이같은 성장 및 발전 과정을 검토해 보면서 우리들이 가지게 되는 의문은 세계 경제와 기업이 아무런 이해 대립 혹은 마찰없이 시간의 흐름과 더불어 자연스러우면서도 순조롭게 성장·발전하였는가 하는 점이다. 이에 대해 전문가들은 인간은 동물보다 우수한 지능을 가지면서 합리적 사고와 행동을 하기 때문에 안락하고도 편안한 삶을 추구하고, 그리고 그것을 달성하기 위해 생활 도구를 발견 혹은 개발해 내면서 이것을 자연에 적절히 사용하여 필요한 물건을 얻어낸다고 주장하고 있다. 사실 이러한 주장 혹은 인식이 틀린 것은 아니다. 왜냐하면 기술 개발 및 혁신이 없다면 필요한 물건을 충분히 가질 수 없을 뿐 아니라 안락한 삶도 기대할 수 없기 때문이다.

그러나, 여기서 우리들은 몇 가지의 중요한 사실을 인식하지 못하고 있는 것이다. 그것은 다름이 아니고 기술 개발이 한 사람의 힘 혹은 노력으로 이루어질 수 있으며, 또한 설령 이루어진다고 가정하더라도 그것이 모든 사람들에게 필요하면서도 유익한 물건을 공급하여 편안하고도 안락한 삶을 확실하게 보장할 수 있느냐 하는 점이다. 따라서 이러한 질문 혹은 의문을 가지게 되면 해답은 간단하지 않다는 사실을 곧 알게 된다.

세계 경제의 발전에서 보았듯이 삶을 영위하기 위한 생활에는 여러 가지의 방법이 존재할 뿐 아니라 매우 상이하고 다양한 의미도 포함하게 된다. 즉 인간이 살아 나가는 데에 정치적, 사회적, 경제적, 종교적 및 문화적 요인들이 복합적으로 내재하여 삶의 의미를 시공에 따라 상이하게 해석하도록 만드는 것이다. 이에 따라 의미의 해석을 둘러싸고 사람들 사이에 큰 차이가 없으면 다행이다. 그러나 만약에 상당한 견해 차이가 발생한다면 문제는 심각해지면서 마찰과 갈등을 불러일으키게 된다.

이때 이 마찰과 갈등을 협상, 협조 및 협력을 통해 해소시켜 나갈 수 있다면 문제의 심각성은 곧 사라지게 될 것이다. 불행하게도, 인류의 역사를 돌이켜보면 협상, 협조 및 협력 등이 쉽게 이루어지지 않을 뿐 아니라 그렇게 된다고 하더라도 그것이 오래 지속되지 못하고 깨어지는 경우가 빈번했다는 사실도 알게 된다. 이같은 어려움이 구조적으로 발생한다는 점을 감안하게 되면 앞에서 제기한 질문과 의문에 대한 해답이 그렇게 간단하지 않다는 것을 더욱더 실감하게 된다.

또 한편으로 거의 대부분의 사람들은 안락하고도 행복된 삶을 인생의 최고 목적으로 삼으면서 이것을 달성하기 위해 밤낮으로 열심히 뛰면서 일하고 있다. 여기서 그것을 성취하는 방법이 이 세상에서 하나밖에 존재하지 않는다면 문제는 간단해진다. 그러나 여러 개가 존재하게 되고, 이로 인해 그들이 서로 상충하면서 마찰을 일으킨다면 사람들은 자신의 목적을 달성하기 전에 대립과 갈등 속으로 빠져 들어가 어려운 곤경에 놓이게 될 것이다. 이러한 경우 사람이 많으면 많을수록 마찰의 빈도와 갈등의 폭 및 깊이는 더욱더 많아지면서 넓어지고, 그리고 더 깊어질 것이다.

이때 이같은 마찰과 갈등을 예방 혹은 억제하고 싶다면 사람들은 한자리에 모여 앉아 일정한 기준을 세운 다음 이것에 따라 행동할 것을 협의 혹은 합의를 보아야 할 것이다. 물론 기준의 선정과 합의에 도달하는 방법을 둘러싸고 많은 논란이 야기될 수도 있다. 다행히 대화를 통해 기준의 설정과 합의가 이루어진다면, 그것에 따라 행동해야 할 것이다. 만약에 그렇게 행동하지 못하면, 그것에 따르는 책임을 져야 할 것이다. 그리고 기준의 설정과 방법에 대한 합의가 직접적 대화를 통해 이루어질 필요는 없으며, 경우에 따라서 오랜 전통과 관습이 이를 대신할 수 있는 것이다.

이와 같이 행동의 기준을 세우고, 그것에 준하여 행동할 것을 요구하는 것이 바로 윤리 도덕이다. 여기서 기준을 구체적으로 명문화시키고, 그것을 위반 혹은 침범하면 일정한 물리적 벌을 가하겠다고 하는 것이 법이다. 그러므로 윤리 도덕과 법 사이의 구분은 강제적으로 물리적 제재를 가할 수 있느냐는 결과에 따라 결정된다고 할 수 있다.

그럼 전문가들이 규정한 윤리 도덕의 개념을 조금 더 구체적으로 살펴보도록 하겠다. 윤리(Ethics)는 에토스(Ethos)라는 그리스어, 그리고 도덕(Morals)은 모레스(Mores)라는 라틴어로부터 각각 유래되었는데 이들은 모두 관습 혹은 습관 등의 의미를 나타내는 용어로 사용되었다고 한다. 그러나 시대의 변천에 따라 요즘에 와서는 윤리는 도덕 철학(Moral philosophy)으로 변형되고, 도덕은 사람의 행위를 좋다(good) 혹은 나쁘다(bad)라고 판단하는 것과 옳다(right) 혹은 그르다(wrong)라고 표현하는 규범 용어로 사용되기 시작하였다.

이에 따라 윤리는 원칙적으로 좋고 나쁜 것, 그리고 옳고 그른 것의 개념, 의미, 가정 및 원칙 등을 논리적으로 분석하는 것과 더불어 가치 판단과 규범 문제의 해결 등을 주요 과제로 삼고 있다. 이외에도 윤리는 이러한 개념적 및 분석적 차원을 벗어나 실제 생활과 밀접하게 관련되는 사회 및 개인의 행동을 규제하는 도덕 관례 혹은 지침을 의미할 때도 있다.

이상과 같이 윤리의 개념을 설정한다면 윤리학은 인간학, 심리학, 정치학, 사회학, 경제학 및 법학 등과 밀접한 관계를 갖는 것이 분명하여진다. 그리고 최근에 와서 윤리학이 과연 학문(science)이냐 혹은 아니냐를 둘러싸고 많은 논쟁이 발생하고 있는데, 이에 대해 논리적 실증주의는 반대의 입장을 나타내는 반면에 파고데이(Fagothey), 마트게노(Martgenau) 및 스리크(Shlick) 등과 같은 철학자는 긍정적 자세를 취하고 있다.

지금까지 언급한 바대로 윤리 도덕이 인간의 행동에 관한 규범이라고 한다면 이를 시대적으로 고대 희랍 시대보다 더 거슬러 올라가 원시 사회에서도 찾아볼 수 있을 것으로 판단된다. 비록 희랍 시대만큼 생활 지식 및 지혜가 발달하지 못하여 그 개념이 뚜렷하게 나타나지 않는다고 하더라도 자신들의 생활에 알맞은 행동을 하면 이를 칭찬하면서 권장하고 그렇지 않고 손해 혹은 피해를 가져다 주는 행동을 하면 이를 비난하면서 억제하려고 했을 것이다. 사실 원시 사회에서는 근친간의 결혼을 금하였는데, 이는 오랜 경험을 통해 종족의 증식에 큰 도움이 못 될 뿐 아니라 인간의 본능으로도 그같은 행동을 받아들일 수 없다고 납득했기 때문이었다.

그리고 종족 및 부족 사회에서는 개인의 개별성이 전혀 인정되지 않는 가운데서 상호간에 도움을 주고받는 협조적 및 협력적 행동을 많이 요구하고, 이러한 행동은 사회 속에서 연대 의식의 강화와 생활의 발전에 필수적이었다. 또한 남의 것을 훔치는 것이 좋지 않을 뿐 아니라 생활 질서를 파괴하는 요인도 된다고 이를 금하였다. 다른 한편으로 삶을 영위하기 위해서는 음식이 필수적이기 때문에 농사를 짓거나 혹은 가축을 기르는 데에 큰 가치를 부여하고, 이의 증산을 위해 모두가 열심히 일할 것을 독려하였다.

이상과 같이 원시 사회의 사람들은 안락하고도 행복한 삶을 영위하기 위해서는 어떠한 행동이 꼭 필요하다는 사실을 알고 난 다음부터는 생활에 도움이 되는 행위가 어떤 것이라고 구체적으로 규정하는 한편 이에 필요한 관습과 윤리 도덕 등의 규범이 일률적인 것은 아니고 종족 및 부족의 생활 형태 및 자세에 따라 그 성격과 내용을 달리하였다. 그리고 만약에 관습과 규범을 어기거나 거역하면 그 부족 혹은 종족으로부터 떠나 다른 부족에 가서 살거나 혼자서 살아야 하고, 세대간에 현저한 의견 상충이 생기면 절충을 시도하거나 새로운 규범을 찾아내야만 했다.

아무튼 이와 같은 역사적 사실을 통해 우리들은 사람들이 모여 집단을 이루며 살아가기 시작하면서부터 안락하고 행복된 삶을 영위하기 위해 불필요한 행동을 규제하는 생활 규범이 생겨났다는 것을 알 수 있게 된다. 그렇다면 경제 윤리와 기업 윤리가 언제쯤 나타나게 되었을까에 대해 매우 궁금해진다.

이미 앞에서 지적한 바와 같이 원시 사회 생활이 정치, 경제, 사회 및 종교적 성격을 동시에 모두 내포할 뿐 아니라 생활을 위해 필요한 의식주도 경제적 내용과 의미를 많이 담고 있기 때문에 일반 생활 윤리가 곧바로 경제 윤리가 될 수 있다는 사실을 알게 된다. 물론 시대의 변천과 생활 형태의 변화에 따라 정치적 혹은 사회 종교적 성격이 더 많이 내포되어 나타날 수도 있으며, 실제로 그렇게 되는 경우도 있었다. 따라서 경제 윤리는 일반 생활 윤리와 밀접하게 연결되어 있고, 그러므로 경제 윤리를 알아보고자 한다면, 이를 곧바로 일반 생활 윤리 속에서 찾아낼 수 있다는 사실을 알게된다.

이제 이곳에서는 우선 서구 사회의 생활 윤리가 어떻게 형성되어 지금에 이르게 되었는가를 검토하면서 특히 경제와 연결되는 부문에 초점을 맞추어 보도록 할 것이다. 그런 다음 기업 윤리의 경우도 마찬가지로 기업 활동에 관한 것이므로 기업이 형성되기 시작한 18세기를 기점으로 하여 서구 사회에서 어떤 기업 활동이 사회 생활을 위해 바람직하며, 이를 권장하기 위해 어떤 규범이 만들어져 나왔는가를 살펴볼 것이다.

여기서 주의를 요하는 것은 경제 윤리가 일반적이면서도 보편적인 반면에 기업 윤리는 경제 윤리의 테두리 내에서 기업 활동에 국한된다는 점이다. 다시 말하면, 기업 윤리는 주식 회사 및 상인의 상거래 활동이 좋은가 나쁜가 혹은 옳은가 그른가를 판단하는 규범 혹은 기준에 관한 것이다.

(1) 생활 규범과 경제 정의

인간이 이 지구상에서 살게 된 그 근원을 밝히는 데에 2개의 이론이 있으며, 그것은 진화론과 창조론이다. 우선 진화론에 의하면 미생물이 오랜 기간을 통해 현재의 인간으로 진화하고, 그러하기 때문에 처음으로 인간이 자신의 모습을 드러낼 때에는 혼자이거나 혹은 소수에 불과하였다는 것이다. 따라서 이때 혼자 혹은 몇 사람이 삶을 영위하기 위해 꼭 해야 하거나 지켜 나가야 할 행동은 적었다. 다만 배고프면 주워 먹고, 잠이 오면 자고, 그리고 추우면 무엇으로든 몸을 감싸는 정도로 그쳤다.

이와 같은 행동에 있어서도 꼭 이렇게 해야 한다거나 저렇게 해야 할 필요성은 없고, 만약 있다고 하더라도 생활 자체에 큰 의미 혹은 영향을 미치지 않았다. 왜냐하면 혼자 존재하는 곳에서 자신에게 이렇게 혹은 저렇게 행위를 해야 한다고 다짐하는 것은 생활에 편리함보다는 오히려 불편함을 더 많이 가져다 줄 수 있기 때문이다.

이에 반해 창조론에 따르면, 신이 아담과 이브를 창조해 내면서 이들에게 살아가면서 지켜 나가야 할 행위를 알려 주었다. 그리고 그것을 어기거나 위반할 경우에는 벌을 받게 될 것이라고도 했다. 결국 이들이 금기 사항을 어김으로써 처벌을 받게 되는데, 이것이 인간에게 주어진 최초의 규범이었다.

구석기 시대를 지나 철기 시대로 접어들면서 새로운 생활 도구를 만들어 내게 됨에 따라 다소 풍요로우면서도 안정된 생활을 하게 되고, 그리고 사람들이 살기 좋은 곳으로 모여들게 되면서 씨족 혹은 부족 사회가 형성되었다. 이같이 사람들이 모여 집단적 생활을 하게 되면 사회 구성원들 사이의 관계가 종전보다 복잡 다양해지는 한편 생활의 내용도 변하게 마련이다.

이 당시 인간들은 자연의 형성, 사람의 죽음과 탄생, 자손의 번식, 생활의 풍요로움, 병의 치유 그리고 악마의 퇴치 등에 많은 관심을 가지고 신 혹은 악마를 회유하거나 달램으로써 그같은 재앙으로부터 벗어나 행복한 삶을 영위해 나갈 수 있다고 믿었다. 이에 신을 회유하거나 혹은 악마를 퇴치하는 일은 마술사 혹은 승려가 하는 것으로 받아들이고, 이들이 시키는 대로 기꺼이 따라 했다. 이와 같은 생활 관습이 최초의 생활 규범을 만들어 내고, 이 규범은 생활의 복잡 다양화에 맞추어 구성원들 사이에서 발생하는 상호 관계와 행동에까지 확대되어 타인 혹은 공동 생활에 피해를 주는 행동을 금하는 한편 도움을 주는 경우에는 칭찬하면서 권장하였다.

한편 생활의 복잡 다양화와 발전에 따라 생활 규범이 점차로 규격화되기 시작하고, 이로 인해 신앙의 발달은 물론 통일된 언어도 생겨나게 되었다. 이러한 언어의 출현은 사회 구성원들 사이에 자유로운 의사 소통을 가능케 함에 따라 드디어 생활 문화권이 형성되기 시작하였다.

그러나 이 생활 문화권의 형성이 항상 안정된 행복한 삶을 보장해 주는 것은 아니고, 경우에 따라서는 한 종족 혹은 부족이 다른 부족과 종족을 침략하여 자신의 지배하에 두면서 영향력을 확대시켜 나가는 행위도 하였다. 이와 같은 침략과 영향력의 확대가 발생하면 새로운 생활 질서와 이에 걸맞은 새로운 규범이 나타나 안정된 삶을 다시 가지게 하거나 혹은 혼란과 혼돈 속으로 빠져 질서가 문란해지면서 생활을 불안하게 만든다. 후자의 경우에는 범죄와 타인에게 손해를 입히는 행동이 많이 발생하고, 이를 막거나 억제하기 위해 보다 발달된 생활 규범이 형성되어 나온다.

이 당시 제정된 함무라비 법전은 우연한 것이 아니고, 시대적 요청과 필요성에 의해 나타난 법적 규범이었다. 이 법의 내용을 조금 살펴보면 다음과 같다. 그 당시 사회 생활에서 가장 심각하였던 문제는 재산보다는 남녀간의 성관계와 사람들 사이에서 일어나는 의견 대립과 마찰이었다. 이에 따라 이 법전은 근친간의 결혼을 금하는 한편 어린아이들을 적극적으로 보호하는 규정을 담으면서 "눈에는 눈" 식으로 처벌하는 원칙을 만들어 냈다.

또 한편으로 경제 생활 측면에 있어, 상품의 가격은 임대와 노동의 대가로 지불하는 임금에 의해 결정되게 하고, 그리고 노예에 대한 피해는 그 주인에게 가한 피해로 간주하였다.

특히 노예에 관한 규정은 히브러(Hebrew) 법에 잘 나타나고 있는데, 이에 따르면 노예의 매매가 허용될 뿐 아니라 소유주의 의사에 따라 자유의 몸이 될 수도 있게 하였다. 그리고 사회 구조가 체계화되면서 분업이 이루어지게 되자 상층 계급과 하층 계급 사이의 결혼을 금하고, 왕을 배반하거나 거역하는 자는 국외로 추방하였다. 또한 노동력이 부족하면 외국으로부터 노예를 사들여와 이를 충당하였다. 그리고 이 당시 모세의 십계명은 종교적 규범으로 유명하며, 그 내용을 보면 남녀간의 관계뿐 아니라 다른 사람의 물건을 훔치는 것을 금하는 한편 그것을 위반할 때에는 일정한 벌도 가할 수 있게 하였다.

BC 7세기경 이상과 같은 고대 사회를 지나 희랍 사회에 들어오면서 생활 윤리는 현재 우리들이 생활화하고 있는 정치, 사회 및 경제 윤리와 여러 가치관의 모태가 되는 규범으로 크게 발전하였다. 희랍 시대에는 유능하고도 합리적 사고를 하는 많은 철학자들이 나타나 우주, 자연, 인간의 본질, 많은 사람들이 모여 살면서 이루게 되는 사회 공동체의 생활, 그리고 그 속에서의 인간 행동 등에 대해 깊은 관심을 가지면서 이를 탐구하기 시작하였다.

이 당시 희랍은 처음부터 문호를 개방하여 많은 다른 종족들이 들어와 사는 것을 허용하고, 이들의 대부분은 상인과 기술자로서 교역, 은의 생산, 도자기의 제조 및 어업 등의 업종에 종사하였다. 그러나 이들에게는 시민이 아니라는 이유로 선거권은 물론 피선거권도 주어지지 않고, 더 나아가 재산권의 보호도 인정되지 아니했다. 이에 따라 시간이 흐르면서 부의 축적에만 신경을 쓰는 상인 및 기술자와 권력 쟁취를 위한 다툼에만 열중하는 지배 계급 사이에 마찰과 갈등이 발생하였다. 그리고 이를 해소시키기 위한 방안으로 우선 법을 개정한 다음 세금을 내는 사람이면 신분에 관계없이 모두가 동등한 권한을 가질 수 있게 함과 동시에 통치권을 분산시켜 여러 사람들이 직접 정치에 참여할 수 있게 만들었다.

그러나 이같은 법의 개정에도 불구하고 법이 엄격하게 지켜지지 않으면서 권력과 부를 가진 사람들에 의해 악용되기 시작하였다. 이 결과 이번에는 법의 올바른 집행을 요구하는 계층 혹은 종족, 그리고 자신의 권리를 최대한으로 사용하려는 계급과 그렇게 하지 못하는 계급 사이에 심각한 대립과 갈등이 발생하였다. 또한 신앙, 신권의 주도권, 그리고 신 혹은 용감한 시민에 대한 영웅 대접을 둘러싸고도 심한 마찰을 불러일으켰다.

이와 같은 갈등과 마찰 속에서 시간의 흐름에 따라 희랍 사람들은 여러 신들을 적절히 잘 모시는 방법을 강구해 냄으로써 여러 신앙이 공존하게 되고, 또한 새로운 생활 규범과 권리를 만들어 내어 모든 종족과 계층이 공평하고도 평등하게 혜택을 받는 것은 물론 권리를 행사할 수 있게끔 하면서 그렇게 하는 것을 삶의 기본 원칙으로 삼아 대립과 갈등의 구조를 해소시켜 나가려고 했다. 그리고 이 원칙이 잘 지켜지기 위해서는 상호간의 협의와 의견의 조정이 필요하고, 이를 위해 의견을 수렴하는 협의체를 만들어 내었다.

그럼 먼저 새롭게 만들어 낸 생활 윤리부터 살펴보면, 윤리 도덕의 기본은 인간이 행동을 통해 나타내는 덕목이라 보면서 초기에는 지식을 바로 생활 덕목으로 간주하였다. 그러나 시간이 흐르면서 덕목 자체보다는 그것이 사람의 행동을 통해 발생하게 되는 그 발생 과정을 아는 것이 질서있는 삶을 영위하는 데 큰 도움이 된다고 생각하기 시작하였다. 이에 따라 올바르고 정당한 행동 자체보다도 그것을 결정하는 기준이 더욱더 중요해지고, 그것은 안락하고도 질서있는 삶을 인식케 하는 것이 행복이라고 인식하였다.

그리고 인간은 처음부터 이기적이고, 자신의 이익을 위해 과감히 다른 사람에게 손해를 입힌다고 보았다. 이러하기 때문에 다른 사람에게 손해 혹은 피해를 입히지 않는 가운데서 자신의 이익을 달성하는 것이 덕목이며, 정의라고 하였다.

그러나 플라톤의 시대에 와서는 이러한 개념이 바뀌어져 개인의 이기심에 따라 물질적 및 정신적 욕구가 충족되어 만족감을 가질 때에 정의가 나타나게 된다고 하였다. 그리고 이 만족감은 사회 구성원의 능력에 따라 각자 자신에게 주어진 기능을 충실히 이행할 때에 느끼게 되고, 그러므로 사회 전체적으로 모든 기능이 성실하고도 충실히 이행되지 않으면 정의로운 사회는 물론 정의로운 사람도 존재할 수 없게 된다고 했다. 따라서 정의롭지 못한 사람은 과다한 욕망을 가지면서 이를 억제하지 못하는 사람이고, 이성적인 사람은 이를 충분히 억제시킬 수 있다고 믿었다. 또한 정의롭지 못한 사람이 비록 자신의 욕망을 충족시킨 다음 즐거움과 행복감을 갖는다고 하더라도 이는 고통과 불편함을 잠시 멈추게 하는 것에 불과하다고 하였다.

곧 이어 등장한 아리스토텔레스는 생활 윤리에 대해 조금 다른 견해를 가졌다. 우선 선은 모든 사람들이 일상 생활을 통해 자신의 목적을 달성함으로써 얻어지는 것이고, 그러므로 목적이 여러 개로 늘어나면 선도 자동적으로 증가하게 마련이라 하였다. 또한 목적을 달성하면 행복하게 되며, 그렇게 되도록 노력하는 것이 덕목이라고 보았다. 따라서 부, 재산, 즐거움, 명예 및 명성 등은 그 자체로서는 선이 될 수 없고, 그들은 어디까지나 목적에 대한 수단에 불과하다고 했다. 이에 따라 덕목을 갖춘 행동을 할 때에 명예롭게 되면서 행복감을 느끼게 된다고 하였다.

다시 말하면, 곤란하고 난처한 일이 발생하거나 혹은 그러한 입장에 놓였을 경우 스스로의 판단에 따라 지혜롭게 처신 혹은 처리할 때에 그 사람을 덕목을 갖춘 인간이라고 한다는 것이다. 또한 그렇게 될 때에 비로소 그 사람은 행복하게 되는 것이라 하였다.

사람들은 직업에 따라 수행해야 할 역할과 기능을 가지는데, 이를 최선의 노력으로 이해해야 도덕을 갖춘 사람이 되면서 행복하여진다고 했다. 그리고 인간은 합리적 및 이성적 사고력을 가졌기 때문에 충분히 그렇게 할 수 있다고 믿었다. 이때 이 사고력을 사고력 자체와 합리성 및 이성에 의거해 이루어지는 행동으로 구분할 수 있는데, 전자는 지적 덕목이고 후자는 바로 윤리 도덕적 덕목이라는 것이다. 자세히 말하면, 지혜, 지능 및 신중성이 전자에 속하는 반면에 관대함과 절제는 후자에 속하게 된다는 것이다. 그리고 전자는 학습을 통하는 반면에 후자는 관습과 버릇에 의해 이루어지는 것으로서 날 때부터 가지는 것은 아니라고 하였다.

아리스토텔레스의 생활 윤리에 있어 가장 많이 주목을 받는 것은 덕목적인 사람이 되기 위해 할 수 있는 행동이 꼭 하나만 있는 것이 아니라는 점이다. 즉 주어진 여건 혹은 상황에 따라 그것에 알맞은 행동을 선택할 수 있고, 꼭 그렇게 해야만 한다는 것이다. 그러므로 덕목을 갖춘 사람은 행동을 선택하기에 앞서 어떤 규칙 혹은 기준에 따라 행동할 것인지 그 규칙에 대해 미리 잘 알아야 한다고 하였다.

다시 말하면, 너무 많이도, 또한 너무 적게도 아닌 그 중간의 적절한 곳 혹은 점에서 멈추게 하는 규칙과 기준을 의미한다는 것이다. 그리고 행동의 선택은 책임이 분명히 밝혀질 수 있도록 자율성과 자유 의지에 의해 결정되어야 한다고 했다. 마지막으로 덕목을 갖춘 행동은 용감성, 관대함, 절제, 정당함, 고귀한 정신, 부드럽고 점잖은 성질, 협조 및 타협성, 그리고 기지 등이라 하였다.

플라톤과 아리스토텔레스 외에도 견유 철학(Cynicism)은 사회 공동체 생활과는 별개로 개인의 의사 결정에 국한하여 독립성과 자급자족을 매우 중요한 덕목이면서 가치라고 하였다. 즉 여건 혹은 상황의 변화로 인해 피해를 받게 되면 이를 막기 위해 그것으로부터 멀리 떨어져 혼자 자립해 있는 것이 좋다는 것이다. 그리고 덕목과 행복을 분리시킨 다음, 어느 한쪽을 선택할 때에는 경쟁과 개인의 습득이 많이 작용할 수 있는 쪽이 바람직하다고 했다.

다른 한편으로 쾌락주의(Epicureanism)에 따르면, 윤리 도덕은 즐거움을 추구하는 것과 관련되는 것으로서 덕목은 단순히 즐거움이라고 하였다. 그러나 분별없이 과다하게 추구하면 그것으로 고통을 받게 된다고 하였다. 물론 경우에 따라서는 즐거움이 너무 커서 고통을 감수할 수 있지만 고통을 받지 않음으로써 가지는 즐거움보다 그 즐거움이 적으면 문제가 발생하게 된다고 하였다.

이상과 같은 생활 윤리 도덕을 근거로 하여 현재 우리들이 잘 알고 있는 민주주의 및 사회 정의 등의 정치 및 경제 규범이 형성되어 나왔다. 우선 민주주의부터 살펴보면, 희랍 사람들은 신의 계시에 절대적으로 복종하는 것은 물론 노예가 되어 억압을 받는 삶보다는 마음대로 행동할 수 있는 자유로운 생활을 더욱더 귀중한 것으로 받아들였다. 이런 가운데서 자유로운 삶을 신성하게 생각하는 관습이 생겨나고, 이 관습은 점차적으로 사회 질서를 유지시켜 나가는 법 규범으로 발전하면서 군주도 임의적으로 시민의 생활에 관여할 수 없게 만들었다. 이에 따라 시민들은 사회 관습과 규범이 허용하는 범위 내에서는 자유롭게 살아갈 수 있게 되고, 이같은 삶의 자유는 생활을 더욱더 긍정적으로 영위할 수 있게 하는 한편 사회 질서를 유지시키는 데에 책임도 지게 만들었다.

그리고, 사회 관습과 규범에 대한 복종과 사회 질서를 지켜야 할 책임은 자연스럽게 많은 시민들로 하여금 사회 생활의 중요한 정치적 결정에 참여하게 하고, 이와 동시에 많은 사람들로부터 좋은 의견을 받아들여 정치에 반영시켜야 한다는 사회 분위기도 점차적으로 조성되었다. 이 결과 일반 시민이 정치에 직접 참여하는 민주주의의 관습과 규범이 생겨나기 시작하였다. 물론 정치 및 사회 질서가 개별 개인에 의해 지켜지는 것은 사실이지만 이 당시 한 사람 개인의 의사와 행동보다는 모든 사람들이 합쳐진 사회 전체의 의사와 행동을 더욱 중시하였다. 특히 개인의 자유와 사회 질서의 유지 사이에서 발생할 수 있는 대립과 갈등에 대해 더 많은 신경을 쓰면서 정치를 한다는 것이 개인적으로 권력을 잡고 정치·사회적으로 직위를 높이기 위한 투쟁이라기보다는 사회 구성원 사이에서 서로 이해를 넓히면서 사회 질서를 우선적으로 확립·유지시켜 나가는 것으로 받아들였다.

또 한편으로 사회 전체의 이익을 도출해 내는 데에 사회의 모든 구성원들이 자발적으로 참여하여 모색하는 것도 좋은 방법이지만 훌륭한 리더십에 의존하는 것이 더욱 효과적이라고 보았다. 이때 지도자는 권력을 행사하는 사람이라기보다는 상호간의 의견을 조정 혹은 중재하는 역할을 하게 되는 것이라 하였다. 이같은 지도자의 지휘에 따라 개인의 자유가 더 많이 보장되면서 자율과 질서를 지켜 나가게 된다고 하였다. 이 당시 보호주의에 있어 평등보다는 자유가 더욱 중시되고, 불평등은 사회 전체를 위해 일하고자 할 때 개인간의

자유로운 경쟁에서 발생할 수 있는 불가피한 결과라고 생각
하였다. 그러나 그같은 불평등이 개인의 이익만을 추구하는
데에 이용되어서는 아니 될 것이라고 했다.

시간이 흐르면서 이상과 같은 민주주의의 관습과 규범은
크게 변하기 시작하였다. 생활이 복잡 다양해지면서 인구도
늘어나게 되자 개인 혹은 계층간의 대립과 갈등이 빈번하게
발생하고, 이로 인해 자율성만으로 사회 질서는 물론 공동의
선도 달성할 수 없다는 사실을 뒤늦게 알게 되었다. 이에 개
인의 욕구를 충족시키는 가운데서 공동의 선을 달성하기 위
해서는 시민의 생활을 강력히 규제할 수 있는 새로운 윤리
도덕이 필요하다고 보았다. 플라톤에 의하면, 오로지 사회
정의만이 공동의 선과 사회 안정을 보장하여 줄 수 있고, 그
리고 사회 구성원 모두가 각자의 의무와 책임을 성실히 수행
할 때에 비로소 사회 정의가 실현되면서 사회 질서도 똑바로
세워지게 된다고 하였다.

이에 반해 아리스토텔레스는 사람들은 자신의 이익과 사회
안전을 개별적으로 추구할 수 있고, 사회 질서와 안전을 사
회 정의로만 다스릴 수 없기 때문에 정치가 필요하게 되는
것이라 하였다. 따라서 정치 질서는 사람의 자율성에 의해
지켜질 수 있고, 자유와 평등에 바탕을 둔 통치가 곧 정치
질서이며, 사람이 비교적 적은 곳에서 용이하게 행하여질 수
있다고 믿었다.

다음으로 경제 윤리를 살펴보면, 이미 앞에서 언급한 바와
같이 고대 원시 사회가 점차로 발달하여 농경 사회로 들어서
면서 지역간 혹은 바다를 건너 물건을 가지고 와 시장에서
사고 파는 단순 교역과 상거래를 하기 시작하였다. 그리고
상거래는 사람들이 필요로 하거나 요청에 의해 물건을 먼 곳

으로부터 가지고 와 파는 형태를 취하였기 때문에 상인들은 물건의 수송 비용과 다소의 서비스료를 받는 것으로 만족하였다.

이에 따라 이러한 상거래는 현재와 같은 경제적 특징을 갖지 못하고 생활 속에서 흔히 찾아볼 수 있는 단순한 경제적 측면만을 나타내 보여 주고 있었다. 특히 군주의 통치가 엄격하고, 이것이 생활에 절대적 영향력을 미치고 있던 그 당시의 정치 사회적 현실을 감안한다면, 그러한 상거래를 통해 경제적 특성을 찾는다는 것이 매우 어렵다는 사실을 쉽게 알수 있게 된다.

따라서 이 당시는 모세의 십계명, 함무라비의 법전 그리고 기타 여러 관습과 생활 규범만으로도 생활 속에서 발생하는 여러 가지의 잘못된 경제적 행동을 규제하거나 억제할 수가 있었다. 즉 남의 물건을 훔치지 말라, 판매하는 물건의 내용을 속이지 말라, 그리고 남의 물건에 탐욕을 갖지 말라 등의 규범만으로도 안락하고도 편안한 삶을 영위하는 데에 충분하였던 것이다.

그러나 희랍 시대의 후기에 들어오면서 상인들이 부의 축적에 많은 관심을 가지면서 먼 지역간의 교역 혹은 상거래에 있어 소비자의 요청보다는 수요가 예상되는 물건을 미리 가지고 와 팔면서 높은 폭의 이윤을 챙기기 시작하였다. 그리고 생활 도구 및 기구의 제작에 있어서도 기술의 발달과 수요 증대에 힘입어 주문보다는 미리 수요를 예측한 다음 이를 만들어 팔려고 했다. 다시 말하면 소비자의 요청과 주문보다는 예상된 수요를 근거로 높은 이윤이 발생하는 물건을 제작 혹은 먼 곳으로부터 가져와서 파는 상거래를 하기 시작한 것이다.

이 결과 단순 상거래는 서서히 그 자취를 감추고, 이를 대신하여 이윤을 목적으로 하는 상거래가 나타나 전지역으로 확산되고 있었다. 이같은 상거래를 통해 부를 축적한 상인들은 사회적으로 높은 지위에 오르면서 정치에 막강한 영향력을 행사하기 시작하였다.

한편 화폐가 나타나 널리 유통되기 시작하자 부의 축적이 더욱 용이해지면서 상거래를 많이 활성화시켜 나갔다. 그러나 이같은 부의 축적과 상거래의 활성화는 종전에는 경험하지 못하던 여러 가지 경제·사회적 문제를 발생하여 생활이 많은 어려움 속에 놓이게 하였다. 즉 부를 축적한 상인과 이들로부터 소외당하는 영세한 상인들 사이의 대립과 갈등, 재벌 상인과 정치인 사이의 결탁과 부패, 그리고 폭리에 따른 소비자들의 피해 등이 급증하면서 사회 질서를 흐트리는 한편 생활을 불안하게 만든 것이다.

이같은 어려움에 빠진 희랍 사회를 구출하면서 사회 질서를 바로잡기 위해 아리스토텔레스는 2개의 중요한 경제 윤리를 제시하였다. 그것은 다름아닌 평등한 분배와 공정한 교환을 기초로 한 경제 정의였다. 아리스토텔레스에 의하면, 우선 이윤을 겨냥한 상거래는 자연스럽지 못하기 때문에 안락하고도 행복한 삶을 영위하고자 하는 데에 전혀 도움이 되지 않을 뿐 아니라 사회 질서의 유지에도 방해가 된다고 하였다. 더 구체적으로 말하면, 사람들은 부의 축적을 영위하는 데 필요한 정도를 넘어서 과다하게 추구하기 때문이라 했다. 그리고 이는 다른 사람의 희생 혹은 손해를 입혀야만 얻어지게 되는 부당한 소득이라고 하였다.

먼저 분배 정의에 있어, 사회 전체의 생산이 모든 시민들에게 적어도 행복한 삶을 유지할 수 있을 정도와 최소한의 절제를 통해 최대한의 관용을 베풀 수 있을 정도로 나누어져야 한다고 했다. 그 다음으로 공정한 교환과 관련하여, 가치는 노동에 의해서만 얻어질 수 있고, 그 규모와 크기는 상품 생산에 얼마만큼의 노동이 투입되었는가에 따라 결정된다고 보았다. 이에 노동이 가치의 기준이 되므로 상품 교환은 생산에 투입된 노동에 비례하여 이루어져야 하고, 그렇게 될 때 공정한 등가 교환이 달성되면서 교환 정의가 이루어지게 된다고 하였다. 이 2개의 경제 정의가 바로 지금 우리들이 많은 관심을 가지고서 검토하고자 하는 경제 윤리의 핵심이면서 출발점이 되었다.

아리스토텔레스는 이들 경제 정의 외에 교정의 정의(Corrective Justice)를 소개하고, 이는 앞의 정의들을 어겨 실제로 다른 사람에게 피해를 입힐 경우 이를 시정한다는 의미라고 하였다. 아무튼 이 정의는 오늘의 형법 규범에 많은 시사점을 던져 주게 되었다.

로마 시대에 들어서면서는 앞에서 지적한 바와 같이, 로마 제국이 나타나 막강한 군사력을 앞세워 지중해 연안은 물론 내륙의 깊숙한 지역까지 장악하게 되자 지역간의 자유로운 이동이 가능해지면서 많은 사람들이 움직이기 시작하였다. 이에 따라 교역이 엄청나게 증가하고, 그 과정 속에서 지역 및 종족간의 이해 대립 혹은 상충으로 인해 많은 다툼과 마찰이 발생하고 있었다. 그리고 비록 도시 공동체를 기초로 하는 정치를 시도하였지만 넓은 영토와 많은 인구 때문에 시민이 직접 참여하는 민주주의는 어려웠다. 또한 시민의 신분이 법으로 보장되는 한편 토지의 개인 소유가 인정되면서 이에 따른 부작용과 문제점이 발생하게 되자 로마 제국은 법을 제정하여 이를 단속 혹은 억제시켜 나가려 하였다.

이 결과 소유권과 계약에 관한 법 규범이 매우 발달하고, 이는 희랍 시대의 경제 윤리를 대신해 사회 질서를 유지시켜 나가는 데에 크게 기여하였다.

(2) 신의 규범과 정당한 가격

로마 제국의 멸망 후 서구 사회는 봉건 영주 시대에 접어들고, 이때 기독교가 나타나 영주들에게 막강한 영향력을 미치면서 사회를 지배하기 시작하였다. 처음 기독교는 사회적으로 소외되거나 어려움에 직면한 사람들에게 접근하여 신앙을 권유함으로써 기독교의 전도에 상당한 성과를 올릴 수 있었다. 이렇게 하던 중 기원후 3세기에 이르러 우연하게 로마의 황제가 기독교의 교리와 가르침에 접할 기회를 가졌다.

이때 그는 기독교와 이들 신도들이 로마의 황제를 절대적 통치자로서 존경하지 않을 뿐 아니라 그 명령에도 복종하지 않는다는 사실을 발견하였다. 이에 불만을 느낀 황제는 기독교를 탄압하기 시작하면서 수많은 기독교인들을 잡아 경기장 속에 몰아넣은 다음 무참하게 죽였다.

그러나 죽음을 당하면 당할수록 기독교는 굴하지 않으면서 순교자를 영웅으로 대접하고, 이러한 신앙의 자세는 기독교인들을 더욱 결속시키는 결과가 되어 기독교를 더욱더 번창하게 만들었다.

얼마 후 로마 제국은 정치적 혼란과 생활 부패로 인하여 분열되면서 서로 권력을 잡으려고 치열한 다툼을 벌이고, 이로 인해 사회 질서는 혼란 속에 빠지면서 흐트러지기 시작하였다. 이와 같은 위기 상황을 극복하기 위해 콘스탄티누스 황제는 자신의 종교를 포기하고 기독교를 받아들이면서 도움을 청하였다.

이같이 황제로부터 인정을 받게 된 기독교는 자유로우면서도 공개적으로 신앙 생활을 하게 되고, 이를 바탕으로 그 믿음은 빠른 속도로 확산되어 나갔다. 이러한 과정을 통해 출발한 기독교는 시간이 흐르면서 여러 지역에 산재하고 있던 여러 유대 종족과 새로 들어온 신도들이 각자 자신들의 견해를 개진시키면서 정통성을 주장하게 되자 복잡하고도 추상적인 성격을 띠기 시작하였다. 그러나 생활이 발전하면서 복잡하여지고, 또한 생활 관습이 다른 지역으로 계속 소개되어 나감에 따라 교리와 규칙도 더욱더 정교해지지 않을 수 없었다.

　이 무렵 여러 갈래로 분산된 기독교를 통합시키려는 움직임이 나타나고, 이 결과 희랍 철학의 바탕에서 삼위일체를 기본 골격으로 삼은 다음 교리를 체계화시켜 나아갔다. 특히 아우구스티누스(Augustine)에 의해 플라톤의 철학 사상과 접목하면서 뚜렷한 모습을 드러내고, 그후 나타난 스콜라(Scholastism) 학파에 의해 더욱 체계적으로 정리되었다.

　이상과 같은 기독교의 교리에서 나타나는 종교 규범을 보면 다음과 같다. 우선 신은 무형이면서 전능하고, 그 어떤 힘, 존재 및 지식보다 월등히 초월하는 존재라고 하였다. 따라서 인간은 신에 복종하면서 그를 꼭 믿어야 하는데, 그 이유는 신은 인간에게 무엇이 가장 좋은 것인가를 알고 있기 때문이라 하였다. 그러므로 신을 믿는 것이 가장 훌륭한 일이며, 그렇게 믿을 때에 인간은 행복해진다고 하였다. 이것이 바로 믿음의 덕목이다.

　또 한편으로 인간이 신앙을 가지고 살아가야만 신도 함께 존재하게 되고, 그렇지 않으면 사라지게 된다고 하였다. 이러한 사실은 오로지 사랑을 통해서만 감지 혹은 나타내 보일 수 있고, 이 사랑을 자유로이 주고받을 때 자신을 발견할 수 있을 뿐 아니라 인간으로서의 존재 가치도 찾아내게 된다고 하였다.

이같은 이유로 인해 신은 인간을 창조하면서 자유와 더불어 사랑을 주고, 그러므로 인간도 자신의 자유 의사에 따라 신에게 사랑을 다시 돌려주어야 한다고 했다. 그러나 인간은 이 자유에 따라 신보다는 자신만을 사랑하는 이기적인 행동을 했다고 한다. 즉 인간은 신의 참뜻을 모르고 신을 배반하는 동시에 죄악을 범했다는 것이다. 이에 따라 신은 자신의 아들을 내려보내 신의 성스러운 사랑을 진실로 깨닫게 하고, 그러면서 이웃을 사랑하는 것도 가르쳤다고 한다. 이에 인간이 이웃을 사랑하지 않으면, 이는 곧 신의 뜻을 거역하면서 배반하는 것과 같다고 하였다.

그리고 신이 인간으로 하여금 자신을 닮게 한 이유는 인간을 다른 생물체와 구별하여 특별한 의무를 부여하기 위한 것이라 하였다. 그것은 다름이 아니고 모든 인간은 동일체라는 점을 충분히 인식하고 상호간에 일체감, 평화 및 평등감을 가지도록 한 것이다. 그래야만 인간은 신을 섬기면서 신의 복음을 전달할 의무와 책임을 다할 수가 있다고 하였다.

이상과 같이 기독교는 삶에 있어 가장 중요한 것은 사랑이고, 그리고 모든 인간은 신 앞에서 자유로우면서도 평등하다는 매우 본질적인 생활 규범을 만들어 내었다. 이를 근거로 인간에 대한 자연주의 사상이 형성되면서 자연법과 자연권이 발달하고, 이 자연권은 16세기 인간의 존재 및 생존 문제를 둘러싸고 치열한 논쟁이 벌어질 때 그 의미의 중요성을 충분히 인식하게 하였다. 그러나 경제 규범에 대해서는 구체적인 언급이 없었다.

다른 한편으로 로마 제국의 멸망 후 새로운 국가와 봉건 영주들이 나타나 할거하면서 살아 남기 위해 서로 견제하거나 혹은 이해 관계를 둘러싸고 치열한 다툼을 벌였다. 이같은 견제와 다툼은 시간이 흐르면 흐를수록 더욱더 심해져 가고 있었다. 그리고 새로이 들어선 국가와 영주들도 행정력의 부족과 조직의 미비 등으로 로마 제국 때와 같이 자신의 영토마저도 효과적으로 통치하지 못하고 있었다. 이 결과 교통과 통신이 두절되거나 불편하여지고, 또한 사회 질서도 문란하여지면서 흐트러지기 시작했다.

이 결과 그때까지 매우 활발하였던 먼 지역과의 교역과 상거래가 격감하면서 장기적 침체 속으로 빠졌다. 그리고 대부분의 봉건 영주들이 장원 제도를 바탕으로 나라를 다스리고 있기 때문에 경제가 매우 폐쇄적이면서 자급자족으로 살아가는 삶을 영위했다.

이런 가운데서 북쪽에서는 스웨덴과 노르웨이를 근거로 바이킹 종족이 북유럽의 해안에 자주 나타나 주변의 국가들을 침입하면서 많이 괴롭혔다. 이와 때를 맞추어 아랍 지역에서는 이슬람교가 형성되고, 이를 발판으로 강력한 이슬람 제국이 탄생하여 서쪽으로 전진하면서 지중해를 장악하였다. 이에 따라 아프리카 대륙의 지중해 연안은 물론 이탈리아의 나폴리 및 베니스와 프랑스의 마르세이유까지 침공하여 이 지역의 국가들을 어렵게 만들었다. 이에 로마의 교황은 기독교의 성지를 회복하고, 순례의 안전을 보장하기 위해 아랍과 싸울 것을 결의하면서 십자군을 창설하여 진군했다. 이렇게 시작된 십자군의 원정은 2백 년에 걸쳐 7차례 단행되었다.

이같은 대원정으로 인해 상실하였던 지중해 연안의 지배권을 다시 찾으면서 아랍 지역과의 교통과 통신은 물론 자유로운 왕래까지도 보장할 수 있게 되었다. 이 결과 동서간의 교역 및 상거래가 또다시 활기를 띠기 시작하고, 그 규모와 폭도 로마 제국 시대보다 월등히 크고 넓어졌다. 이 당시 교역은 지금의 인도는 물론 먼 동쪽에 위치한 중국과도 활발히 이루어지고 있었다. 이같은 교역의 증대에 힘입어 지역간 및 도시 내의 상거래도 대폭 늘어나면서 활발하여졌다.

그러나 이같이 증대되기 시작한 교역과 상거래가 순조롭게 잘 이루어져 나간 것은 아니었다. 교역과 상거래가 확대되면서 활기를 띠면 띨수록 부당한 상거래와 많은 이득을 챙기려는 상행위가 속출하고 있었다. 즉 상품의 양 및 내용을 속이거나, 강압적인 수단과 방법을 동원하여 폭리를 취하려고 하는 것이었다. 그리고 더 나아가 고리 대금업마저도 성행하면서 가지지 못한 사람에게 부당한 갈취를 일삼았다.

이로 인해 사회 질서가 문란하여지면서 생활은 매우 불안한 상태에 빠져 들어가고 있었다. 이에 기독교의 스콜라 학파는 생활의 불안을 해소하는 관련 사회 질서를 회복시키기 위한 강력한 경제 규범을 제시하였다. 이 당시 스콜라 학파의 대표적 인물은 아퀴나스(Acquinas)인데, 그는 기독교의 교리를 바탕으로 희랍의 아리스토텔레스의 경제 정의를 원용하여 정당한 가격(Just price)이라는 경제 윤리를 소개시키고자 했다.

이 경제 윤리에 따르면, 인간은 태어날 때부터 많은 욕망과 욕심을 가지면서 기회가 발생할 때마다 이를 충족시키려한다는 것이다. 따라서 이웃을 사랑하면서도 상품 거래에서는 부당한 이득을 챙기려 하고, 경쟁이라고 하면서 이를 자신의 욕심을 충족시켜 주는 방법과 수단으로 간주한다는 것이다. 그러므로 이러한 부당한 이득과 과다한 욕심을 억제시키기 위해서는 정당한 가격에 의해 상거래가 이루어지는 것이 그 무엇보다도 필요한 일이라고 주장하였다.

다시 말하면, 경제 행위와 상품 거래에 있어 공정과 평등이 꼭 지켜져야 하며, 이는 독점, 억압 및 압력 등의 부당한 거래 행위 및 관습이 배제된 시장의 자유 경쟁 속에서 이루어지게 된다는 것이다. 그리고 여기서 결정되는 가격이 바로 정당한 가격이라 하였다. 따라서 불공정, 독점, 억압 및 사기 등을 죄악으로 간주하면서 노동도 생산에 기여하는 중요한 요소이므로 그것에 상응하는 공정한 응분의 대가를 받아야 할 것이라고 하였다. 정당한 가격이 이루어지면서 이와 같은 근로 조건이 마련될 때 일할 의욕을 가지게 되면서 생산성과 효율성이 올라가게 된다고 하였다.

또 한편으로 스콜라 학파는 정당한 가격의 경제 윤리 측면에서 고리 대금과 금융 이자를 죄악시하였다. 상품의 가치는 이를 생산하기 위해 투입되는 노동과 이를 필요로 하는 소비자의 수요에 의해 결정된다는 점을 명확히 밝힌 다음, 노동이 투입되지 않는 가운데서 단순히 시간이 경과한다는 이유를 내세워 돈이 돈을 벌거나 혹은 이자의 형태로 이윤을 챙긴다는 것은 매우 부당한 경제 행위라고 비판하였다.

아무튼 아리스토텔레스의 경제 정의에 뒤이어 나타난 아퀴나스의 경제 규범은 경제 윤리를 한층 더 발달하게 만들었다.

(3) 사회 계약, 규칙 그리고 질서

14세기에 접어들면서 스콜라 학파가 제시한 강력한 경제 규범에도 불구하고 상인들은 교역과 상거래를 통해 종전과 다름없이 큰 폭의 이득을 챙기면서 착실히 부를 축적해 나갔다. 그리고 이를 토대로 자신의 정치적, 사회적 지위를 왕 및 귀족들과 대등한 위치와 관계로까지 발전시키면서 정치·사회에 커다란 영향력을 행사하기 시작하였다. 그리스의 고전을 탐독하는 한편 이를 번역하여 일반 시민에게 널리 소개하면서 그 당시의 개방되고 자유로운 삶이 얼마나 바람직한가를 알리려고 노력했다. 이와 때를 같이하여 오랜 기간을 통해 누적된 교회의 부패와 교황의 횡포에 많은 불만을 가졌던 왕과 봉건 영주들은 무력으로 대항하면서 일찍이 교회에 빼앗긴 자신들의 땅과 재산을 다시 찾으려고 하였다.

또 한편으로 기독교를 믿지 않고 먼 곳으로 피신하고 있던 지식인들이 그동안 열심히 탐독했던 그리스의 고전을 바탕으로 교황의 부당성을 폭로하는 한편 인간성의 회복을 역설하였다. 그리고 일부의 국가들이 성서를 자국어로 번역하는 한편 교리를 새롭게 정리하고자 함으로써 루터(Luther), 크래머(Crammer) 및 캘빈(Calvin) 등과 같은 여러 개신교의 종파가 나타나 종교 개혁을 시도했다. 이 결과 서구 사회는 르네상스를 맞이하면서 신의 지배로부터 벗어나 인간 중심의 사회를 형성시켜 나갔다.

이런 과정을 통해 르네상스를 맞이한 서구 사회는 정치·사회적으로 자유와 평등을 강력히 요구하면서 지배 계급의 천대, 박해 및 억압으로부터 벗어나려고 온갖 노력을 다 기울였다. 이같이 노력하는 가운데서 사람들은 자신의 운명은 자신이 스스로 개척하면서 책임져야 하고, 그렇게 함으로써 인간은 강한 자아 의식, 자신의 독립 영역, 그리고 자기 보존 등을 확보할 수 있게 된다고 믿었다. 이에 따라 자기 자신을 기만하는 행위는 위선이면서 죄악이라고 보는 한편 자신에 대한 집착과 성취를 효율성 및 효용성으로 연결시킨 다음 효율성이 없는 자신의 지식 및 존재를 아무런 생활적 의미를 갖지 못하는 것으로 판단하였다. 따라서 사람의 행동을 자극, 선동 및 규제하는 것은 바로 효율성이며, 이것이 곧 생활 규범의 기본 바탕이 되는 것이라 하였다.

또 한편으로 종교의 지배로부터 벗어나 독립적 지위를 확보함과 동시에 자신의 존재 목적을 찾는다는 것은 많은 연마, 훈련 및 배움을 통해 전문성과 진실성을 가질 때 가능하며, 이를 추구하려고 많은 노력을 기울였다. 이에 많은 사람들이 앞을 다투어 전문성과 진실성을 가지려고 함에 따라 상호간에 갖는 경쟁심이 대단히 높아지면서 사회 속에서의 분업 및 경쟁이라는 새로운 삶의 형태와 규범이 나타나기 시작하였다. 이 결과 경쟁에서 앞서고자 한다면 많은 노력이 필요하고, 그 노력의 여하에 따라 삶의 수준 및 발전이 결정된다는 사실을 인식하게 되었다.

다른 한편으로 이 당시 사람들이 많이 주시하는 것은 인간이 가지는 욕망, 미움, 시기 및 질투 등의 감정이고, 이러한 감정은 자연적 현상이라 보면서 그것이 인간의 내면 속에서 어떻게 발생하게 되는가를 주의깊게 관찰하고자 하였다. 이 같은 동기로 시작된 관찰은 시간이 흐르면서 인간으로 하여금 자기 자신이 과연 무엇인가를 생각하게 만들고, 그리고 이 생각은 추상적인 것보다 인간의 삶, 창조 및 일 등과 연관시켜 구체적인 의미를 찾아내고자 했다.

또한 이 당시 지식인들은 인간과 자연은 서로 매우 밀접한 관계를 가지는 것으로 보면서 인간 속에서 자연을 찾아내고자 하였다. 이에 따라 인간은 자연적 존재이면서 정치·사회적 존재도 될 수 있고, 이 존재의 존재가 결합하여 하나의 존재로 될 때 인간의 본질을 분명하게 파악할 수 있을 것으로 보았다. 이러한 인식에서 자연은 인간이 살아가는 데 꼭 필요한 바탕이면서 삶의 수단과 방법도 될 수 있다는 사실을 알아냈다.

이상과 같이 신의 지배로부터 벗어나 인간의 자율성 및 창의성을 추구하게 됨에 따라 새로운 삶이 모색되는 한편 이에 따른 생활 규범도 많은 변화를 맞이하기 시작하였다. 이같은 시대적 흐름이 반영되어 새로운 정치·사회적 규범이 나타났는데, 이는 홉스(Hobbes)에 의해 주장된 사회 계약론이었다.

이에 따르면, 사회는 기본적으로 강한 사람이 약한 사람을 마음대로 억압하고 손해를 입힐 수 있는 곳이고, 또한 인간은 태어날 때부터 어느 누구도 침해할 수 없는 자유와 평등에 대한 절대적인 자연적 권한을 가진다고 하였다. 그러므로 상호간의 계약에 의하지 아니하고서는 다른 사람의 절대 권한을 침범할 수 없다는 이 계약도 서로 주고받는 조건에서 이루어지게 되는 것이라 하였다. 그후 로크(Locke)에 의해 무수히 수정이 가해진 다음 절대 다수의 묵시적 동의만으로도 가능하다고 보면서 시민은 국가 혹은 정부에 대해 반대 혹은 불복종할 수 있는 권리를 가진다고 하였다.

그 뒤 흄(Hume)은 홉스와 로크에 의해 설정된 생활 윤리 도덕을 경험적 실험에 입각하여 더욱더 발전시켜 나갔다. 흄도 역시 윤리 도덕은 인간의 이성보다는 감각과 감정에 의해 만들어지고, 이 감각과 감정이 바로 인간의 행동에 원인 작용을 하는 것이라 주장하였다. 즉 감각과 감정에 따라 즐겁거나 고통스러운 행동을 하게 되고, 그러하기 때문에 이들이 도덕적 선과 악에 직접 연결된다는 것이다.

따라서 자선, 사랑, 효율, 관용 및 동정 등은 선이고, 이에 반해 저주, 미움 및 사기 등은 악이라 하였다. 또한 인간은 기본적으로 자신의 이익을 추구하기 위해 행동하며, 행복도 감정의 정도와 이익의 성취에 따라 수량적으로 측정할 수 있다고 하면서 이것이 바로 윤리 도덕의 규칙 및 기준이라 하였다.

이상과 같이 사회 계약에 지배자와 피지배자 사이의 정치·사회적 관계가 설정됨과 동시에 사회 질서마저도 확립하게 되고, 또한 실험적 측정이 가능한 감각과 감정이 윤리 도덕의 규칙 및 기준으로 등장하게 됨에 따라 매우 추상적이면서도 비현실적이었던 기독교의 생활 규범은 물론 희랍 시대로부터 강조되어 온 덕목인 윤리 도덕은 서서히 그 자취를 감추기 시작하였다.

다시 말하면 인간 속에 내재한 덕목을 기초로 한 윤리 도덕을 대신하여 상호간의 계약에 의해 성립되는 규칙이 이제는 생활 규범으로 등장하여 그 역할을 하게 된다는 것이다. 이 결과 아리스토텔레스의 경제 정의와 아퀴나스의 정당한 가격은 영원히 사라지고 말았다.

다른 한편으로 유럽 대륙에서는 몽테스키외(Montes-quieu)에 의해 법의 정신이 발표되면서 인간은 자신의 이익 혹은 감정을 위해서만 행동하는 것이 아니라 기후, 종교, 법, 정부 형태, 관습 및 예의 등의 여러 요소들에 의해 행동하게 된다고 하였다. 따라서 사회 제도, 법 및 도덕 규칙 등이 개인보다는 사회 전체의 목적을 달성하는 데에 그 초점을 맞추고, 이것에 따라 개인의 이익 및 존재가 결정되어야 한다고 했다. 그러나 몽테스키외는 이같은 상대적 입장에도 불구하고 기존의 제도 및 관행과는 무관하게 유일한 영구적 규범이 존재할 수 있다고 믿으면서 그러한 규범을 찾을 때에 자연적 정의의 규칙이 될 것이라 하였다.

곧 이어 나타난 루소(Rousseau)는 인간은 처음부터 정치 사회 제도와 조직으로부터 소외당하거나 박해를 받고 있으므로 사람들이 삶을 영위하는 데 기본적으로 필요로 하는 생활 욕구(wants와 needs)를 충족시켜 주는 것이 윤리 도덕의 본질이면서 기준이라 하였다. 그리고 인간의 본질을 자신의 이익만을 추구 혹은 증대시키기보다는 다른 사람을 사랑 혹은 동정하는 가운데서 자기 사랑을 실현시켜 나가는 데에 그 목적을 둔다 하였다. 또한 생활 욕구도 무한한 것이 아니고 사회 여건에 따라 제한되며, 선은 음식, 잠 및 옷 등의 생필품인 반면에 악은 고통과 굶주림이라고 하였다. 그런데 사람들은 부패와 출생 때부터 갖은 불행과 고통 때문에 정치·사회적 권력에 대해 강한 의욕과 애착을 가지게 된다고 했다.

따라서 정치, 사회 제도 및 조직은 사회 전체의 민의 (General will)를 바탕으로 한 사회 계약에 의해 설정되어야 하고, 만약에 공동의 선과 정의를 달성코자 하는 시민의 모임에서 양심이 충분히 작용하게 되면 민의는 항상 옳으면서 시민의 이익을 증대시켜 나갈 것이라 하였다.

이와 같이 대륙에서는 개인보다는 사회 전체를 중시하는 가운데서 공동의 선을 추구하는 데에 적합한 생활 규범을 만들어 내고자 노력하였다. 그러나 경제 규범은 거론되지 않았다.

(4) 교환 가치와 이윤의 정당화

앞에서 본 바와 같이 사회 계약론에 따라 개인의 자연권이 확보되면서 자유 민주주의가 그 뿌리를 내리기 시작하자 절대 군주 국가는 점차로 입헌 군주 국가로 그 모습을 바꾸어 나가고 있었다. 이렇게 등장한 입헌 군주 국가는 강력한 국가의 권위를 내세우는 한편 왕권을 보호하기 위해 막강한 군대가 필요하고, 이는 엄청난 재정적 뒷받침이 따를 때 가능하였다. 이에 군주들은 징세를 통해 비용을 충당하는 한편 해외 진출을 통해 식민지를 확보한 다음 이로부터 재정적 수입을 도모코자 하였다.

한편 13~14세기부터 교역과 상거래를 통해 자본 축적을 착실히 하여 온 상인들은 르네상스 이후 개인의 권한이 '법으로 보장되는 것에 힘입어 군주의 억압적 통치에 맞서 자신의 이익을 보호하는 한편 모든 수단과 방법을 동원하여 더 많은 축적을 해나가려고 했다. 이때 재정적 수입이 필요한 군주와 더 많은 축적을 추구하는 상인들은 이해 관계가 비슷한 입장에 놓이게 되고, 이를 계기로 삼아 이들은 서로 긴밀한 유대 관계를 맺으면서 경제적 식민지주의를 강화시켜 나갔다. 다시 말하면, 자본주의의 정착으로 자원 공급의 부족과 국내 시장의 협소 등의 문제점이 발생하자 중상주의를 택하면서 해외 시장을 적극 개척하려고 한 것이었다.

또 한편 르네상스를 계기로 불붙기 시작한 새로운 과학 지식에 대한 욕구는 시간이 흐르면서 더욱더 높아져 새로운 지식이 연이어 발견되는 한편 국가의 막대한 지원에 힘입은 기술 개발도 활발히 진행되고 있었다.

이같이 식민지 개척에 따른 자원 공급의 원활화, 판매 시장의 확보, 과학 및 기술의 발전, 상업 자본의 축적, 그리고 지속적인 이익 추구 등은 상품의 대량 생산과 이에 따른 자본의 축적을 더욱 필요하게 만들었다. 드디어 석탄의 효율적 사용, 방직의 기계화, 그리고 스팀 엔진의 개발로 새로운 에너지가 공급되자 대량 생산과 대량 판매가 가능해지면서 산업 혁명이 일어났다.

이 무렵 경제는 아담 스미스(Adam Smith)에 의해 중상주의보다는 시장을 통한 자유 교역 및 거래가 부의 증대 및 축적에 더욱더 효과적이라고 역설하였다. 그리고 시장에서의 교환은 상품의 수요 공급에 따라 결정되는 한편 상품 생산에 투입된 노동이 가치를 창출해 낸다는 노동 가치설이 주장되었다. 또한 생산 증대는 단순 생산 방식보다 분업에 의할 때 가능하다고 판단한 다음 정치, 사회적 분업 개념을 경제에 적용시키려고 하였다.

좀더 자세히 설명하면, 생산은 분업에 의해서만 크게 증가하고, 또한 시장에서 교환이 자유 경쟁을 통해 이루어질 때 생산자와 소비자 모두가 만족할 수 있는 경제 사회의 균형점에 도달하게 된다는 것이다. 그리고 모든 사람들이 자신의 이익과 만족을 우선적으로 챙기면서 충족시키려는 이기주의적 본질을 가지기 때문에 이익 추구도 시장의 완전 경쟁을 통할 때에 극대화될 뿐 아니라 정당화도 된다는 것이다. 그러하기 때문에 시장의 자유 경쟁과 교환이 절대적으로 보장되어야 하고, 모든 사람들이 그러한 규칙을 성실히 지켜 나갈 때 모두가 만족할 수 있는 공동의 선과 사회적 균형이 달성된다고 하였다.

여기서 아담 스미스는 덕목의 윤리보다는 자유 경쟁이라는 규칙과 질서가 자동적으로 경제 정의를 실현시켜 준다는 점을 강조한 것이었다.

하지만 나중에 시장과 자유 경쟁이 반드시 공동의 선과 경제·사회적 균형을 이루어 낼 수 있는 초월적 힘(invisible hand)을 가졌다고는 보지 않았다. 자세히 말하면, 시장과 인간의 욕망 및 탐욕은 서로 별개의 것으로서 시장이 욕망과 탐욕을 마음대로 통제 혹은 억제할 수 없다는 것이다. 따라서 사람들은 자비심, 동정심 및 관대함 등의 덕목을 행동으로 나타내 보여 줄 수 있는 도덕적 인간이 되어 시장 질서와 공동의 선을 파괴하는 자신의 극단적인 탐욕과 욕망을 억제시켜 나가는 것이 필요하다고 하였다. 아무튼 시장 기능 및 질서를 중시하여 시장의 질서와 경쟁의 규칙이 나와 경제 정의를 달성하도록 요청되었다.

곧 이어 등장한 리카르도(Ricardo)는 아담 스미스가 설정한 영역으로부터 크게 벗어나지 않는 범위 내에서 시장 원리를 존중하고, 그것도 귀납법보다는 연역법을 통해 시도하려고 함으로써 경제를 윤리 도덕적 규범으로부터 더욱더 멀리 떨어져 나가게끔 만들었다. 아무튼 리카르도가 가장 많은 관심을 가지고 검토했던 것은 가치와 분배이고, 분배는 노동, 자본 및 지대에게 돌아가는 몫으로 결정되는데 그 비율은 사회 형태 및 여건에 따라 상이해진다고 하였다. 하지만 리카르도는 아담 스미스와 마찬가지로 노동의 생산 가치와 그 대가로 받는 임금 사이에서 발생하는 차이를 구체적으로 설명하지 못하였다.

그러나 자본에 돌아가는 몫을 설명하게 됨으로써 아퀴나스에 의해 많은 비판을 받아 오던 이윤이 드디어 경제적 사실로서 인정받게 되었다. 이 결과 이윤, 이자 및 고리 대금이 사실상 경제 사회적으로 정당화되고, 이는 자본가의 입장을 윤리 도덕적으로 떳떳하게 만들어 주었다.

이상과 같은 스미스 및 리카르도의 입장에 대해 맬더스(Malthus)는 이윤보다는 인구 증가에 따라 노동자에게 돌아가는 절대적 몫이 점차로 증대되는 추세에 있기 때문에 이것이 곧 자본주의의 발전을 가로막는 큰 장애 요인으로 작용할

것이라 경고하고 나왔다. 이에 따라 적어도 전통 경제학에서
는 이윤보다는 생산성을 뒷받침하지 못하는 노동이 오히려
규탄의 대상이 되면서 사회적으로 도태되어야 할 입장에 놓
이게 되었다.

이 당시 서구 사회는 산업 혁명을 계기로 산업 자본주의
시대로 깊숙이 진입하고, 이에 따라 인간이 탄생한 이래 생
필품의 공급 부족으로 인해 많은 어려움과 고통을 받아 모든
삶에 새로운 변화가 일어나기 시작하고 있었다. 이때부터 사
람들은 인간 중심의 세계 속에서 자신이 노력한 대가로 물질
적으로 만족할 만한 생활을 영위할 수 있게 되고, 이를 바탕
으로 물질적 행복도 성취할 수가 있었다. 그러나 자본의 축
적과 경제의 지속적 성장 및 발전은 종전보다 더 치열한 경
쟁을 벌이면서 더 많은 해외 시장을 확보하지 않으면 아니
되게 만들었다.

따라서 각 국가들은 식민지 정책을 한층 더 강화시켜야만
했고, 한 발 앞서가면서 유리한 입장에 있던 영국도 자유 무
역을 강조함과 동시에 자본의 지속적 축적을 정당화시키는
규범을 들고 나와 자유 방임주의와 공리주의를 역설하였다.
이에 반해 한 발 뒤떨어진 독일, 미국 및 프랑스 등의 국가
들은 국가 주도의 보호주의를 들고 나와 영국에 대항하면서
자신들의 이익을 최대한으로 보호코자 하였다. 또한 이같은
치열한 경쟁 관계는 시간이 흐르면서 영국과 독일을 서로 대
립하는 상태로 몰아넣으면서 민족 국가주의를 부르짖게 만들
었다.

또 한편으로 자본의 축적은 자본가로 하여금 풍요로운 생
활은 물론 정치·사회적으로 큰 영향력을 행사할 수 있는 계
급으로 올라가게 하였다. 이에 반해 노동자는 상대적으로 불

리한 입장에 놓이게 되어 열악한 근로 조건과 저임금에도 불구하고 열심히 일하지 않으면 아니 되었다. 산업화는 농민들로 하여금 공장이 많이 모여 있는 도시로 집중케 하고, 이러한 집중은 주거를 비롯하여 의료, 교육 및 위생 등에 있어 절대적 공급 부족 현상을 초래케 하며 노동자의 삶을 더욱 비참하게 만들었다. 이같은 문제들이 매우 심각하여져 사회적 문제점으로 부각되자 각 국가들은 앞을 다투어 다양한 복지 정책을 세워 이들 노동자의 불편함 및 욕구를 해소·충족시켜 주려고 하였다. 그러나 국가가 경제에 개입하며 정책적으로 도움을 제공하는 데에는 여러 가지의 어려움과 한계점이 뒤따라오고, 이에 기대한 바와 같이 큰 효과를 얻을 수 없었다.

이 결과 영국, 독일 및 프랑스 등의 국가에서는 일부 지식인들이 자본주의를 비판하면서 이에 대응하여 노동자의 권익을 보호해 줄 수 있는 사회주의를 제시하여 많은 주목을 받기 시작하였다. 이 사회주의는 르네상스 이후 생활 규범으로 강조되어 왔기 때문에 자유 민주주의와 자본주의를 새롭게 이해하도록 만들면서 개인의 자유보다는 사회 전체와 밀접한 관계를 갖는 평등이 더욱 중시되어야 한다는 신자유주의를 탄생하게 하였다.

이와 같이 자본주의와 사회주의가 대립하는 가운데서 플라톤, 루소 및 시몽(Simon) 등으로부터 많은 영향을 받은 마르크스(Marx)가 나타나 노동 가치를 매우 강조하면서 스미스, 리카르도 및 맬더스 등의 고전 경제학에 도전하는 한편 궁지에 몰린 노동자의 입장을 적극 옹호하려 하였다. 그리고 마르크스는 인간은 태어나면서부터 모두가 자유롭고 평등해야 하는데 자본가의 착취로 인해 이를 빼앗기게 되었다고 말

했다. 그 결과 노동자는 사회적으로 완전히 소외되어 비참한 생활을 영위하지 않으면 아니 되었다는 것이다.

더욱 자세히 말하면, 고전 경제학이 기계와 같이 작동하는 시장에서 형성되는 자본가와 노동자 사이의 분배적 관계에만 집착함으로써 이들 사이의 진실한 관계를 왜곡시켰다는 것이다. 그 결과 고전 경제학은 희랍 시대로부터 내려오는 경제 정의를 무시하고 사회와 인간 사이의 관계를 기계적 구도에서만 보려는 우를 범했다는 것이다. 이에 따라 자본가와 노동자 사이의 진실한 관계는 시장과 교환보다는 노동의 가치를 충분히 나타내 줄 수 있는 생산 과정에서 찾아야 하고 여기서 노동자가 생산해 내는 잉여 가치를 자본가가 이윤이라는 명목을 내세워 착취해 가는 사실을 알게 될 것이라 하였다. 그럼으로 착취된 잉여 가치는 단연코 노동자에게 돌아가야 할 것이라고 했다. 즉 착취가 분배 정의를 왜곡시킬 뿐 아니라 삶의 조건을 더욱 악화시킨다는 것이다.

이같이 마르크스로부터 강력한 비판과 도전을 받은 경제학이 스미스와 리카르도에 의해 윤리 도덕으로 명쾌하게 결론 내리지 못한 가치의 창출과 분배 정의에 대한 문제를 해결코자 고심하는 가운데서 세이 (Say)와 콘드락 (Condillac)과 같은 경제학자가 나와 고대 그리스 시대에서 생활 규범 및 덕목으로 사용되던 효용을 토대로 효용 이론 (Utility)을 개발하여 내놓았다. 즉 가치, 가격 및 분배의 기준은 마르크스가 주장하는 노동보다는 사람들이 감정적으로 느끼는 효용이라는 새로운 경제 규범을 제시한 것이었다.

이 효용 이론은 물건을 소유 혹은 사용함으로써 얻게 되는 그 효용성과 가치가 주관적 느낌 혹은 판단에 의해 결정된다는 것과 자본의 생산성도 노동보다 많이 잉여 창출에 기여한다는 점을 밝히려고 하였다. 그리고 노동 가치를 대신하여 등장한 교환 가치가 비율에 의해 결정될 수 있다는 것을 수학적 계산을 통해 입증된다고 전제한 다음 이에 필요한 수학적 계산 공식까지도 만들어 제시하였다. 이와 같이 생산보다는 교환 가치와 시장 거래에서 나타나는 개인의 심리적 행위가 보다 더 중요한 가치와 규범적 기준으로 등장하게 됨에 따라 고전 경제학은 한계 효용 이론을 바탕으로 신고전 경제학으로 탈바꿈했다.

이때 이 한계 효용 이론은 사회의 어느 특정 질서 및 이익과 무관한 일반성과 보편성을 가진다고 주장하면서 뉴턴의 물리학과 같은 성격을 띠는 것이라 하였다.

이렇게 성립한 효용 이론은 그후 더욱더 정교히 다듬어지면서 경제뿐만 아니라 사회 전체가 시장을 통해 만족할 수 있다는 사실을 나타내어 보여 줄 수 있는 일반 균형 이론까지 개발하려 하였다. 이때에 전제되는 조건은 모든 사람들이 시장에서 자유로이 경쟁하면서 오로지 자신의 이익만을 최대한으로 추구하는 합리적 행동을 하는 것밖에는 없다고 했다. 이것이 바로 새로운 경제 질서 속에서 새롭게 나타난 경제 행동의 규범이며, 사람들이 이 규범에 따라 생활과 행동을 하는 한 경제 정의는 시장을 통해 자동적으로 이루어지게 되는 것이라 하였다. 이로써 자본주의는 사회주의 및 공산주의의 도전에 이론과 현실은 물론 윤리 도덕적으로도 대항할 수 있는 확고한 토대를 구축했다.

이상과 같이 경제학 내부에서 경제 윤리 및 경제 정의 문제를 둘러싸고 심각한 대립이 벌어지는 것과 때를 같이하여 정치학과 사회학에서도 이 문제에 대해 많은 논쟁을 벌이고 있었다. 그린(Green), 홉손(Hobson) 및 홉하우스(Hobhouse) 등과 같은 학자들은 독일의 관념론을 받아들여 국가와 사회간의 관계에 대해 집중적으로 연구하면서 지금까지 많은 관심을 모았던 개인적, 존재론적 및 자유 방임적 자유주의와 원자론보다는 사회 공동체가 우선되어 사회 전체에 걸친 삶의 질적 향상, 복지의 확대 및 공동의 선 등이 이루어져야 할 것이라 하였다. 이에 국가가 나와 이것을 책임지고 완수해야 할 것이고, 이러한 새로운 국가의 역할은 정치는 물론 윤리 도덕적으로도 그 정당성을 인정받게 될 것이라 하였다. 이에 신자유주의의 노선을 반대하는 보수주의자들은 스펜서(Spencer)의 사회 진화론에 따라 자유 경쟁과 적자생존을 강조하면서 경쟁에서 탈락한 사람은 사회의 낙오자로서 퇴장해야 한다고 주장했다.

이상과 같은 대립과 갈등 속에서 서구 사회는 자유 시장 원리를 바탕으로 하는 자본주의와 신자유주의가 주장하는 복지주의가 공존하는 시대로 접어들고 있었다.

(5) 시장 및 정부의 실패와 공동체 의식

20세기에 들어와 서구의 각 국가들은 대내적으로 자본주의의 모순점을 시정 혹은 보완하는 측면에서 복지 정책을 적극 실시해 나가려 하였다. 이에 반해 대외적으로는 모두가 민족적 국가주의를 표방한 다음 식민지주의를 강화시키면서 자국의 이익을 우선적으로 보호하는 한편 시장 침투를 막기 위해 높은 관세 장벽을 쌓아 올렸다.

이런 가운데서 산업화가 가장 뒤떨어진 소련에서 '볼셰비키 혁명'이 일어나 공산주의가 통치권을 장악하였다. 한편 과학 기술 및 경제·사회적 발전에 맞추어 크게 성장하기 시작한 기업들은 수단과 방법을 가리지 않고 이익 추구에 몰두

하고 있었다. 이로 인해 시장 경제의 전제 조건인 완전 자유 경쟁이 기업들간의 통폐합과 독점 혹은 횡포로 그 모습을 점차적으로 잃어, 혹은 상실하고 있었다. 이에 독점 및 독과점의 출현이 두드러지게 나타나고, 그러면 그럴수록 기업의 성장은 물론 대형화가 가속화되었다.

이 무렵 각 국가들은 식민지주의와 시장 보호를 둘러싸고 날카로운 신경전을 벌이고, 드디어 독일이 영국과 프랑스를 상대로 싸움을 일으킴으로써 1차 세계 대전이 발생하였다. 전쟁이 끝난 다음 다시 서구 사회가 안정을 되찾으면서 경제·사회의 발전을 도모코자 하는 순간에 뉴욕 증시의 주가 폭락을 도화선으로 시작된 세계 경제 공황이 일어나 화폐 경제를 바탕으로 대약진을 꿈꾸던 자본주의에 치유가 거의 불가능한 큰 상처를 안겨 주었다.

이같이 어려운 사건들이 연속적으로 발생하는 가운데서 공황으로 인한 경제 침체가 심각한 조짐을 보이기 시작하자 이를 매우 염려한 나머지, 유럽 대륙보다 복지 정책에 대해 줄곧 미온적인 태도를 보여 오던 미국이 시장보다는 정부의 정책에 의한 경제 회복을 모색하면서 공공 사업을 크게 벌여 나아갔다. 이로써 유럽 대륙의 국가들이 분배 정의를 달성코자 복지 정책을 통한 재분배를 시도한 반면에 미국은 공공 사업에 의해 발생하는 고용 창출을 통해 재분배를 이루어 나가고자 하였다. 이 결과 고전 및 신고전 경제학이 주장하던 자유 경쟁의 시장이 그 기능을 상실하면서 절름발이 신세가 되는 반면에 정부의 개입 및 역할은 점차적으로 확대되어 나아갔다.

이 무렵 서민들은 정부의 개입 및 역할에 대해 매우 긍정적인 자세를 보이는 한편, 독점과 통폐합을 통해 거대한 공룡같이 대형화되어 가는 기업에 대해 많은 위협과 두려움을 느낀 나머지 이를 규제 혹은 억제해 줄 것을 요청했다. 이에 정부는 신속하게 독점 억제법을 제정한 다음 기업의 통폐합을 규제코자 하였으나 그 성과는 미미하였다. 왜냐하면, 기업이 법을 피해 가는 방법을 강구하는 것은 물론 발전을 거듭하고 있던 자본주의 경제가 또 다른 새로운 기회를 창출해 내어 정부의 정책을 앞과 뒤가 연결되지 않는 모순 속으로 빠지게 하기 때문이었다.

이런 가운데서 강력한 민족주의를 바탕으로 빠른 기간에 재기한 독일이 도전적 정책을 펴게 되자 세계는 한 번 더 큰 대전 속으로 휘말려 들어가지 않으면 아니 되었다. 이로 인해 엄청난 피해가 발생한 것은 물론이거니와 자본주의 경제의 진로에 많은 의문도 갖기 시작하였다.

2차 세계 대전이 종전되면서 서구 사회는 한층 더 강도높게 자유 무역과 시장 경제의 중요성을 강조하고, 이에 맞추어 필요한 국제적 협력 체제와 기구를 세워 나가려 했다. 이러한 노력과 파괴된 경제를 재건코자 권력을 투자함으로써 50년대에 들어와 세계 경제는 안정을 찾으면서 발전하기 시작하였다. 이 과정에서 독일과 일본이 빠른 회복에 힘입어 무역 흑자국으로 등장하면서 경제 대국으로 부상하고, 이에 반해 영국과 프랑스는 승전국임에도 불구하고 경제 침체 속으로 빠져 들어가는가 하면 미국도 경제적 어려움에 직면하기 시작하였다.

또한 미국은 대내적으로 풍요로운 생활 속에서 빈부의 격차가 심화되는 분배 문제가 나타나기 시작하여 더욱 어렵게 되어갔다. 이런 가운데서 대다수의 시민들은 30년대의 공황이 대기업의 독점과 횡포로 인해 또다시 발생하지 않을까 하는 두려움마저도 계속 가지고 있었다.

이같은 경제 사회적 분위기 속에서 신고전 경제학파는 경제학을 경제 규범으로부터 더욱더 멀리 떼어내어 과학적 학문으로 올려 세우려고 온갖 노력을 다하고, 이에 반해 제도 경제학파는 경제 정의의 실현은 고사하고 한계 효용 이론만으로 모든 사람들이 만족할 수 있는 파레토(Pareto)의 최적 균형 상태에 도달하기 어렵다고 하였다. 이에 맞추어 노동 조합이 한층 더 단결하여 정부와 사회에 압력을 가하면서 자신들의 이익을 보호하려는가 하면 소비자의 권익을 보호하기 위해 소비자 보호 연맹도 결성되어 대기업의 독점과 횡포를 규탄하기 시작했다.

이 당시 신고전 경제학파, 제도 경제학파, 그리고 이들에 대해 비판적 자세를 견지하고 있는 학자들 사이에서 일어나고 있는 논쟁과 비판을 좀더 구체적으로 살펴보면 다음과 같다. 우선 제도학파의 주장을 보면, 사람들은 다양한 욕구(need와 wants)를 가지며 이는 경제·사회 제도에 따라 더욱더 복잡 다양하여진다는 것이다. 따라서 이들 모두를 충족시키기 위해서는 한계 효용이라는 가치 기준으로는 역부족이라고 하였다.

또 한편으로 고급 유한 계급이 사치성 소비를 조장하고, 이에 맞추어 근면한 노동자의 의욕을 떨어뜨리는 독점 가격도 인간의 발전과 안녕을 가로막아 방해한다고 하였다. 그러므로 정부가 개입하여 과소비를 억제하는 한편 독점 가격을 해소시켜 일반 균형이 달성될 수 있도록 해야 할 것이라고 했다. 특히 칼브레스(Galbhraith)는 신고전 경제학자가 주장하는 자유로운 시장 거래를 통한 이윤의 극대화는 현실적 개념이 될 수 없다고 비판하면서, 그 이유는 산업 자본주의의 발달은 거대 기업을 출현케 하고 이 기업은 종전과 같이 단순한 전문 경영인 혹은 자본가보다는 오로지 고도의 기술을 가진 전문 기술 경영인(Technostructure)에 의해 관리·운영될 수 있기 때문이라 하였다. 이들 전문 기술 경영인이 독점 시장의 차원을 넘어서 혁명적인 광고 선전을 통해 소비자의 기호 및 심리를 충동 혹은 조작한 다음 이를 엄청난 소비로 연결시키는 한편 정부의 공공 사업과도 밀착함으로써 이들의 이익이 곧바로 국가 혹은 사회의 이익이 된다고 하였다.

다른 한편으로 미르탈(Myrdal)과 볼딩(Boulding) 같은 학자들은 신고전 경제학이 과학적 분석 방법과 객관적 통계 자료를 사용함으로써 가치 중립적 학문이 될 수 있다고 믿지만, 가치 분석을 기본 과제로 삼는 경제학이 규범의 테두리로부터 영원히 벗어날 수 없는 것이라 하였다. 왜냐하면 가치 개념 자체가 사회 문화적 환경 속에 창출되어 나오기 때문에 아무리 과학적 분석 및 설명이 시도된다고 하더라도 그것에 대한 인간의 인식을 바꿀 수 있어도 그 본질은 변경시킬 수 없다는 것이다.

이상과 같이 경제학이 경제 규범 문제를 단연코 내포하고 있다는 주장에 대해 신고전 경제학의 가치 중립적 전제와 가정을 세운 다음 논리적 실증주의의 방법론에 따라 후생의 극대화를 수학적으로 입증시킬 수 있는 새로운 후생 경제학을 소개시켰다. 이에 이 새로운 경제학이 간접적으로 경제 규범은 물론 사회 공동체의 의미마저도 내포하고 있다는 비판을 받게 되자 이번에는 개인과 공동체의 선택 사이에 객관적 연결을 모색코자 하였다. 이때 상호 비교의 불가능 이론 (Impossibility theorem)이 발표되자 기수적 효용보다는 우선 순위와 선호도를 활용하면 규범 문제는 간단히 해결할 수 있다고 하였다.

그리고, 더 나아가 분석 철학의 방법론을 원용한 다음 합리적 및 정당한 근거가 마련되면 사실(is)이 당위성(ought)으로 전환될 수 있기 때문에 경제학의 규범적 중립성은 물론 개별 개인과 공동체 사이의 연결도 가능하게 되어진다고까지 주장하였다.

한편으로 신고전 경제학에 대한 케인즈(Keynes)의 비판에 대해 프리드만(Friedman)은 정부의 경제 개입이 문제의 해결보다는 오히려 더 많은 부작용을 초래케 한다고 주장하면서 권력이 한곳에 집중되면 자유를 위협하는 한편 개별 개인으로 하여금 부패하게 만들어 사회 질서를 혼란 속으로 빠지게 할 것이라고 하였다. 따라서 자유로운 거래와 일정한 규칙만이 필요하고, 이것이 유일한 문제 해결의 방법이라고 하였다. 이에 하에크(Hayek)도 진화론의 입장에서 개인의 자유를 존중하는 자유 시장의 원리를 옹호하고 나왔다.

뷰캐넌(Buchanan)도 정부의 개입 및 관여는 정부 조직의 비대화 및 비능률로 인해 실패로 끝날 수밖에 없다고 단정하면서 시민과 정부 사이의 합의 및 계약에 따라 새로운 규칙이 만들어지고, 이 규칙에 따라 공동의 선 및 이익이 추구되어야 할 것이라 하였다.

다른 한편으로 신고전 경제학의 전제 조건인 합리성과 관련하여, 인간이 자신의 이익과 즐거움만을 항상 추구하는 이기적 행동을 한다고 단정하는 가정에 대해 많은 비판이 나오기 시작하고 있었다. 윤리 철학자에 따르면, 이기적 행동은 처음부터 비도덕적 행동이기 때문에 이를 정당한 것으로 받아들여 이론의 토대로 삼는다는 것은 윤리 도덕적 측면에서 전혀 불가능한 일이라고 하였다.

이에 대해 반대의 입장을 견지하는 학자에 의하면, 이기적 행동 자체는 윤리 도덕적 문제에 직결되지만, 목적론보다는 방법론적 측면에서 보면 인간은 자신의 목적을 달성하기 위해 주어진 여러 방법들 중에서 가장 기능성이 높은 것을 택하게 마련이라고 하였다. 그리고 그같은 선택도 게임 이론에서 나타난 바와 같이 규범적보다는 서술적 선택이라 부르면서 윤리 문제와는 완전히 별개의 것이라고까지 주장하였다. 이와 같은 반론에 대해 엘스터(Elster)와 같은 학자는 현재와 같이 충분한 정보가 제공되지 않아 불확실성이 한층 더 고조되고 있는 복잡 다양한 사회 속에서 사람들이 한결같이 목적에 부합하는 일관성있는 간결하고도 유일한 행동을 할 수 있을까에 대해 많은 의문을 나타내었다.

아무튼 노동 가치 이론을 포기하고 교환 가치를 바탕으로 한계 효용 이론을 만들어 내어 성립하게 된 신고전 경제학이 윤리 도덕과는 아무런 관계를 갖지 않는 학문이라고 주장하지만, 이에 대해 반론을 제기하는 학자들도 만만찮았다. 즉 경제학 자체가 구조적으로 규범적 성격을 내포하고 있기 때문에 윤리 도덕을 떠나서 거론될 수 없다는 것이었다. 이와 같이 규범성을 둘러싸고 열띤 논쟁을 벌이는 사이에 정치 철학자인 롤즈(Rawls)가 아리스토텔레스의 『정의론』 이후 처음으로 정의에 대한 일반 이론을 들고 나와 사회 정의 문제를 거론하게 되자 이에 대해 경제학자들은 많은 관심을 쏟기 시작하였다.

롤즈의 『정의론』을 조금 구체적으로 살펴보면, 이는 응분의 대가를 토대로 성립한 아리스토텔레스의 목적론적 분배 정의론과는 상이하게 칸트의 의무론을 받아들이면서 이와 동시에 공리주의 이론을 수용하여 사람들은 자신의 이익을 추구하고, 이를 달성하기 위해 가장 효율적이고도 합리적인 방법을 택한다고 하였다. 이러한 행동은 어디까지나 시장 경제의 테두리 내에서 이루어지는 것을 전제로 하고, 또한 정의론에 적용되는 사람을 사회의 모든 구성원이 아닌 신체적으로 결함 혹은 장애가 있는 사람에 국한시켰다. 따라서 롤즈의 사회 정의론은 아리스토텔레스와 마르크스보다 그 성격, 적용 범위 및 정도에 있어 한 단계 낮은 수준에 머물고 말았다.

이와 같이 완벽하지는 아니하더라도 시장 경제의 테두리 내에서 특정의 사람을 대상으로 한 분배 정의론은 학자들에게 많은 충격을 던져 주었다. 그러나 시간이 흐르면서 개별적 자유주의를 바탕으로 한 롤즈의 정의론에 대한 비판이 거세게 일어나기 시작하였다. 즉, 희랍 시대로부터 출발한 시민 사회의 공동체를 중시하는 공동체주의는 최근의 사회 경제적 모순과 부작용의 산업 자본주의에 의해 발생하였기 때문에 개별적 자유주의보다는 사회 공동체가 우선적으로 고려되면서 중시해야 한다는 것이었다. 이와 같은 자유주의와 공동체주의 사이의 논쟁은 90년대에 들어와 더욱 치열하여지면서 개인의 자율성과 사회 집단적 관계 사이를 집중적으로 조명해 보려고 하였다.

한편 이상과 같이 정치 철학에서 자유주의와 공동체주의 사이의 논쟁이 벌어지는 가운데서 일부의 학자들은 경제학이 윤리 도덕적 규범과는 전혀 관계가 없다고 주장하기는 어렵지만, 이는 어디까지나 결과적으로 나타나는 것에 불과하다는 새로운 주장을 하기 시작하였다. 자세히 설명하면, 경제 이론을 활용하여 정책을 세우고, 이에 따라 현실 문제를 해결하고자 할 때에 규범성이 개입되는 것은 피할 수 없는 사실이라고 전제한 다음, 적어도 정책 수립과 이에 의거한 문제 해결이 전 단계에 속하는 이론은 규범과는 무관하면서 과학성만을 인정하게 된다는 공동 선택 이론을 제시한 것이었다.

이에 반해 일부의 학자들은 경제학과 윤리 도덕 사이를 결과적 혹은 간접적보다는 직접적으로 연결시키려고 노력하면서 시장 거래 자체가 사회 공동체를 전제로 하기 때문에 처음부터 경제 행위와 시장 거래로부터 규범적 성격을 배제시킬 수 없다고 하였다. 그리고 경쟁적 자유 시장 거래는 사회 화합을 자유롭게 도출해 내게 됨에 따라 그 결과가 불평등을 초래케 하지 않는 한 윤리 도덕적 평가를 받을 수 있고, 그러하기 때문에 과정과 결과가 동시에 고려되는 공정한 거래가 중시될 수밖에 없다고 했다.

이상과 같이 시장을 경제 정의와 연결시켜 검토해 보는 시도가 있는 가운데서 거워스(Gewirth)는 신고전 경제학이 주장하는 한계 생산성 혹은 효용에 의한 분배와 교환은 그 개념에 있어 아리스토텔레스에 의해 시작된 경제 정의와 근본적으로 상이하다고 결론내렸다. 그 이유는 아리스토텔레스의 경제 정의가 실제의 생산 및 교환 과정을 중시한 반면에 신고전 경제학은 초월적 기준에 매달리면서 현실을 무시했기 때문이라는 것이었다. 다시 말하면, 초월적 기준이 현실에 적용되는 과정에서 외부의 압력에 의해 부당하게 왜곡되거나 거짓으로 포장되었다는 것이다. 그 결과 개인의 기본 권리마저도 훼손되었다고 한다.

아무튼 결론적으로 볼 때, 20세기의 중반을 넘어서면서 거대한 기업의 출현, 독과점의 증대, 정부 개입의 가속화, 노동자의 반발 및 자구책 강구, 그리고 소비자 보호 및 환경 보존 운동 등은 직간접적으로 중세기 이래 사라졌던 분배 및 등가 교환의 경제 정의를 다시금 생활에 필요한 경제 규범으로 부활시켜야 합당하다는 분위기를 조성하고, 이에 맞추어 학자와 전문가들도 이론적 측면에서 경제학과 윤리 도덕 사이의 연관성을 규명코자 하였다.

그리고 최근에 와서 환경 파괴와 물 및 공기 오염이 자본주의의 구조적 문제점으로 인식되기 시작하자 이의 보존도 경제 정의의 차원에서 거론되어야 한다는 주장이 대두되고 있다.

4. 기업 윤리

앞에서 경제 윤리를 살펴보았고, 여기서는 기업 윤리를 검토해 볼 것이다. 우선 기업의 개념에 있어, 앞에서 이미 언급한 바와 같이 이는 산업의 대기업에만 국한되지 않고 중소 기업, 영세 상업, 국영 기업, 언론 매체, 의료 기관 및 기타 여러 자영업 등을 포함하여 산업, 서비스업 및 상업에 직·간접적으로 관여하는 모든 업체를 대상으로 할 것이다.

그 다음으로 사회 속에서 기업의 위치와 역할에 있어, 기업은 사회의 여러 구성체 중에서 하나의 구성체로 성립하면서 소비자에게 혹은 노동자와 더불어 상품의 생산, 서비스 및 판매 등의 상거래 및 행위를 통해 이윤을 추구하는 존재로 볼 것이다. 따라서 상거래 및 행위를 하는 과정에서 규범적 문제가 발생하게 되고, 이때 소비자 및 노동자와 더불어 어떠한 상거래 및 행위를 하는 것이 윤리 도덕적으로 바람직한 것인가를 찾아볼 것이다.

여기서 주의를 요하는 것은 앞에서 우리들이 검토한 생활 윤리와 경제 윤리가 기업의 상거래 및 행위를 규범적으로 평가하는 데에 직접적으로 활용될 수 있느냐 하는 점이다. 우리들은 기업의 성장을 검토하면서 산업 자본주의에 있어 기업이 생산, 서비스 및 판매를 통해 이윤을 추구하는 사회의 특수한 구성체라는 것을 개략적으로 파악할 수 있었다. 이같은 파악과 인식을 감안한다면, 생활 윤리와 경제 윤리가 기업을 평가할 수 있는 적합한 규범이 될 수 없다는 사실을 알 수 있게 된다.

이에 따라 기업의 상거래와 행위를 규범적으로 평가하는데에 가장 알맞은 기업 윤리가 별도로 존재해야 하고, 이를 모색하는 것이 이곳에서 우리들이 꼭 해야 할 과제이다. 물론 이 과정에서 기업 윤리가 생활 경제 윤리와는 별개의 것으로 존재하면서 전혀 아무런 관계를 갖지 않는 것으로 보지 않을 것이다. 왜냐하면, 기업의 상거래 및 행위가 우리의 일상 생활 속에서 이루어지고, 따라서 기업 윤리도 생활 및 경제 윤리의 테두리 내에서 성립할 수밖에 없기 때문이다. 그러므로 기업 윤리를 생활 및 경제 윤리 속에서 찾아보는 것이 타당하다고 판단된다.

그리고 앞에서 이미 언급한 바와 같이, 오래 전에 산업 사회로 진입하고, 또한 현재 자본주의와 시장 경제를 토대로 경제 발전을 시도하고 있는 우리 경제에 시범이 되면서 밀접한 관계를 맺고 있을 뿐 아니라, 세계에서 가장 모범적인 경우로 분류되는 미국의 기업 윤리를 선택하여 검토해 보도록 하겠다.

그러나 윤리 도덕이 법 규범과는 상이하게 명문화되어 있지 않고 생활 속에 비가시적으로 내재되어 있기 때문에 이를 구체적으로 언급한다는 것은 어려운 일이다. 따라서 여기서는 이 분야의 전문가들이 기술한 것과 일반적으로 잘 알려진 관행을 토대로 기업 윤리를 검토해 보도록 할 것이다.

(1) 규범의 필요성

산업 사회로 진입하면서 비용 때문에 교통이 편리하면서도 원자재의 조달이 쉬운 곳에서 상품이 대량으로 생산되어 소비자에게 판매되거나 외국으로 수출되는 현상이 나타나고 있었다. 그리고 생산이 많이 되는 곳으로 노동자들이 모여들기 시작하고, 많은 사람들이 모여들면 들수록 인구가 증가하면서 도시를 이루어 나갔다. 따라서 많은 사람들이 모여 함께 살아가는 도시 생활은 매우 복잡 다양해질 수밖에 없고, 그렇게 되면 사람들 사이의 관계도 복잡 다양해져 고대 혹은 중세기 사회에서는 생각조차 할 수 없는 복잡한 일들이 발생하게 된다.

이와 같은 인구 집중으로 인해 발생하는 생활의 복잡 다양화는 자연히 기업의 생산과 판매도 복잡 다양하게 만든다. 자세히 말하면, 상품을 구입 혹은 판매하기 위해 직접 가서 현금을 지불하고 사거나 혹은 받고 파는 것은 시·공간적으로 거의 불가능하여 전화, 팩스(Pax) 및 전보 등의 최신의 통신 수단을 이용하여 주문을 하거나 받을 수밖에 없어진다. 이런 경우 거의 대부분의 상거래는 대금을 나중에 지불 혹은 받는 신용 거래로 이루어지거나 혹은 선불로 하게 된다. 이 때 신용만 보장되면 전화 한 통화로 수십억 혹은 수백억에 달하는 상거래가 이루어질 수 있을 뿐 아니라 엄청난 물량의 상품이 선적 혹은 적재되어 주문자에게 배달된다. 더 나아가 주식, 유가 증권, 거액의 송금, 그리고 외환 매매 등의 금융 거래는 그 성격상 더욱더 신용 거래에 의존할 수밖에 없어진다.

한편 생산자의 입장을 보면, 기업이 필요한 노동자를 구인

114

광고와 직업 소개소를 통해 채용하게 되는데, 이때에도 선불 혹은 일급보다는 주급 혹은 한달을 기본 단위로 하여 급여를 지급한다. 즉 생산자는 기업을 담보로 하여 월말에 가서 그 때까지 노동한 대가를 급여 형태로 지급하는 것이다.

이와 같이 생산 판매 및 구입에 있어 생산자와 소비자가 서로 신용을 바탕으로 상거래를 하는 것은 산업 사회로 들어오면 올수록 생활화 혹은 보편화되는 추세를 나타내고 있다. 이것이 바로 산업 자본주의의 특징이면서 성격이고, 신용을 바탕으로 한 상거래와 행위가 아무런 문제를 일으키지 않거나 혹은 상대방에게 손해를 입히지 않을 때 산업 자본주의가 더욱더 발전해 나가게 되는 것이다.

여기서 우리들이 꼭 납득해야 할 것은 신용을 바탕으로 하는 상거래는 그 무엇보다도 쌍방간의 진실, 성실 및 신뢰를 필요로 한다는 점이다. 따라서 이것이 없다면 상거래 자체가 성립할 수 없게 되고, 그렇게 될 경우 생활은 매우 곤란해질 수밖에 없게 되겠다. 다시 말하면, 진실, 성실 및 신뢰가 존재할 때에 신용 거래가 성립하면서 안심하고 상품을 사고 팔 수 있게 한다는 것이다. 그런데 산업 사회로 들어와 옛날보다 생활이 구조적으로 복잡 다양화해지면 해질수록 상거래와 행위에 있어 사기, 거짓, 속임수 및 위장 등의 온갖 불미스러운 행동을 하는 상인과 기업인들이 늘어나고, 또한 소비자도 상인과 기업인을 기만하는 경우가 크게 증가하고 있다.

여기서 더욱 놀라게 하는 것은 많은 상인과 기업인들이 거짓과 속임수를 통해 법을 교묘히 이용하거나 혹은 이로부터 피해 나가 상대방에게 큰 손실을 입히거나 부당한 이득을 챙기려고 하는 것이다. 이와 같은 비윤리 도덕적이면서도 법을 어기는 상거래와 행위는 세무 공무원과 결탁하여 탈세 혹은 세금을 감면받고자 하거나 혹은 관계 공무원으로부터 법에 어긋나는 인허가를 받아 큰 이득을 챙기려고 할 때에 많이 나타나고 있는 실정이다. 그리고 생산 쪽에서는 고용할 때에 약속한 조건대로 노동의 대가를 지불하지 않거나 혹은 쾌적한 작업 환경을 마련하여 주지 않으며, 심한 경우에는 고의적으로 영업장을 폐쇄하거나 혹은 납득할 수 없는 이유를 내세워 한푼도 주지 않으려고 하는 것이다.

이와 같은 비윤리 도덕적이면서도 법을 어기는 상거래와 행위가 속출하는 가운데서 문제를 더욱 심각하게 만드는 것은 어떻게 상거래와 행위를 하는 것이 올바르면서도 정당한 윤리 도덕적 행동이 되는지 그 자체마저도 모르고 오로지 자신의 이익만 챙기는 것을 타당하면서도 정당한 것으로 받아들이려는 윤리 도덕의 불감증인 것이다.

실제에 있어 우리들은 고등 교육에서 기업의 목적은 이윤이고, 이를 수단과 방법을 가리지 않고 추구하면서 살아 남을 때에 기업의 정당성과 타당성이 인정된다고 가르치는 것을 빈번하게 볼 수 있다. 따라서 상인과 기업들은 이윤을 추구하는 상거래 및 행위에서 상대방을 기만하거나 혹은 속임수를 쓰는 것을 정상적인 관행으로 받아들이고, 심지어는 그렇게 하는 것이 현명한 상술이라고까지 믿는 것이다.

사실 경제학에 따르면, 시장 거래에 참여하는 생산자와 소비자가 모두 자신의 이득을 비축하는 합리적인 행동을 하면서 자유 경쟁적인 상거래 및 행위를 하게 되면, 가격이 자동적으로 결정되면서 수급을 균형 상태에 도달하게 만들어 준다고 하였다. 그러나 이미 앞의 경제 윤리에서 언급한 바와 같이 이곳에서는 일반인들이 납득할 수 있을 정도의 윤리 도덕이 구체적으로 명시되어 있지 않아 좋은 행동을 혹은 나쁜 행동을 습관적으로 하는 모든 상인과 기업들이 시장에 무차별적으로 들어와 결정된 가격에 따라 상거래를 자유로이 하게 된다.

이렇게 될 경우 상거래 및 행위에서 비윤리 도덕적 행동이 얼마든지 발생할 수 있게 된다. 또 한편으로 경제학에서는 자유 경쟁의 원칙에 따라 시장의 진입이 자유로워져야 된다고 한다. 그러나 실제에 있어 독점 혹은 독과점과 경쟁사의 방해로 인해 그렇게 되지 않을 뿐만 아니라 정부가 규제를 하여 그 본래의 목적을 왜곡시키고 있다.

이미 언급한 바가 있듯이 이와 같은 시장 경제와 자유 경쟁에 대한 이론상으로의 규범적 모순점에 대해 많은 학자들이 충분한 인식을 하고 있지만 아직까지 만족할 만한 해결 방안을 제시하지 못하고 있는 상태에 있다. 하지만 일부 학자들은 아담 스미스가 제시한 바대로 상거래에 참여하는 상인 및 기업인의 윤리 도덕적 자질에 달려 있는 것이 아니겠느냐는 견해를 밝힌다.

또 한편으로 이상과 같이 상거래에 있어 비윤리 도덕적 행동이 분명히 밝혀지는 경우 외에도 외부로 나타나지 않는 심각한 비윤리 도덕적 행동이 허다하게 발생하고 있는 실정이다.

그 첫번째의 경우는 이해 관계의 상충이라 하였다. 즉 정부 고위직에 있던 고급 공무원이 기업체로 자리를 옮긴 다음 경영 관리에 참여하면서 정부 기관에서 습득한 정보와 지식을 자신의 기업 혹은 자신의 이익을 위해 활용한다는 것이다. 이러한 문제의 심각성을 감안하여 그동안 이를 규제하는 법이 많이 제정되었지만 세부적이고도 구체적인 것이 되지 못해 그 실효성을 상실했다고 한다.

두번째는 상인과 기업인의 무지와 혼돈이라고 한다. 즉 생산 및 상거래와 관련하여 경영상의 의사 결정을 할 때 그 결정이 결과적으로 고객, 노동자 및 사회 전체에 심각한 피해를 입힐 것을 전혀 예상하지 못하고, 오로지 기업 혹은 자신의 이익에만 매달린다는 것이다. 좀더 구체적으로 설명하면, 부속품을 교환할 때 그 수명이 아직도 끝나지 아니했는데도 빨리 교체를 시킨다거나, 혹은 신상품을 만들어 내어 구상품의 사용을 가로막아 버린다는 것이다. 또 한편으로 전문 기술자와 경영인의 경우 고객 서비스를 함에 있어 고객의 취향 및 필요성을 충분히 만족시켜 주지 않고 대충 마무리지으면서 큰 피해를 입힌다는 것이다. 다른 한편으로 생산직 노동자의 경우, 조그마한 회사의 물건을 개인의 목적에 사용하면서도 무지로 인해 아무런 잘못을 못 느낀다는 것이다.

세번째로 직업적 편견과 인색함 혹은 몰인정이라고 한다. 즉 상인과 기업인들은 자신의 업무를 추진해 나감에 있어, 그것이 고객, 노동자 및 자신의 기업에 직·간접적으로 연결되면서 경우에 따라 엄청난 손해를 입히게 된다는 사실을 아예 외면해 버리거나, 혹은 자신의 근시안적 소견과 편견을 앞세워 무시해 버린다는 것이다.

또 한편으로 회사 경영 방침의 변화와 사회 관습의 변화에 맞추어 자신의 업무 자세도 마땅히 고려해 나가야 함에도 불구하고 이를 거부한다는 것이다. 이는 기업의 홍보와 상품의 광고 선전에서 많이 발생하고 있다. 다음으로 인색함 및 몰인정과 관련하여 이는 노사 관계에서 많이 나타난다고 하였다. 즉 노사 관계는 근본적으로 대립 관계에 있기 때문에 상호간의 이해와 타협을 통해 임금 인상, 근로 조건의 개선, 그리고 기타의 문제를 해결해야 하는데, 노사 양측이 모두 상대방의 입장을 이해하거나 동정하기보다는 고자세로 자신의 입장만 고집한다는 것이다. 즉 임금 인상에 있어 쌍방이 처음부터 납득하기 어려울 정도의 임금 인상률을 제시하여 상대방의 감정을 자극시킨다는 것이다. 경우에 따라서는 기업이 망하든 상관없이 높은 인상을 요구하거나 혹은 물가 상승, 노동자의 생활 여건, 그리고 회사의 경영 실적 등을 전혀 감안하지 않고 터무니없게 낮은 인상을 제시한다는 것이다. 이런 경우에는 신뢰와 성실보다는 불신만 조장할 뿐이라고 한다.

네번째로 일관성의 결여와 인간의 이기심인데, 이는 최고급 경영자에게 많이 나타난다고 한다. 즉 이들은 상당한 수준의 지식, 경험 및 윤리 도덕적 인식을 가졌음에도 불구하고 출세, 명예, 승진 및 부를 추구하기 위해 법 및 윤리 도덕적으로 허용되지 않는 행동은 물론 적당하게 타협과 양보를 거리낌없이 행한다는 것이다. 그리고 거의 대부분의 상인과 기업인들이 돈계산이 빨라 불로소득(공짜)을 매우 좋아하는 기질을 가지고 있으면서 기회가 주어지면 앞뒤를 생각하지 않고 다른 사람과 사회에 엄청난 손해를 입히면서까지 자신의 이익만을 추구한다는 것이다. 즉 회사의 경비로 여행, 외식 및 물건을 구입하거나 혹은 거래상의 압력 및 미끼를 이용해 다른 사람의 돈으로 자신이 필요로 하는 물건을 취득한다는 것이다.

또 한편으로 거래처로부터 뇌물을 받거나 혹은 간접적 혜택을 받기 위해 압력을 가하여 판매 실적을 올리고, 그리고 사람들의 관심을 끌어내기 위해 속임수와 거짓 광고를 하여 고객을 기만한다는 것이다.

마지막으로는 윤리 도덕적으로 허용될 수 있는 기본적인

행동 기준 및 지침이 없다는 사실이라고 한다. 즉 많은 경우 상급자가 하급자에게 도덕적으로 아무런 하자가 없는 행동을 보여 주지 못할 뿐 아니라 하급자도 아무런 평가없이 상급자의 행동을 그대로 받아들이려 한다는 것이다. 다시 말하면, 기업인들은 업무 성과 혹은 실적을 올리려는 경쟁을 할 때 경쟁자를 경계하기 위해 자신의 것을 모두 비밀로 하거나 혹은 경쟁자의 적과 공모하여 심지어는 형사 범죄까지 저지른다고 하는 것이다. 또 한편으로 단합을 통해 부당한 이득을 서슴없이 챙기려고 한다는 것이다.

이상과 같은 경우들을 통해 우리들은 상인과 기업인들이 밖으로 드러나지 않는 속에서도 소비자, 노동자, 경쟁자, 사회 및 자신의 기업에게 엄청나게 큰 피해와 손실을 가져다 주는 비윤리 도덕적 행동을 얼마든지 할 수 있다는 사실을 충분히 알 수 있게 된다. 이같은 비윤리 도덕적 행동을 법으로 저지 혹은 막는다는 것은 거의 불가능한 일이다. 따라서 법은 건전하고도 정당한 상거래 및 행위를 보호 혹은 보장하기 위해 절대적으로 필요한 것은 사실이다. 그러나 비윤리 도덕적 상거래 및 행위를 억제하거나 근절시키기에는 역부족이라는 것을 알게 될 뿐만 아니라, 이는 오랜 역사를 통해 입증되고 있다.

다시 말하면, 법은 범죄가 발생하면 그것에 대해 결과적으로 단순히 벌을 줄 수 있을 뿐 사전에 예방할 수 없다는 것이다. 이에 따라 법은 절대 조건을 충족시켜 줄지는 몰라도 충분 조건은 만족시키지 못하게 된다. 여기서 기업의 건전한 윤리 의식이 나타나 충분 조건을 만족시키는 역할을 해야 할 필요성이 생기게 된다.

(2) 기본 원칙과 그 틀

기업 윤리의 문제는 상인과 기업인들이 상거래 및 행위를 하는 과정에서 소비자, 노동자, 경쟁자 및 사회 변동에 대해 윤리 도덕적으로 부당하게 손실을 입혔을 때에 발생하게 되는데, 이때 손실은 금전적인 것뿐 아니라 비금전적인 명예, 자유 및 자존심 등과 같은 것도 포함하게 된다. 여기서 금전적 손실은 비교적 쉽게 법적으로 해결할 수 있는데 반해 비금전적이거나 혹은 어느 경우에 해당되는지 그 구분을 하기 어려운 것은 과거로부터 내려오는 관례와 관습에 따르거나 혹은 종교적 및 공리주의적 해석에 의해 해결하게 된다. 이와 같이 여러 해결 방법이 존재함에도 불구하고 일반적인 판단의 기본 기준 및 원칙은 상거래 및 행위를 통해 상대방에게 처음부터 의도적으로 손해를 입히려고 했다면, 윤리 도덕적 문제가 발생하면서 이에 대해 도덕적 책임을 져야 된다고 한다.

이에 반해 선의 목적에서 상거래 및 행위를 하였음에도 불구하고 결과적으로 상대방에게 손해를 입히게 될 경우에는 그 목적과 방법을 사용하는 데에 납득이 가능한 충분한 이유를 설명하여야 할 것이라 한다. 즉 목적이 방법을 정당화시킬 수 없으며, 선의 목적에 상응하는 정당한 방법이 항상 강구되어야 한다는 것이다.

또 한편으로 확실하지는 아니하더라도 어느 정도의 손해가 발생할 것을 예상하였음에도 불구하고 상거래 및 행위를 행하였다면, 단연코 그 결과에 대해 윤리 도덕적 책임을 져야 된다고 한다. 여기서 만약에 손해가 발생할 것인지에 확실한 판단이 없었다면, 자신의 양심에 비추어 상대방 혹은 3자의 입장에서 냉정히 생각해야 할 것이라고 한다.

앞에서 선의의 목적에서 상거래 및 행위를 하였음에도 불구하고 예견하지 못했던 손해가 발생할 경우 사용된 방법에 대해 충분한 이유가 설명되어야 한다는 것과 관련하여 그 이유가 성립하는 조건을 조금 구체적으로 살펴보면 다음과 같다.

첫째로 목적으로 규정된 선의의 정도 및 형태와 결과적으로 나타난 손실의 정도 및 형태 사이의 비교가 중요한 판단의 기준이라고 한다.

둘째로는 상거래 및 행위의 필연성 및 긴박성과 그것이 이루어진 시점의 긴박성이라 한다.

셋째로는 결과적으로 나타난 손실이 정상적인 조건에서 발생할 수 있는 그 가능성 혹은 확률이라고 한다.

넷째로는 결과적으로 나타나게 된 손실에 대해 얼마만큼의 예견이 가능했는가라는 것이다.

그리고 마지막으로는 그것 외에 상거래 및 행위를 행하는 데에 방법이 존재하지 않았느냐라는 방법의 선택에 관한 것이라고 한다.

이상과 같이 이유가 성립할 수 있는 조건들을 검토했는데, 여기서 중요한 것은 이들 조건을 개별적으로 검토하는 것보다는 종합적으로 분석한 다음 적절하면서도 균형된 이유를 찾아내어야 한다는 것이다. 이에 추가하여 고려해야 할 점은 손실의 정도, 양 및 그 형태뿐만 아니라 고의성, 의도적 및 예상 등과 관련하여 주관적보다는 객관적 타당성이 얼마만큼 인정될 수 있느냐도 검토되어야 한다는 것이다.

여기서 정도 및 형태와 관련하여 그 범위와 내용을 구분·판단하기가 매우 어려워지는데, 이런 경우에는 관련된 사람과 그 당시의 상황뿐만 아니라 사회 전체에 미치는 파급 효과도 아울러 시·공간적으로 검토해야 한다는 것이다. 이때 경계해야 할 점은 여론, 법 및 관습 등을 등에 업고 자신의 편견된 주장을 고집하는 것이라고 한다. 왜냐하면 여론, 법 및 관습 등은 경우에 따라서는 비윤리 도덕적 상거래 및 행위를 허용하기 때문이라는 것이다.

따라서 비록 선의의 목적에서 행하였다고 하더라도 결과적으로 나타나는 손실에 대해 충분히 납득할 수 있는 이유를 설명할 수 있는 조건이 매우 까다롭다 하는 점을 감안하여, 처음부터 상인과 기업은 고객, 노동자, 경쟁자 및 사회에 손실과 손해를 입히지 않도록 노력해야 하고, 그럼에도 불구하고 손실이 발생한다면 이에 대해 윤리 도덕적 책임과 의무를 마땅히 져야 할 것이라고 한다.

여기서 상인과 기업이 지게 되는 책임과 의무의 기준 및 범위를 보면, 첫째로 비록 선의의 목적이라고 하더라도 그 상거래 및 행위로 인해 나타난 결과가 득보다 실 혹은 더 큰 손해를 입힌다면, 단연코 그것에 대해 책임을 지면서 앞으로는 그와 같은 상거래 및 행위를 하지 말아야 하는 의무를 가진다는 것이다.

둘째로 스스로 자신을 돕지 않는 사람을 도울 의무는 없다고 한다. 즉 모든 사람 혹은 사회 조직체는 사회적으로 주어진 의무를 완수해야 할 책임을 가지는데, 이를 행하지 않는 사람과 조직체에게는 아무리 어려운 곤경에 빠진다고 하더라도 도움을 주어서는 아니 되는 의무와 책임을 가진다는 것이다.

셋째로 다른 사람과 사회 조직체가 일차적인 책임을 가졌다고 판단되면, 아무리 자신이 능력과 자신을 가졌다고 하더라도 그들에게 도움을 주면 아니 되는 의무와 책임을 가진다고 한다.

넷째로 인간의 고유 권한을 제약하거나 무시하는 한편 자신의 우월한 지위 혹은 권력을 이용해 상대방을 억압하면 아니 되는 의무와 책임을 가진다고 한다.

다섯째로 단합 혹은 협조하여 비윤리 도덕적인 일 혹은 행사에 개입 혹은 지원하지 아니해야 할 의무와 책임을 가진다고 한다.

여섯째로 비윤리 도덕적 일과 행위를 불가항력적이라는 이유를 내세워 수수방관하면 아니 되고, 적어도 그것을 완화시킬 수 있도록 최선의 노력을 해야 할 의무와 책임을 가진다고 한다.

일곱번째로 상거래와 관련하여 윤리 도덕적으로 옳은지, 그른지에 대해 분명하지 않으면, 그것을 그대로 내버려두지 말고 그 내용을 분명히 밝힌 다음 그것에 맞추어 행동할 의무와 책임을 가진다고 한다.

여덟번째로 상인과 기업인은 항상 윤리 도덕적으로 정직과 성실한 행동을 하도록 노력하는 한편 자신의 전문적 기능에 맞추어 사회 발전과 안전에 기여하도록 해야 할 의무와 책임을 가진다고 한다. 이때 기업의 이익과 상충하면 기업에 큰 손해가 미치지 않는 범위에서 사회 목적을 우선해야 하고, 손해에 대한 판단도 엄격한 객관적 기준에 의해 이루어져야 한다는 것이다.

아홉번째로 객관적 기준과 관련하여, 우선 자신의 양심에 위배되지 않도록 하는 한편 필요하다면 공정하게 선정된 전문 심사 위원회에 나아가 자신의 행동이 얼마만큼 정당하고도 올바른가를 입증할 수 있게끔 설명해야 할 의무와 책임을 가진다고 한다.

마지막으로 기업 윤리의 내용 및 성격을 자세히 밝힐 수 없을 경우가 발생하므로 이에 대한 연구와 자료 수집에 만전을 기하는 한편 그와 같은 일에 물심양면으로 적극 지원해야 할 의무와 책임을 가진다고 한다.

지금까지 상인과 기업인이 가져야 할 윤리 도덕적 책임과 의무의 기준 및 범위를 살펴보았다. 이번에는 기업이 경영 관리 차원에서 가져야 할 의무와 책임을 검토해 보도록 하겠다.

첫째로, 기업은 소비자에게 효율적 경영을 통해 상품과 서비스를 중단없이 지속적으로 공급해야 할 뿐 아니라 고용된 노동자를 위해 업자와는 지속적 업무 관계를 유지시켜 나가야 할 책임과 의무를 가진다고 한다.

물론 이같은 관계들을 동시에, 그리고 지속적으로 유지시켜 나간다는 것이 쉬운 일이 아니지만 기업은 효율적 경영을 통해 이를 달성해 나가도록 노력해야 된다는 것이다. 만약에 효율적 경영과 이윤 추구 사이에 갈등이 생긴다면 효율적 경영이 우선되어야 하고, 그렇게 함으로써 소비자, 노동자, 납품업자 및 사회의 모든 구성원들이 만족하게 된다는 것이다. 그리고 효율적 경영이라고 하면 장단기를 통해 원자재 사용, 노동자 관리, 이들의 사기, 연구 개발, 자본 조달, 그리고 사회와의 원만한 관계를 유지하면서 극대화 혹은 극소화시키는 것을 의미하게 된다고 한다.

다시 말하면, 기업이란 사회와 이들 구성원에게 손해는 물론 자선 사업을 하기 위해 존재하는 것이 아니므로 모든 사람들이 최선의 노력으로 열심히 일하여 각자에게 최대의 결과가 돌아가게끔 만들어야 한다는 것이다. 그렇게 하기 위해서 기업에게는 효율적 경영이 절대로 필요하고, 이를 통해 이윤보다 더 중요한 목적을 달성하게 된다고 한다.

둘째로, 기업 경영의 궁극적 목적은 사회 발전이고, 이를 달성하기 위해서 모든 사람들의 협조와 협력이 필요하다고 한다. 그런데 이 협조와 협력이 자동적으로 이루어지는 것이 아니고, 기업이 최대의 노력을 경주할 때 가능하다는 것이다. 그러므로 기업과 기업의 구성원들은 어느 특정인의 주장 및 이익에 따르거나 보호하기보다는 매우 타당한 계획을 세운 다음 이에 의해 경영 관리를 해야 할 책임과 의무를 가진다고 한다.

다시 말하면, 기업 경영은 기업 자체는 물론 사회의 긍정적 평가에도 관심을 가져야 하는데, 이는 상품의 판매를 통해 사회 발전에 기여할 때 비로소 가능해진다는 것이다. 즉 사회의 긍정적 평가는 생산 시설, 사옥, 연구 개발의 실적, 그리고 부대 시설뿐만 아니라 대외 신용도, 충성도, 노사간의 단합, 사회적 신망도, 그리고 직원의 사기 등에 의해 결정되고, 이는 기업 경영의 책임자가 창출해 낼 수 있다는 것이다. 만약에 책임자가 실패하면 그 기업은 문을 닫을 수밖에 없다는 것이다. 이때 주식 보유자를 실질적 소유자라기보다는 먼 거리에서 도와주는 응원자로 보아야 할 것이라고 한다.

셋째로, 기업 경영의 권한과 의무는 책임자의 기능에서 나오는데, 이 권한은 피고용자를 통제 혹은 지배하기보다는 계약의 테두리 내에서 그들의 노동을 지휘·감독하는 것을 의미하며, 이때 피고용자는 받을 혜택에 상응하여 기업 발전에 협조 혹은 기여하게 된다고 한다.

물론 계약이 분명하지 않을 경우 그 해석을 둘러싸고 많은 논란이 일어날 수 있으나 책임자는 자신의 개인적 이익보다는 기업의 발전에 초점을 맞추어 권한을 행사해야 할 책임과 의무를 가진다고 한다. 이런 경우 본인이 생각하는 기업 발전이 과연 정당하면서도 공정한 의미를 가지는지를 검증해야 하고, 또한 이것이 피고용자의 자유 및 사생활은 물론 주식 보유자, 경쟁사, 그리고 납품업체에 큰 피해를 입히지 않는지를 항상 점검해야 된다고 한다. 만약에 피해를 입히거나 잘못되었다고 판단되면, 자존심을 앞세워 우물우물하지 말고 이를 즉각 시정해야 한다는 것이다. 그러므로 의사 결정과 권한 행사에는 균형과 견제는 물론 정당한 과정이 필요하고, 이를 제도화시켜 이해와 관련된 모든 사람들이 알게끔 만들어야 한다는 것이다. 만약에 관련자 사이에 분쟁이 발생하면 정의 차원은 물론 기업 경영의 효율성 차원에서도 모든 관련자에게 득이 돌아가도록 조정하면서 회사의 이익을 도모해야 한다는 것이다.

넷째로, 책임자는 항상 경영 관리를 개선 혹은 혁신시켜야 할 책임과 의무를 가진다고 한다. 즉 기업 경영은 무사안일과 과거의 관습에 머물지 말고 발전을 위해 항상 새로운 것을 추구해야 하는데, 그렇게 하는 과정에서 자신의 권한 혹은 권력을 과다하게 사용하는 경우가 빈번하게 발생한다는 것이다.

이는 윤리 도덕적으로 심각한 문제가 되는데, 이때 책임자는 권력 자체가 내재적으로 부패와 남용을 동시에 안고 있다는 사실을 충분히 인식해야 된다고 한다. 실제에 있어 기업은 정보, 로비 및 홍보 등의 거대한 조직의 이점을 통해 불리한 입장에 있는 소비자를 무시하거나 막대한 손해를 입히고 있다는 것이다.

마지막으로는 기업 목적의 우선 순위에 관한 것인데, 내일

보다는 오늘이 중요하고, 특정인 혹은 특정의 단체를 위해 한 사람의 이익이 희생될 수 없다고 한다. 즉 회사를 위해 개인의 절대 권리를 무시하면서까지 피고용인의 희생을 강요해서는 안 된다는 것이다. 더욱 구체적으로 말하면, 아무리 계약의 내용에 담겨 있다고 하더라도 근로자의 생명이 위협받는 근로장에서 일할 것을 강요할 수 없다는 것이다.

따라서 계약의 내용에 한쪽의 이익만 강조하는 조건이 담겨서는 아니 되고, 그러한 사실을 밝히기가 어려울 때에는 객관성이 보장되는 외부의 중재 및 협상에 따라 결정해야 된다고 한다. 물론 이런 경우에도 근로자의 생명 및 급여에 관한 것이면 더욱 신중을 기해야 할 것이라고 한다. 그러므로 자유 의사에 따라 계약이 성립되었다고 하더라도 그 속에 피고용자 혹은 근로자를 억압 혹은 구속하는 조항이 들어 있는지 그 여부를 면밀히 검토해야 하고, 만약에 발견되면 이를 시정하는 한편 공정성이 담기도록 해야 할 것이라고 한다.

(3) 기업의 피고용인에 대한 규범

① 고용과 해고─첫째로 고용을 위한 자격과 관련하여, 직업의 특수성이 인정될 경우 종교, 성별 및 국적 등이 고용의 조건으로 간주될 수 있는 반면에 피부색과 종족은 그것으로부터 제외되어야 한다는 점을 전제로 한 다음, 기업은 업무의 내용, 이의 수행 능력, 그리고 고용 및 훈련의 비용 등이 감안된 고용 조건을 명시하고, 이것에 맞추어 가장 적합한 사람을 고용해야 한다는 것이다.

물론 이때에 피고용자에게도 이익이 돌아가야 하는데, 그것은 고용됨으로써 자신에게 이득이 발생해야 한다는 것이다. 그리고 고용하는 과정에서 시험 혹은 면접을 볼 수 있는

데, 이는 어디까지나 업무 수행의 능력을 확인하는 것을 원칙으로 하고, 만약에 그것을 넘어서 사회적 및 문화적 배경을 고려해야 할 경우에는 편견과 차별을 개입하지 않도록 주의해야 한다는 것이다.

둘째로 고용 기준 및 이의 개별성과 관련하여, 보통 많은 기업들은 고용 기준을 통계 자료에 따라 세우려고 하는데, 이는 절대적 기준으로 되기는 곤란하기 때문에 어디까지나 참고 자료로 받아들여야 한다는 것이다. 다시 말하면, 사람에 따라 예외성과 특별성이 얼마든지 존재할 수 있으므로 이를 고려해야 한다는 것이다. 특히 개별 개인별로 고용할 경우에는 더욱더 그렇게 된다고 한다.

셋째로 고용할 때에 발생할 수 있는 편파성과 관련하여, 기업은 특정의 종족 및 단체, 특정 조직의 회원, 그리고 사회적 지위에 대해 편견을 가지고서 피고용자를 채용해서는 아니 된다고 한다. 다시 말하면, 업무 혹은 작업 수행에 가장 적합한 능력을 가진 사람을 고용하여야 고용자와 피고용자 모두에게 득이 되면서 기업 발전에 기여하게 된다는 것이다.

그런데 여기서 문제가 되는 것은 고용자가 자신도 미처 발견하지 못한 내재적 편견을 가지고서 채용할 경우라고 한다. 물론 이를 시정해야 하는데, 이런 경우 면접 담당자를 교체하든지 혹은 전문가의 조언을 얻어 고용 지침 혹은 정책을 바꾸어야 할 것이라고 한다. 그리고 훈련 혹은 재교육을 실시할 경우에도 그것을 꼭 필요로 하는 피고용인을 우선적으로 선발하여 재교육을 받도록 해야 된다고 한다.

또 한편으로 고용의 기회가 가족, 친척 및 가까운 사람에게 국한되기보다는 모든 사람들에게 균등하게 주어져야 하고, 이런 경우에도 고용은 객관적 사실을 토대로 하여 이루어져야 된다는 것이다. 다시 말하면, 편견, 편애 및 차별 등이 배제된 가운데서 균등한 기회를 통한 공정한 채용이 절대적으로 요구된다는 것이다.

넷째로 승진과 관련하여, 업무의 수행 능력 및 실적이 승진의 필수적 요건이 되도록 해야 한다는 것이다. 즉 선임 혹은 고참이 빈번하게 중요한 조건으로 작용하는데, 이는 게으름, 아첨과 아부, 그리고 적당주의를 발생케 한다는 것이다. 따라서 모든 근로자의 사기 저하는 물론 우수 근로자의 이탈을 막기 위해서는 능력과 실적을 최우수 기준으로 삼아야 된다고 한다. 그리고 내부 승진과 외부로부터의 영입을 고려할 수 있는데, 어떤 경우에도 그것이 모든 근로자에게 미치는 파급 효과를 충분히 고려해야 된다고 한다. 물론 엄격하고도 완벽한 기준 혹은 규칙이 존재할 수는 없지만, 꼭 피하거나 지켜야 할 것은 원칙을 임의적으로 무시하거나 혹은 정당하지 못한 것을 정당하면서도 옳은 것으로 받아들이려고 하는 고집과 임의성이라는 것이다.

다섯째로 해고와 관련하여, 첫째로 계약에 명시되어 있지 않으면 원칙적으로 양측 당사자는 그만두거나 혹은 그만두게 할 수 있다고 한다. 그러나 최근에는 해고 혹은 사직이 상대방에게 미치는 파급 효과를 많이 고려하는 추세가 나타나고 있다고 한다. 따라서 해고와 사직에는 정당한 이유가 꼭 뒤따라야 한다는 것이다. 즉 개인의 정치적 신념 성향 및 자세 등은 정당한 이유가 될 수 없는 반면에 생산성의 하락, 동료에게 손해를 입히는 행위, 태만, 빈번한 와병, 그리고 장기 결근 등은 될 수 있다고 한다. 이때 감정은 금물인데, 이에 의한 해고와 사직은 서로에게 큰 손실만 가져다 줄 뿐이라고 한다.

그러므로 고용인은 명시된 계약 외에 피고용자의 근무 실적 및 자세를 부단히 관찰·점검해야 하고, 이를 통해 확고한 증거가 마련될 때에 해고해야 한다는 것이다. 둘째로 해고는 정당한 과정을 통해 이루어져야 한다는 것이다. 왜냐하면, 정당한 과정이 임의성의 배제는 물론 근로자에게 확신과 신뢰성을 심어 주는 한편 조직에 균형과 견제는 물론 의사결정에 객관성을 불어넣어 주기 때문이라는 것이다. 실제에 있어 고용인이 사소한 요인을 확대시켜 감정적으로 해고시키는 경우가 허다하다는 것이다.

그리고 정당한 과정도 너무 간단하거나 혹은 복잡하면 그 효과가 없어지게 된다고 한다. 셋째로, 해고와 사직이 상대방에게 미치는 나쁜 효과와 손실을 최소화되도록 최선의 노력을 기울여야 할 것이라고 한다. 그러므로, 특히 대량 해고의 경우에는 다른 직장을 구할 수 있게끔 충분한 시간적 여유가 주어져야 한다는 것이다. 아무튼 해고와 사직은 쌍방의 합의에 의해 이루어지는 것이 가장 바람직하다는 것이다.

② 임금과 근로 조건—첫째로 임금의 본질 및 성격과 관련하여, 우선 고용과 해고가 고용자와 피고용자 사이의 동등한 관계 및 대우를 전제로 한 것에 반해 임금과 근로 조건은 복잡 다양한 내용의 윤리 도덕적 문제를 내포하게 된다고 한다. 즉 고용자는 피고용자에게 주는 급여가 임금이지만 이를 피고용자의 입장에서 보면 소득으로 간주하기 때문에 상당한 의미를 가진다는 것이다.

따라서 피고용자는 이를 생계비 외에 자녀 교육비를 포함하여 의료비와 기타의 경비에 충당하고 있기 때문에 최소한의 생활을 영위할 수 있을 만큼 지급되는 것을 원칙으로 한다는 것이다. 물론 국가별로 다소간의 차이를 보이고 있지만 현재 자본주의 경제가 실업 수당, 각종 보험, 그리고 교육 및 주택 지원 등을 마련하여 생활에 상당한 도움을 주려고 하는 것은 사실이지만, 기업이 이러한 복지 제도를 너무 많이 의식한 나머지 이를 임금 수준을 결정하는 데에 많이 반영시키는 것은 곤란하다는 것이다.

둘째로 공정한 임금과 관련하여, 시장 경제에 있어 임금이 시장의 수급, 노조의 교섭, 그리고 기타 여러 여건들에 의해 결정되는데, 이것들은 윤리 도덕적으로 절대적 기준이 될 수 없다고 한다. 그러므로 공정한 임금은 우선적으로 공정한 계약에 의해 결정되어야 하고, 그 계약은 공정하고도 자유로운 교섭에 의해 이루어져야 한다는 것이다. 만약에 이같은 과정이 생략된다면, 비록 합의를 보았다고 하더라도 공정한 임금은 성립할 수 없다는 것이다.

이때 피고용자는 과다한 요구를 삼가해야 하는 반면에 고용자도 인색하지 말아야 한다는 것이다. 한편 고용자가 임금을 결정함에 있어 참고로 해야 할 사항은 다른 기업 및 산업의 관례, 정부 기관이 제시한 최저 수준, 그리고 적절한 삶의 유지 등이라고 한다. 이들 중에서 다른 기업 및 산업의 관례가 매우 중요하다는 것이다. 이외에 기업은 정부가 사회 복지 혜택을 늘리게끔 대외 교섭에 많은 노력을 기울이는 한편 경영의 효율성을 한층 더 높여 피고용자의 임금 인상도 가능하도록 최선을 다해야 할 것이라고 한다.

셋째로 이윤 배분과 관련하여, 정상적인 급여 외에 추가로 더 무엇을 줄 것이냐를 생각하기 때문에 아직 일반화되지 않고 있는 실정이라 한다. 그러나 이를 실시함으로써 노동의 생산성 증대는 물론 충성심도 높일 수 있는 장점도 가졌다는 사실을 고려해 볼 필요가 있다는 것이다.

넷째로 직업의 안정성과 관련하여, 근로자에게는 직장의 안정성이 그 어느것보다도 중요하다는 것이다. 따라서 노조도 이 이유 때문에 설립하게 된다는 것이다. 사실 사람들은 직업의 안정없이는 안정된 삶을 설계할 수 없을 뿐 아니라 절망과 불안 속에서 살아갈 수밖에 없다는 것이다. 최근에 와서 자동차, 생산 공장의 재배치, 구조 조정, 그리고 기술 혁신에 따른 리엔지니어링(reengineering) 등이 직장 안정에 큰 위협이 되면서 불안한 생활을 하게끔 만든다고 한다.

따라서 기업은 사회 전반에 걸친 분위기와 준비에 맞추어 그같은 개혁, 혁신, 조정 및 재배치 등을 추진시켜 나가야 된다고 한다.

다섯째로 근로 조건과 관련하여, 고용자가 가장 쉽게 간과할 수 있는 것이 근로 조건이고, 이는 근로자를 물건으로 보기 때문이라는 것이다. 따라서 고용자는 근로자가 생명체를 가진 것이고, 정신적 및 육체적으로 건강하면서 건전해야 생산성을 높일 수 있다는 사실을 충분히 인식해야 할 것이라고 한다.

이에 반해 근로 조건이 열악해지면 이는 근로자로 하여금 기업의 소유물, 재산, 그리고 생산된 상품에 대해 탐욕을 가지거나 이를 훔치려는 생각을 하는 한편 외부로부터 뇌물을 받고 뒤로 빼돌리거나 혹은 기밀을 유출시켜 득을 보려고 하는 생각을 하게 만든다는 것이다. 따라서 기업은 각별히 신경을 써야 한다는 것이다. 여기서 기업이 폭력, 압력 및 기만 등의 부당한 방법과 수단을 사용하면 문제는 더욱더 심각해질 뿐이라고 한다.

또 한편으로 기업은 근로자에게 무리하게 과다한 업무를

부과하거나 충성심을 요구해서도 아니 되는데, 과다한 업무 출장, 특근, 야근, 그리고 주말 및 공휴일 근무가 그것에 해당된다고 하는 것이다. 그리고 기업 내의 직장 이동 혹은 업무 변동도 근로자에게 새로운 환경에 적응하도록 많은 신경을 쓰도록 만들기 때문에 이를 최소한으로 줄여야 한다는 것이다.

마지막으로 작업 만족과 관련하여, 비록 높은 임금을 준다고 하더라도 근로자가 자신의 일에 만족하지 못한다면 쌍방에게 손해만 돌아갈 뿐이라는 것이다. 사실 근로자는 하루의 생활 중 대부분의 시간을 한정된 공간에서 보내야 하므로 쉽게 권태증과 무료함을 느끼게 된다는 것이다. 그러므로 기업은 근로자가 권태증과 무료함을 느끼지 않도록 적절한 조치를 취하면서 자신의 일에 많은 흥미와 큰 의미를 갖게끔 정신적 및 육체적 자극과 동기를 부여해야 할 것이라고 한다.

③ 피고용인의 사생활과 공생활—첫째로 사생활의 의미 및 성격과 관련하여, 보통 피고용자의 근로 시간은 규정한 바에 따라 오전 8시 혹은 9시에 시작하여 오후 5시경에 끝나게 된다는 것이다. 그런 다음, 그는 직장으로부터 자유로워지면서 마음대로 행동하거나 시간을 임의대로 보낼 수가 있게 되는 것이다. 그런데 과연 피고용인이 자신의 사생활을 근로 시간이 끝나는 시점으로부터 시작하여 그 다음날 시작하는 시간까지 자유롭게 가질 수 있느냐에 대해 많은 의문이 제기되고 있다는 것이다.

실제에 있어 많은 고용인은 가부장적 개념을 가지면서 피고용인을 24시간을 통해 자신의 자식 혹은 하인으로 생각하거나 혹은 간단한 생산 도구로 간주하고 있다는 것이다. 또한 일부의 고용자는 기업의 생산성 및 이미지에 너무 집착한

134

나머지 회사 밖에서 일어나는 피고용인의 행동에까지 필요 이상의 관심을 쏟으면서 이를 억압 혹은 통제하려고 한다는 것이다. 다시 말하면, 비록 피고용자의 행동이 근무 시간 후 회사 밖에서 이루어진다고 하더라도 그것이 기업의 이미지에 큰 타격을 가하는 한편 노동의 생산성을 떨어뜨리게 된다면, 단연코 기업은 이를 억제하거나 통제해야 한다는 것이다.

따라서 이러한 억제와 통제는 피고용인의 사생활을 억압하기보다는 기업과 피고용인 모두를 위해 바람직하다고 보는 주장이 나오고 있다는 것이다.

둘째로 통제할 수 없는 사생활과 관련하여, 우선 고용인의 사생활을 정신적, 육체적 및 사회적 측면에서 검토·구분할 수 있는데, 여기서 정신적 측면이 가장 중요하면서도 많은 문제를 유발시킨다는 것이다. 왜냐하면, 모든 사람들은 자신의 고유한 개성, 사유, 취미 및 즐거움 등을 가지며, 이를 의식하면서 향유할 때에 삶의 보람을 느끼면서 인생의 목적을 달성하게 된다고 생각하기 때문이라는 것이다.

이에 따라 피고용인은 자신의 정신적 사생활에 대해서는 어느 누구로부터도 억압과 간섭을 받지 않는 절대적 권리를 가진다는 것이다. 그러나 그 사생활이 정신적 질환 혹은 병적 증상으로 인해 직장의 동료, 작업 및 회사에 손해를 입힐 경우에는 고용인은 그 사생활에 개입하여 그 원인을 밝힐 권리를 가진다고 한다. 하지만 이러한 간여 혹은 개입도 사생활을 최대한으로 존중하는 차원에서 피고용인의 건강을 위한 조치로 끝나야 한다는 것이다.

다음으로 육체적 측면의 사생활에 있어, 이는 업무 수행과 작업에 큰 지장을 초래하지 않는다면 고용인은 피고용인의 사생활에 간여할 수 없다고 한다. 사회적 사생활의 경우에도 피고용인은 가정의 아버지, 남편 및 시민으로서 자신의 역할을 충실히 수행해야 할 의무와 책임을 가졌다는 사실을 꼭 인식해야 된다고 한다. 만약에 이러한 사실을 무시하고 피고용인의 사회적 사생활에 관여하면서 개인의 자유와 권리를 훼손시킨다면, 이는 그 사람의 자존심은 물론이거니와 인간의 존재 가치마저도 잃어버리게 할 수 있다는 것이다.

셋째로 관여할 수 있는 사생활과 관련하여, 우선 고용인은 피고용자의 모든 사생활이 자신의 업무 및 근로와 직접 연결되어 회사에 큰 손해를 입힐 때에 이를 저지 혹은 통제할 수 있다고 한다. 그리고 그 대표적인 예가 습관성 도박과 알코올 중독이라 한다. 이에 반해 특정 조직의 가입, 정치 활동, 그리고 부부 사이의 다툼 등에는 개입해서는 아니 된다는 것이다. 그리고 비록 의심스럽다고 하더라도, 그 이유만으로 피고용인의 뒷조사를 한다는 것은 허용될 수 없다고 한다. 특히 정치적 활동과 관련하여서는 피고용인의 활동이 국가 혹은 지방 자치 단체의 정치적 발전에 기여할 수 있다는 점을 인식해야 된다고 한다. 만약에 그러한 활동이 사회 질서를 혼란 속으로 빠뜨리게 한다면, 이를 통제할 수 있다는 것이다.

그러나 감정과 근시안적 자세는 금물이라고 한다. 또 한편으로 제고장과 관련하여, 고용인은 피고용인에게 한 번 정도의 기회를 주어야 하고, 만약에 또다시 발생하면 회사의 구체적 경영 방침이 없더라도 해고의 사유까지 된다고 한다.

마지막으로 작업의 능률과 관련하여, 고용인은 생산성의 증대를 내세워 피고용인의 노동 및 활동을 감시하고자 하는데, 이때에도 모든 사람들이 납득할 수 있는 정상적이면서도 정당한 방법을 사용해야 된다는 것이다. 다시 말하면, 숨겨

둔 TV, 도청기, 그리고 거짓말 탐지기 등을 사용하여 피고
용인의 작업 능률 및 업적을 평가하고자 한다면 곤란하다는
것이다. 만약에 이러한 수단이 사용되어 피고용인들을 해고
시킬 수 있는 사유를 발견하였다고 하면, 그 자료를 사용하
지 못하도록 파괴해야 한다는 것이다.

아무튼 고용인이 피고용인의 사생활에 관여하는 것은 기본
적으로 개인의 소유권을 침해하는 것이므로 허용되어서는 아
니 된다고 한다. 그러나 부득이한 경우에는 공정성을 기하기
위해 아무런 이해 관계를 갖지 않는 외부의 전문가 혹은 기
관의 도움을 받도록 하거나 혹은 처음부터 집단 협약을 통해
분명한 규정을 마련해 두는 것이 바람직하다고 한다. 그러나
이러한 경우에도 규정의 해석을 둘러싸고 임의적 및 일방적
해석과 강행은 곤란하다는 것이다. 따라서 피고용인을 동업
자와 같이 보는 것이 좋다고 한다.

(4) 피고용인의 기업에 대한 규범
① 금전적 신뢰성과 이해 상충—고용 계약은 기업뿐만 아
니라 피고용인에게도 기업에게 임금에 상응하는 착실하고도
성실하게 일할 의무와 책임을 갖게 한다는 것이다. 즉 피고
용인은 기업을 위해 시간, 능력 및 지능 등에 있어 자신의
최선을 다해야 한다는 것이다. 또한 피고용인은 기업, 직장
및 직책을 이용하여 개인의 이익을 챙기거나 혹은 그런 목적
을 위해 고용 계약서에 특별한 조항을 삽입해서는 아니 된다
는 것이다.

그런데 여기서 문제가 발생하게 되는 것은 기업의 이익이
항상 피고용인들의 이익과 일치하지 않으면서 상호간에 심한
대립과 갈등을 빚어 내는 경우라고 한다. 왜냐하면, 앞에서

이미 언급한 바와 같이 기업은 생산의 근대화에 많은 관심을 가지는 반면에 피고용인은 개인의 이익을 최대화하려 하기 때문이라 한다. 이때 이같은 대립과 갈등이 밖으로 나타날 수 있는가 하면, 이에 반해 내부적으로 잠재하여 드러나지 않을 수도 있다고 한다. 하지만 어느 경우에 해당된다고 하더라도 이해 상충으로 인해 발생하는 대립과 갈등은 기업과 경쟁 회사에 치명적인 타격은 물론 뇌물, 갈취, 사례, 선물, 부업, 해적 행위 및 이중적 자세 등의 다양한 형태로 나타난다고 한다.

첫째로 뇌물, 갈취 및 선물과 관련하여, 피고용인이 거래처와 공모하여 편의 혹은 귀중한 정보를 제공하는 대가로 일정 비율(%)의 리베이트, 뇌물 및 사례를 받거나 혹은 금품을 공식적으로 요구하여 받는다는 것이다. 이같은 거래처와의 뒷거래는 금전적인 것뿐 아니라 서비스, 특혜 및 특권 등으로도 나타날 수 있다고 한다. 따라서 이러한 부당한 행위는 공정한 거래를 방해할 뿐 아니라 원자재의 구입 비용을 증가시키는 결과가 되어 기업에게 큰 손해를 입히는 한편 판매 가격도 올라가게 만들어 국민 경제에도 큰 손실을 초래케 한다는 것이다.

또 한편으로 특히 구매 담당자는 거래처로부터 일정하게 선물을 받지 않으면 구매를 하지 않거나 혹은 조건이 나쁘더라도 선물을 주려는 곳으로 결정한다는 것이다. 그러므로 회사가 특별한 규정을 만들어 금지하지 않으면 아주 적은 소액과 홍보용은 허용될 수 있다는 점이라고 한다. 그러나 이러한 경우에도 의사 결정의 공정성에 나쁜 영향을 미칠 가능성이 있다고 판단되면 그것을 단연코 거절해야 한다는 것이다. 또한 식사와 유흥 대접도 동일하게 간주된다고 한다. 따라서 피고용인은 이같은 행위를 삼가해야 하고, 만약에 의심 혹은 의문이 생긴다면 상급자와 충분한 상의를 한 다음 행동을 해야 할 것이라고 한다.

둘째로 사례금 및 부업과 관련하여, 피고용인은 기업의 생산성 증대를 포함하여 자신의 업무와 관련하여 직·간접적으로 연결되는 모든 사람들에게 공정하게 대하여야 된다는 것이다. 따라서 특정인의 기호에 맞추거나 혹은 그를 즐겁게 해주기 위해 행동을 한다는 것은 바람직하지 않는데, 그러한 행동을 통해 사례금을 받는다면 더 큰 문제가 발생하게 된다고 한다.

그리고 이러한 경우는 가족과 친구에게도 해당된다고 한다. 또 한편 업무 시간이 끝난 다음 추가 수입을 올리기 위해 부업 혹은 다른 직장을 구하게 되는데, 이런 경우 부업이 다음날 자신의 업무 수행에 지장 혹은 장애를 초래케 하면 매우 곤란하다고 한다. 왜냐하면 인간은 능력의 한계를 가지기 때문에 부업 혹은 아르바이트에 신경을 쓰다 보면 자연히 자신의 업무에 그만큼 소홀해질 수밖에 없다는 것이다. 그러나 부업과 아르바이트 자체가 비윤리 도덕적인 장소 혹은 업종이 아니라면, 본업에 지장을 초래하지 않는 범위 내에서 괜찮다고 한다.

셋째로 해적 행위 및 이중 자세와 관련하여, 피고용인이 임의적으로 고용 계약 혹은 업무와 관련된 계약을 파괴하거나 경쟁사를 모략하여 매우 난처한 입장 혹은 곤경에 빠지도록 한다면, 이는 분명히 허용될 수 없는 것이라 한다. 또 한편으로 채용 때에 나타나는 이중 자세와 관련하여 고용인은 면접 혹은 시험 후 합격 여부를 알려 주는 통보를 보류한 다음 다만 채용을 고려해 보겠다는 애매모호한 자세를 취하여

서는 아니 된다고 한다.

이와는 반대로 고용인으로부터 통보를 받고도 이에 대해 확실한 회답을 유보하면서 한 번 고려해 보겠다고 하는 것도 허용될 수 없다는 것이다. 즉 이러한 경우 고용인은 물론 피고용인도 상대방에 대해 많은 기대를 하게 되는데, 이때 피고용인은 다른 여러 기업의 면접 혹은 시험에 응하게 된다고 한다. 이같은 행동은 이중적 자세로 간주되면서 많은 기대를 갖는 상대방에게는 물론 국민 경제에도 커다란 손실을 초래케 한다는 것이다. 또 한편으로 퇴직 후 다른 기업으로의 취업을 못 하게 하는 금지도 불필요하게 오래도록 지속시켜서는 아니 된다고 한다.

아무튼 이상과 같이 이해 대립 및 상충으로 인해 발생하는 상호간의 신뢰성 문제는 기업 혹은 고용인이 채용할 때에 피고용인에게 이와 관련된 문제점을 충분히 설명하여 주는 한편 정기적으로 점검 혹은 감사를 함으로써 해결될 수 있다고 한다. 그리고 피고용인도 이에 대해 자신의 입장을 분명히 밝혀야 할 것이라고 한다. 여기서 특히 주의할 점은 기업의 분위기가 그런 행동을 하게끔 조장하는 경우가 허다하다는 것이다. 따라서 고용인은 이에 대해 각별히 주의를 집중시켜야 하고, 또한 지급하는 임금 혹은 급여가 다른 기업 혹은 업무의 성격 및 내용에 맞추어 알맞은지를 항상 점검해야 할 것이라 한다.

② 정보와 기밀 누설—정보 산업의 발달은 기업 경쟁에 끝없는 도전과 가능성을 제공하는 한편 기업 윤리에도 지금까지 볼 수 없었던 매우 복잡 다양한 문제를 발생시키고 있다고 한다. 다시 말하면, 정보가 기업의 성장 및 발달에 결정적 요인으로 등장하게 됨에 따라 기업들은 모든 수단과 방

법을 동원하여 필요한 정보를 확보하는 데에 대단한 열을 올린다는 것이다.

이런 과정에서 비윤리 도덕적 행위가 빈번하게 발생하고, 기업들은 이를 방지하고자 대응책을 강구하고 있다는 것이다. 이에 정보의 성격 및 내용에 따라 대외비와 일반 공개 등으로 분류한 다음 대외비에 속하는 정보의 유출을 적극적으로 막는데 반해 필요한 정보는 수단과 방법을 가리지 않고 습득하려고 많은 노력을 한다는 것이다.

그리고 정보가 대외비 혹은 기밀로 분류되는 기준은 자연적, 도의적 및 직업적 등 정보 자체가 다른 사람에게 노출되면 자동적으로 기업 혹은 관련된 당사자가 엄청난 피해를 입게 되는 경우를 말하고, 이에 반해 도의적 기밀 정보는 자연적 기밀 정보를 포함하여 관련된 당사자들이 약속 혹은 동의에 따라 누설 혹은 유출시키지 않을 것을 약속한 정보라고 한다. 그리고 직업적 비밀 정보는 직업 자체가 모든 정보를 비밀로 보관하도록 요구하는 정보인데, 이는 주로 의사, 변호사, 교직자 및 공인 회계사 등의 직업과 많은 관계를 가진다고 하는 것이다.

지금까지 정보를 유출 혹은 공개하지 않기 위한 기업의 경영 전략을 검토해 보았는데, 이 정보의 유출 혹은 공개를 금지시키는 것이 필요하면서도 바람직한 것은 절대로 아니라고 한다. 그 이유를 보면, 정보를 유출 혹은 공개하는 것보다 비밀로 할 때에 해당 기업과 사회에 더 큰 손해를 입히게 되면 유출 혹은 공개를 해야 된다는 것이다. 그러나 이러한 경우에도 유출 혹은 공개로 인해 발생될 수 있는 손해와 피해가 최소화되도록 모든 조치를 강구해야 된다고 한다. 또 한편으로 정보의 비밀이 나 자신에게 손해를 가져다 주면 공개해야 하는데, 이때 그 공개로 이득을 보려고 한다면 매우 곤란한 행위가 될 것이라 한다.

아무튼 정보를 공개할 수 있는 경우와 공개할 수 없는 경우를 조금 더 구체적으로 살펴보면,

첫째로 비의무적 비밀 보관과 관련하여, 기업 혹은 피고용인이 기업의 경영 실적 혹은 신상에 관한 것을 공개 혹은 비공개할 수 있는 권리를 갖지만, 그렇게 꼭 해야 할 의무는 갖지 않는다고 한다. 하지만 상품에 하자나 결함이 있을 경우에는 소비자에게 꼭 알려 주어야 할 의무를 가지고, 또한 국민도 납세 의무를 수행하기 위해 정부에 자신의 소득을 성실히 보고해야 한다는 것이다. 즉 정보의 비밀이 다른 사람 혹은 사회에 손해를 입히게 될 경우에는 이를 유출 혹은 공개해야 할 의무를 가진다는 것이다.

또 한편으로 소유권이 없이 단순히 보관만 하고 있는 정보의 경우에는 이를 공개할 의무는 없지만 다른 사람 혹은 경쟁자가 정당한 방법을 통해 이를 습득한다면 큰 문제가 되지 않는다고 한다. 이러한 경우는 주로 고객의 이름과 주소에 해당된다고 한다. 하지만 소유와 보관 사이의 구분이 확실하여야 하고, 소유로 구분되면 문제가 발생하게 된다고 한다.

둘째로 내부자의 정보와 관련하여, 피고용인은 채용과 더불어 계약에 의거해 정보를 누설하지 않을 것을 맹세하게 된다. 그런데 피고용인이 기업의 비밀 정보를 이용하여 자신의 재산 증식 혹은 재테크를 한다면 이는 기업과 주주에게 엄청난 손해를 입히게 된다는 것이다. 경우에 따라 당장 그 손해가 발생하지 아니하더라도 미래에 가서 발생하거나 그 파급효과가 나타날 수 있다고 한다. 이러한 경우는 부동산 거래, 주식 거래, 그리고 기업 합병 및 통합 과정에서 많이 발생한

다는 것이다.

셋째로 전 직장에 대한 비밀 보호의 의무와 관련하여, 피고용인은 직장을 그만두고 다른 직장으로 옮겨 가더라도 정보가 전 직장의 소유인 경우에는 이를 금전적으로 거래하거나 이용해서는 아니 된다고 한다. 계약이 체결되었을 경우에는 계약에 위반되는 것은 물론이지만, 그러하지 않은 경우에도 규범적 문제가 발생하게 된다고 한다. 만약에 소유권이 인정되지 않을 경우에는 자신의 양심에 비추어 전직 회사와 고객에게 피해가 돌아가지 않는 범위 내에서만 공개할 수가 있다고 한다.

넷째로 기밀과 공익에 관하여, 정보의 보관 혹은 기밀화로 인해 사회에 큰 손해가 발생하거나 혹은 특정의 개인 및 단체가 특권 혹은 이익을 가졌다면, 이를 공개할 수 있다고 한다. 그러나 만약에 공개로 인해 득보다 실이 크면 비밀로 계속 유지할 수 있다고 한다. 하지만 지금까지의 경험을 통해 볼 때 득보다 실이 큰 경우는 거의 없었다고 한다.

다섯째로 산업 정보의 누출과 스파이에 관하여, 소유권이 인정되는 정보를 훔치거나 누출시키면, 우선 이는 법적으로 위법이라고 한다. 그런데 부당한 방법과 수단을 이용하여 습득하게 되면 윤리 도덕적 문제가 발생하게 된다는 것이다. 또한 소유권이 불분명하더라도 그 습득의 방법과 수단이 정당하지 못하면 경쟁 회사 혹은 개인에게 큰 손해를 입힐 가능성이 크기 때문에 곤란하다고 한다. 즉 시장 경제에 있어 생산자와 소비자는 시장 거래와 경쟁자에 관한 모든 정보를 가질 권리를 가진다고 한다. 그러나 이 정보를 정당하지 못한 방법과 수단을 사용하여 습득하면 문제가 된다고 한다.

마지막으로 피고용인의 신상에 관한 정보의 비밀과 관련하여, 고용인은 피고용인이 해직 혹은 해고를 당한 다음 다른 직장으로 옮겨 간 후에도 피고용인의 신상에 관한 정보를 허락 혹은 합의된 바가 없다면 공개해서는 아니 된다고 한다. 또한 추천서 혹은 과거 경력의 경우에도 업무와 관련된 공개적인 업적에 관한 정보만 공개해야 한다는 것이다. 왜냐하면, 새로운 직장에서 편견에 의해 부당한 대우를 받을 수 있기 때문이라고 한다.

③ 정직성과 경비 처리—피고용인은 거의 무의식적으로 기업의 문구류 혹은 조그마한 소품을 개인의 목적에 사용하거나 혹은 업무 수행 및 추진과 관련하여 발생한 경비를 부당하게 혹은 과다하게 청구한다는 것이다. 이러한 행동은 분명히 규범적으로 문제가 된다고 한다.

조금 더 구체적으로 살펴보면, 첫째로 비용 정산 및 청구와 관련하여, 경비 처리는 보통 일정액 내의 사용과 정액 정산으로 구분되는데, 일정액의 경우는 일정 기간을 설정한 다음 피고용인이 경비 내역을 밝힐 필요없이 기업으로부터 일정액을 받아 사용하는 것이다. 여기서 문제가 되는 것은 기업으로부터 받은 일정액보다 적게 쓰는 경우라고 한다. 이때 피고용인이 기업에 남은 돈을 돌려주거나 세무소에 추가 소득으로 보고해야 할 것이라 한다. 만약에 초과하여 사용했을 경우에는 피고용인이 뇌물 및 상납 등의 유혹을 받기 쉬워 문제가 발생할 가능이 생긴다고 한다.

따라서 전자의 경우 피고용인의 정직성이 요구되는 반면에 후자의 경우에는 고용인이 채용 당시 계약을 통해 알려 주거나 사전에 주지시켜 예방해야 될 것이라고 한다.

둘째로 정액 정산과 관련하여, 여기서 정당한 비용 항목과 정직한 보고가 문제점으로 대두될 수 있다고 한다. 보통의 경우 각 기업들은 처음부터 구체적인 지침 및 규정을 만들어 오해를 받을 수 있는 행위를 사전에 막아 버린다고 한다. 그러나 기업이 모든 항목을 나열할 수 없기 때문에 피고용인의 정직한 자세에 맡길 수밖에 없다는 것이다. 이때 피고용인은 집에 있을 때와 같은 숙식과 업무 수행을 위해 꼭 필요한 행동만 해야 하고, 그렇게 하는 것을 원칙으로 삼는다고 한다. 따라서 피고용인은 이 원칙에 준하여 경비 정산을 해야 하며, 만약에 부당한 항목에 과다하게 청구하면 곤란해진다고 한다.

셋째로 이중 경비 정산과 관련하여, 이는 여러 고객을 관리하고 있는 기업이 한 고객의 비용으로 다른 여러 고객의 업무를 처리하는 경우에서 발생하게 된다고 한다. 즉 특정의 고객에게 비용을 청구한 다음 그 비용으로 다른 고객의 업무도 동시에 처리하면서 후자의 고객에게도 비용을 별도로 청구한다는 것이다. 이러한 행위는 광고업체, 공인 회계사, 변호사 및 용역업체 등에서 발생하고 있다는 것이다.

넷째로 부부 동반에 따른 경비 정산과 관련하여, 많은 기업들은 최고 경영인이 업무 여행을 할 경우 부인을 동반케 하면서 그 비용을 부담하고 있다는 것이다. 하지만 이때 부인은 업무 보조를 해야만 한다는 것이다. 만약에 그렇게 하지 않을 경우에는 추가 소득으로 보고해야 하든지 혹은 고용인에게 반환해야 될 것이라고 한다. 또한 고용인의 허락없이 기업이 부담하는 자신의 경비로 부인을 동반하는 것도 곤란하다는 것이다.

다섯째로 피고용인이 내부인 혹은 외부인과 공모하여 영수증을 조작하여 부당하게 비용을 청구하거나 정산을 한다면, 이는 단연코 문제가 된다고 한다. 한편 공모와 관련하여, 비서가 직속 상관의 지시에 의해 부당한 비용 정산 및 청구에 관한 서류를 작성할 때, 이런 사실을 알고도 협조하면 공모에 해당된다는 것이다. 그러나 지시에 거역할 경우 해고당할 위험을 느껴 부득이 협조했다면, 윤리 도덕적 책임은 면할 수 있게 된다고 한다. 또 한편으로 거절할 수 없는 사람으로부터의 사주, 뇌물 및 청탁을 받아 거짓말을 하거나 혹은 허위 광고를 하면 이것도 공모에 해당된다고 한다.

마지막으로 고용인은 피고용인이 이상과 같은 부당한 비용 청구 및 정산을 하지 못하도록 사전에 충분한 대책을 강구해야 함은 물론 피고용인의 노동에 대한 대가를 수당 혹은 기타의 명목으로 지급하기보다는 정식 급여로 지급해야 할 책임을 가진다고 한다. 그렇게 하는 것이 주주들에게도 올바른 행동을 하게 되는 것이라 한다. 또한 경비의 내용 및 수준과 관련하여, 이에 사회 변화와 물가 변동을 충분히 감안하게 하면서 피고용인으로 하여금 적절한 경비를 청구하도록 유도해야 된다고 한다. 그리고 정기 및 수시 감사를 실시하여 사전 예방은 물론 사후 점검을 철저히 해야 한다는 것이다.

(5) 고객, 경쟁사, 주주, 중개인 및 납품업자에 대한 규범
① 고객의 안전과 정보—첫째로 고객의 안전과 관련하여, 기업은 자신이 만들어 낸 상품간의 서비스가 고객의 건강 및 안전을 위협하거나 해롭게 해서는 아니 된다고 한다. 특히 의약품, 식품 및 화장품 등을 생산하는 기업은 법이 규정한 바에 따라 생산과 판매를 하겠지만, 어떤 경우에도 고객이 피해를 입지 않도록 최선의 노력과 조치를 강구해야 된다는 것이다. 이윤을 너무 많이 의식한 나머지 상품의 품질 관리, 안전 장치, 하자 보수 및 제거 등을 소홀히 하면 곤란하고,

지금 당장 큰 피해가 발생하지 아니하더라도 누적되면 나중에 더 큰 손실을 초래케 할 수 있다는 점을 깊이 인식해야 할 것이라고 한다.

둘째로 공정한 상품 거래와 관련하여, 기업은 고객을 단순히 상품을 판매하기 위한 대상으로만 간주할 것이 아니라 참다운 인간으로서 양질의 상품을 사용해야 할 권리를 가졌다고 보아야 할 것이라고 한다. 즉 고객이 지불하는 가격에 상응하는 품질의 상품을 생산 및 판매할 의무와 책임을 가진다는 것이다. 이같은 의무와 책임을 완수할 때에 거짓, 사기 및 속임수 등이 개입되지 않는 공정한 거래가 이루어질 수 있게 된다고 한다.

셋째로 사기, 거짓 및 기만과 관련하여, 기업은 상품 자체는 물론이거니와 광고를 할 때 고객을 속이거나 혹은 기만하는 내용을 넣거나 담아서는 아니 된다고 한다. 또한 기업은 안내서 속에 고객이 이해하기 어렵거나 혼돈하기 쉬운 용어를 사용하거나 혹은 넣어서는 아니 되는 것은 물론 내용을 과장해서도 곤란하다고 한다.

넷째로 무지 및 공개와 관련하여, 기업은 고객에게 상품의 하자를 공개하여 꼭 알려 줄 의무를 가지며, 그렇게 할 때 고객은 무지로 인해 발생할 수 있는 피해로부터 구제될 수 있다는 것이다. 물론 기업은 복잡한 포장의 과정과 백화점 혹은 슈퍼와 같이 여러 종류의 상품을 판매하는 곳에서 상품의 하자를 발견하기 어렵다고 하겠지만, 그것은 충분한 이유가 될 수 없다는 것이다. 그러므로 모든 방법을 동원하여 하자를 찾아내어 이를 시정 혹은 고치든지, 그렇게 하지 못할 경우에는 그것을 고객에게 꼭 알려 주어야 한다는 것이다.

다섯째로 가격의 신뢰성 및 정보 공개와 관련하여, 기업은 판매 증대를 겨냥하여 할인, 수수료 부과 및 할부 판매 등의 다양한 판매 전략을 활용하는데, 이때 상품의 실질적인 가격이 공개되지 않고 숨겨져 고객을 속인다는 것이다. 따라서 기업은 소비자가 쉽게 알 수 있을 정도로 실질 가격과 가격 정보를 꼭 밝혀야만 한다는 것이다.

여섯째로 TV 광고와 관련하여, 기업이 비록 TV를 통해 상품을 선전 혹은 광고를 하더라도 소비자가 상품을 정확히 볼 수 있도록 정면으로 가깝게 접근하여 보여 주어야 한다는 것이다. 즉 먼 거리에서 흐린 조명과 잘못된 장식으로 전혀 다른 상품의 이미지를 가지게 하는데, 이는 매우 잘못된 광고라고 한다. 또한 보통의 상식으로서는 전혀 이해할 수 없는 내용을 보이거나 분명히 밝혀야 할 가격을 감추어 소비자로 하여금 필요없는 호기심과 구매 충동을 가지게 하는데, 이것 역시 잘못된 광고라는 것이다.

다른 한편으로 빈번하게 할인 혹은 특별 가격으로 판매하는 것과 같은 착각을 일으키게 하는 한편 충분한 재고도 마련하지 않고서 많이 보유하고 있는 것같이 속임수를 써서 고객이 오면 다른 상품을 권하는 기만적인 상행위도 한다는 것이다. 이런 경우 고객뿐만 아니라 경쟁사를 포함하여 산업 전체가 손해를 보게 된다는 것이다.

일곱째로 유인 및 교묘한 선전 광고와 엉뚱하게 조작된 유행을 통한 충동 구매와 관련하여, 기업은 빈번하게 고객을 유인하여 충동 구매를 하게 하거나 분수에 넘치는 고가의 상품을 구입하도록 부추긴다는 것이다. 그리고 특히 경험과 지식이 부족한 젊은이들에게 접근하여 감언이설을 통해 구매를 강요한다는 것이다. 아무튼 이와 같이 소비자를 유인 혹은 부추기는 것은 매우 부당한 상행위라고 한다.

여덟째로, 정확한 정보 전달 및 공개와 관련하여, TV 혹은 광고업체는 광고를 의뢰하는 기업이 제시한 광고를 아무런 사전 점검없이 방송 혹은 광고하는데, 이때 비현실적인 내용이 많이 담기는 경우가 허다하다는 것이다. 이는 의뢰 기업뿐만 아니라 TV와 광고업체도 책임을 져야 된다고 한다.

아홉째로 포장 및 상표와 관련하여, 상품은 규격, 무게 및 용량에 맞추어 포장되어야 하는 것은 물론 상표 가격, 크기, 무게, 용량 및 내용도 분명하게 밝혀져야 된다고 한다. 그런데 분명하게 표시되지 않을 뿐 아니라 포장도 잘못되어 소비자로 하여금 상품에 대해 오해 혹은 잘못된 생각을 하게 만든다는 것이다. 따라서 이러한 행위는 기만이라고 한다.

② 가격 — 가격은 기업과 고객 사이에서 이해 관계가 서로 엇갈리는 가장 민감한 문제라고 한다. 그러므로 이들에게 있어서 공정한 가격은 무엇보다도 중요하면서 필요하다는 것이다. 그런데 이론적으로 자유 경쟁이 보장된 시장에서 공정하고도 정당한 가격이 성립한다고 했는데, 실제에 있어 그렇게 되지 않는다는 것이다. 즉 정부는 한계 기업의 구제라는 명목을 내세워 가격 경쟁을 억압하거나 혹은 산업의 안정적 발전을 도모한다는 이유를 제시하면서 생산비 이하의 가격을 금지시킨다는 것이다. 또한 기업들도 과다한 이윤을 내기 위해 단합 혹은 통합을 한 다음 가격을 통제한다는 것이다. 이에 따라 가격이 자유 경쟁보다는 다른 여러 방법에 의해 결정되므로 공정한 가격을 기할 수 없는 문제가 발생한다는 것이다.

이를 좀더 구체적으로 살펴보면, 첫째로 가격 단합 및 통제와 관련하여, 기업은 단합 혹은 통합을 통해 가격을 통제하면서 소비자에게 많은 불이익이 돌아가도록 한다는 것이다. 특히 대량 생산 체제를 구축한 기업 및 산업, 소비자의 힘이 약한 산업, 그리고 소비자로부터 특수 및 주문을 많이 받는 기업 및 산업 등이 가격 통제를 많이 한다는 것이다.

둘째로 가격 선도와 관련하여, 대기업이 물가 인상을 선도하면서 이에 따르도록 경쟁사에 압력을 가한다는 것이다. 만약 이에 응하지 않으면, 대기업은 보복을 가하면서 기업의 존립마저도 위태롭게 한다는 것이다. 이에 따라 중소 경쟁 기업은 많은 위협을 느껴 마지못해 이에 따르게 된다고 한다.

셋째로 관리 가격과 관련하여, 거의 대부분의 기업들은 가격이 경쟁을 통해 결정되는 것을 원하지 않는다는 것이다. 왜냐하면, 경쟁 가격은 이윤은 물론 경영의 자율성과 장기 목표의 설정에 많은 제약을 가하기 때문이라고 한다. 따라서 이들은 생산자 혹은 판매자가 가격을 임의적으로 결정하는 관리 가격을 선호한다는 것이다. 이는 곧 소비자로 하여금 경쟁 가격보다 높은 가격으로 대금을 지불케 하여 많은 손해를 보게 만든다는 것이다. 더욱더 심각한 것은 관리 가격을 허용하게 될 경우 기업이 더욱 많은 힘을 가지게 되어 소비자를 억압할 것이라는 점이라고 한다. 따라서 기업은 정부 관리에게 상납 혹은 뇌물을 가져다 바치는 등의 부정한 방법을 사용하여 관리 가격을 오래도록 유지시켜 나가려고 한다는 것이다.

넷째로 재판매 가격과 관련하여, 대기업은 중간 도매상 혹은 할인 체인 업체가 자신의 상품을 적은 마진(margin)에 대량으로 판매하는 것을 막기 위해 TV 광고, 상품의 차별화, 그리고 유상품의 선전 혹은 홍보 등을 통해 자상품의 특별성과 특수성을 인식시키는 한편 이를 중간 도매상 혹은 할인 체인 업체로 또다시 구입하여 판매하는 전략을 빈번히 사용한다는 것이다. 이런 경우 소비자는 중간 도매상 혹은 할인 체인 업체의 박리다매로 인해 발생하는 가격 인하의 효과를 얻을 수 없게 된다고 한다. 따라서 이러한 대기업의 재판매 전략은 문제를 발생케 한다는 것이다.

다섯째로 가격의 편법 인상과 관련하여, 기업은 TV 혹은 광고를 통해 가격을 의도적으로 인상시킨 다음 실제의 판매에서는 인상한 것만큼 할인해 주는 편법을 사용한다는 것이다. 따라서 이러한 편법 할인은 소비자에게 큰 이득이 돌아가는 것 같지만 실제로는 아무런 이득이 없어 윤리 도덕적 문제를 발생케 한다는 것이다.

마지막으로 가격의 차별화와 관련하여, 기업이 시간, 공간 및 대상에 따라 가격 차별화를 시도함으로써 소비자는 큰 손해를 입게 된다고 한다. 즉 기업은 중간 도매, 소매, 소비자 및 직영 매장 등에 상품을 상이한 가격으로 공급하면서 가격 차별화를 시도하거나 혹은 구매량에 따라 상당한 차이가 발생하는 도매 가격 혹은 소매 가격을 적용시켜 판매한다는 것이다. 여기서 문제가 발생하는 것은 객관적으로 공정한 기준을 갖지 않고 임의적 판단에 따라 가격 결정을 하는 데에 있다고 한다. 아무튼 부당한 방법과 수단을 통해 가격 차별화, 가격 유지, 단합 및 가격 인상은 비윤리 도덕적이라는 것이다.

③ 경쟁 회사와의 관계—경쟁사와의 관계에 있어 윤리 도덕은 경제의 윤리 도덕과는 본질적으로 다르다고 한다. 즉 경쟁사에 대해 자신의 상거래 및 행위가 공정하고도 정당할 수가 있을지라도 시장의 경쟁에서는 정당할 수 없는 경우가

발생한다는 것이다.

그 이유와 내용을 살펴보면, 첫째로 일반 원칙과 관련하여, 경쟁사는 전쟁터에서 싸워야 할 적이 아니고 단순히 상거래의 라이벌이라는 것이다. 따라서 자기 방위와 살생적인 공격보다는 공정하고도 정당한 규칙에 따라 상거래 및 행위를 하는 것을 원칙으로 한다는 것이다. 따라서 어떠한 이유에서도 경쟁사에 손해를 입히는 것은 문제가 된다고 한다. 그러나 월등히 우수한 서비스와 낮은 가격으로 단골 고객을 빼앗아 오는 것은 허용된다고 한다. 그 이유는 최선의 노력을 하는 사람에게 그것에 상응하는 대가가 돌아가는 것을 원칙으로 하는 윤리 도덕과 일치할 뿐 아니라 소비자가 이득을 얻기 때문이라는 것이다. 물론 거짓 광고를 통해 고객을 빼앗아 온다면 경쟁사뿐만 아니라 고객에게도 손해를 입히는 결과가 되어 비윤리 도덕적이라고 한다.

둘째로 경쟁사에 대한 모독과 관련하여, 경쟁사의 상품에 하자, 이물질, 부패 및 벌레 등이 있다고 거짓 선전 혹은 소문을 퍼뜨리는 것은 경쟁사를 모독하는 결과가 된다는 것이다. 경우에 따라서는 거짓 선전과 소문이 사실로 나타날 수 있는데, 이런 때에는 산업 전체가 피해를 입기 때문에 문제가 더욱 심각해진다고 한다. 그러나 소비자에게 피해를 입히거나 거짓 광고를 통해 기만 혹은 속이고자 한다면 단연코 이를 공개 혹은 해당 소비자에게 알려 주어야 된다고 한다. 이때에도 직접적 방법보다는 관련 당국 혹은 협회에 보고하여 시정 혹은 규제하도록 요청하는 것이 바람직하다는 것이다. 또 한편으로 상품을 경쟁사의 것과 직접 비교하거나 혹은 세계에서, 또는 국내에서 최고라는 용어를 사용하여 경쟁사의 상품 이미지에 타격을 직접적으로 가하는 것은 곤란한 일이라고 한다.

셋째로 불공정한 개입 및 관여와 관련하여, 경쟁사의 노사 문제에 끼여들어 파업하도록 부추기면서 사태를 더욱 악화시켜 생산에 차질을 빚도록 해서는 아니 된다고 한다. 또한 경쟁사의 우수한 기능 인력을 스카우트하거나 혹은 빼내어 오는가 하면 소매상에 압력을 가하여 경쟁사의 상품을 소비자가 잘 볼 수 없는 진열장의 구석으로 몰아 진열하는데, 이러한 행위도 잘못된 것이라 한다. 여기서 소매상에게 뇌물, 압력 및 뒷거래보다는 포장, 상품 공급 및 광고 등에 있어 유리한 조건을 제시하여 진열장의 좋은 위치를 할애받았다면 문제가 되질 않는다고 한다. 그리고 경쟁사에 손해를 입히더라도 소비자에게 득이 되거나 혹은 득이 돌아가도록 하기 위해서였다면 행위의 정당성이 인정될 수 있다고 한다.

넷째로 가격 인하와 관련하여, 가격 인하는 경쟁사뿐만 아니라 소비자와의 관계에도 많은 이해 관계가 발생하게 되는데, 시장에서 경쟁에 의한 가격 인하는 당연하다고 한다. 비록 경쟁사에 상당한 손해를 입히게 된다고 하더라도 이러한 가격 인하는 소비자에게 이득을 가져다 주게 됨으로 정당하다고 한다. 그러나 가격 인하가 소비자에게 이득이 돌아가도록 하기보다는 경쟁사에 큰 타격을 주기 위해 일시적으로 사용된 방법이라고 한다면 곤란하다는 것이다. 한편 경쟁이 아닌 다른 방법을 통해 생산비를 밑도는 가격 인하 및 할인 등이 허용되는 경우는 재고 정리와 고정 생산비의 절감을 위한 부득이한 조치라고 한다. 이때 이러한 인하와 할인이 경쟁사에게 피해를 입도록 한다고 하더라도 그것이 의도적인 것이 아니므로 허용될 수 있다고 한다. 하지만 이와 같은 경우에도 그 근본 의도가 독점 혹은 경쟁사를 시장에서 몰아내기 위한 장기 전략의 일환이라고 한다면 곤란하다는 것이다. 현재 부패 가능한 상품, 하자가 있는 상품, 점포 정리, 바자회 및 기부금 모금을 위한 경우에는 대체적으로 허용된다고 한다.

특히 건설업에 있어 최저 입찰 예정가 이하로 입찰하여 낙찰을 받을 경우에는 기업의 특별한 사정과 그 당시의 경제적 상황 등이 고려될 수 있기 때문에 허용될 수 있다고 한다. 그러나 상식을 벗어나 엄청난 위험 부담을 안겨 주는 경우는 곤란하다는 것이다. 다시 말하면, 부실 시공 및 공사가 충분히 예견될 뿐 아니라 경쟁사에게도 큰 타격을 입히는 결과는 법의 규정 혹은 규칙을 만들어 이에 준하도록 하는 것이 좋은 예방책이 될 수 있다고 한다. 그러나 이 규정과 규칙이 산업에 대한 까다로운 행정 규제로 전환하거나 시장의 진출입에 장애가 되어서는 아니 된다고 한다.

아무튼 매우 바람직한 것은 중소 기업보다는 대기업이 생산비를 계속 감축시킬 수 있는 충분한 잉여 시설을 가지고서 가격을 인하시키는 것이라고 한다. 하지만 대기업이 독점적 위치로 돌아가 가격을 인상시키면 또 한 번 처음의 위치로 다시 돌아가는 결과가 되어 순환 문제에 빠지게 된다고 한다. 이런 경우 기업의 건전한 양심을 믿을 수밖에 없다는 것이다.

다섯째로 경쟁사간의 협력 및 협조와 관련하여, 근본적으로 경쟁사간의 협력 및 협조는 독점 금지법에 위배되어 금지되는데, 무역에 있어 해외 정보를 수집하기 위해 회사간의 협조 및 협력을 도모하는 무역 협회, 안전 운항, 고객 안전 및 기술 관리 등을 위해 가지는 항공사간의 협조 및 협력, 그리고 공동 구매, 광고 및 서비스 등을 위해 가지는 영세 상인들 사이의 협조 및 협력 등은 고객에게 보다 좋은 서비스를 하기 위한 것이므로 허용된다고 한다. 그러나 이같은 협조와 협력이 경쟁사간의 단합으로 연결되어 소비자와 구매자에게 부당한 부담을 안겨 주거나 혹은 손해를 입혀 이득을 얻고자 한다면 곤란하다고 한다.

물론 많은 기업들이 협력을 통해 안정된 서비스와 가격 안정을 소비자에게 제공할 수 있다고 주장하지만, 그것은 일방적으로 결정될 것이 아니라 많은 사람들에게 자세히 공개되어 검증을 받아야 한다는 것이다. 간혹 대기업들이 빈번한 큰 폭의 가격 인하 및 인상보다는 장기적 안정이 소비자뿐만 아니라 경제 전반에도 도움이 된다고 하는데, 이는 공개적으로 확인되지 않으면 곤란하다고 한다.

여섯째로 경제의 윤리 도덕성과 관련하여, 기업은 경쟁을 소비자에게 좋은 서비스를 제공하기보다는 경쟁사를 말살시키려는 전쟁으로 간주하면 곤란하다는 것이다. 만약에 기업이 전쟁과 같은 경쟁을 시도한다면 경쟁사는 이를 가만히 앉아 보고만 있지 않고 당장 보복하고 나올 것이라 한다. 이렇게 되면, 이에 관련 기업뿐만 아니라 그 산업은 물론 경제 전체에도 큰 손실을 초래케 할 것이라고 한다. 따라서 기업은 뇌물, 음해, 공갈, 거짓 및 뒷거래 등의 부당한 방법과 수단을 동원하여 경쟁사에 큰 손해를 입히려고 해서는 아니된다고 한다. 비록 이같은 방법을 통해 목적을 달성한다고 하더라도, 이로 인해 발생하는 비용은 자연히 가격 인상을 통해 소비자에게 전가된다고 한다.

④ 주주, 딜러(dealer) 및 납품업자와의 관계─주식 회사 제도를 바탕으로 하는 자본주의 경제에 있어 최고 경영인은 주식 회사의 피고용인이다. 그러나 실질적으로 큰 영향력을

행사할 수 있는 대주주가 주식의 분담으로 인해 나타나기 어려워지게 됨에 따라 최고 경영인이 막강한 경영권과 재량권을 가지면서 주주, 딜러, 납품업자, 경쟁자, 피고용인, 노조 및 정부 등에 대해 커다란 영향력을 행사하게 된다고 한다. 따라서 최고 경영인이 이들과 어떠한 관계를 가지느냐 혹은 의사 결정을 하느냐에 따라 윤리 도덕적 문제가 발생할 수 있게 된다고 한다. 또한 회사를 어떻게 경영하느냐에 따라 국민 경제도 엄청난 파급 효과를 미칠 수 있게 된다고 한다.

첫째로 주주와의 관계와 관련하여, 주주들이 주가의 상승과 높은 배당에 많은 관심을 쏟는 반면에 기업은 이같은 주주들의 관심과는 상관없이 경영 실적 및 효율성에 더 많은 신경을 쓴다. 그러나 비록 증권 시장이 기업 경영에 직접적인 관계를 갖지 않는다고 하더라도, 이것이 경제에 미치는 파급 효과가 클 뿐 아니라 대주주들도 기부금을 통해 사회 발전에 크게 기여한다는 점을 감안할 때 주주들의 요구에 응하여야 할 것이라고 한다.

둘째로 성실하고도 정직한 보고서와 관련하여, 기업은 주주와 사회에 대해 경영의 비용 및 움직임을 이해할 수 있을 정도로 성실하고도 정직하게 보고해야 할 윤리 도덕적 책임과 의무를 가진다는 것이다. 현재 공인 회계사가 작성하여 발표하는 기업의 연간 보고서(Annual report)가 있는데, 이는 경영의 내용 및 실적을 파악하는 데 충분하지 않다는 것이다. 왜냐하면, 공인 회계사가 사용하는 기법에 따라 경영의 내용 및 실적이 엄청나게 달라질 수 있을 뿐 아니라 그 속에 담긴 경영 정보도 사회 비용을 포함하여 기업이 정당한 방법으로 이윤을 내고 있는지를 충분히 알 수 있을 만큼 많은 것은 아니라고 한다.

셋째로 최고 경영인의 보수 및 수당과 관련하여, 우선 최고 경영인은 기업의 자금 및 자본을 기업과 주주들을 위해 정당하게 사용하고 있는지 그 내용을 밝혀야 한다는 것이다. 즉 최고 경영인은 기업이 자금 혹은 자본 부족으로 경영에 많은 어려움을 갖고 있음에도 불구하고 엄청난 보수와 수당을 챙긴다는 것이다. 또한 주식 옵션 제도를 도입하여 퇴직 때 많은 주식을 배당받아 주주의 실질적 지분을 축소시키거나 많은 연금을 받도록 조작한다는 것이다. 따라서 최고 경영인의 보수와 연금은 주주, 이사회 및 직원들 사이의 합의에 의해 결정되거나 혹은 산업의 일반 기준에 따르는 것이 정당하다고 한다.

넷째로 이윤의 사내 유보 및 배당과 관련하여, 최고 경영인은 이윤의 사용 및 이용에 있어 거의 절대적인 권한을 가지는데, 이를 빈번하게 개인의 목적 혹은 이기심의 작동으로 자신을 과시할 수 있는 곳에 사용한다는 것이다. 이때 최고 경영인은 그 이윤이 개인의 것이 아니고 기업의 것이라는 점을 분명히 인식해야 한다는 것이다. 다시 말하면, 최고 경영인이 이윤으로 발생한 자금을 확실한 신규 산업은 물론 주주들에게 적정한 배당도 거절한 다음 그냥 유보 상태로 보관하거나, 또는 모든 참모들이 반대하는 데에도 불구하고 손실을 초래케 할 것이 확실시되는 신규 사업 혹은 생산 및 영업장의 확장에 투자한다는 것이다. 따라서 최고 경영인은 회사 발전은 물론 경제 사회의 발전에 도움이 되는 방향에서 자금 관리와 투자를 해야 된다는 것이다.

다섯째로 딜러와 관련하여, 우선 딜러는 기업의 일부분이 아니면서 밀접한 관계를 가지기 때문에 특별한 주의를 요구하게 된다고 한다. 그리고 고객에게 상품의 설치, 배달 및 사용 방법 등에 있어 복잡 다양한 서비스를 제공하는 기업이 딜러 제도를 많이 활용하게 된다고 한다. 그러므로 이 제도는 상호간에 공생 관계를 맺게 하면서 고객에 대한 서비스에 엄청난 파급 효과를 미칠 수 있게 된다고 한다. 이에 따라 기업은 딜러를 억압하여 부당한 양보를 얻어내거나 공모하여 고객에게 손해를 입히도록 하면 곤란하게 된다고 한다. 또한 기업은 많은 딜러 중에서 특정의 딜러에게 마음에 들지 않거나 혹은 평소의 나쁜 감정을 구실로 삼아 부당한 거래를 강요하면 아니 된다는 것이다. 여기서 딜러도 부당한 거래 방법을 통해 기업과 고객에게 손해를 입히면서 이득을 챙기려고 한다면 곤란하다고 한다.

마지막으로 납품업자와 관련하여, 우선 납품업자는 기업에 비해 영세한 중소 기업이기 때문에 납품하는 기업으로부터 여러 측면에서 부당한 거래를 강요받을 때가 많다고 한다. 즉 큰 규모의 백화점은 납품업자에게 선전 광고 비용의 일부를 부담하도록 강요하나 대금 지불에 있어 현금 대신 장기 어음으로 결재하여 금전적 손실은 물론 많은 어려움을 겪게 만든다는 것이다. 따라서 영세 납품업자는 지속적 납품을 위해 많은 금전적 손실을 감수해야 하며, 경우에 따라서는 담당 직원 혹은 책임자에게 뇌물, 상납 및 선물도 갖다 바쳐 특별한 배려를 받도록 해야 한다는 것이다. 이에 반해 납품업자가 대기업인 경우에는 원활한 부품 조달을 보장받기 위해 선금은 물론 뇌물과 선물을 가져다 바쳐야만 한다는 것이다. 경우에 따라서는 인기없는 품목 혹은 상품도 받아 가도록 압력을 가하고, 이렇게 되면 부품 공급을 받은 영세업자는 그것을 소비자에게 전가시켜 큰 손해를 입게 만든다는 것이다.

⑤ 기업과 노조 및 지역 사회 사이의 관계—기업은 생산 시설을 위해 공장을 필요로 하기 때문에 지역 사회 및 노조와의 관계를 가지게 되고, 이로 인해 기업이 이들과의 관계에 있어 어떤 행동을 하느냐에 따라 많은 윤리 도덕적 문제가 발생할 수가 있게 된다고 한다.

첫째로 노동 조합과 관련하여, 최근 노조가 기업뿐만 아니라 정치 경제에 있어서도 밀접한 관계를 갖는 추세가 나타나고 있다고 한다. 따라서 노조는 노동자의 임금과 근로 조건뿐만 아니라 선거를 통해 권력 이동과 경제력 집중에도 막강한 영향력을 행사하게 된다고 한다. 물론 노조는 집단 임금 교섭 및 협상만이 근로자의 이익을 보호하는 데 가장 효과적인 방법이라 생각하고, 이를 수단으로 삼아 자신의 이익을 최대한으로 확대시켜 나가려고 한다는 것이다. 또한 노조는 대기업과의 관계에 있어서 불리한 입장에 놓이는 것에 반해 중소 기업에게는 막강한 압력을 가할 수 있는 집단으로 군림하게 된다고 한다. 이에 따라 기업은 임금 인상, 근로 조건의 개선 및 복지 등과 같은 민감한 사안을 노조와 상의하여 처리하는 것이 바람직하다는 것이다. 이에 반해 노조에 대항하기 위해 부당한 방법 혹은 외부의 힘을 빌린다는 것은 정당하지 못하다는 것이다.

또 한편으로 기업은 "일할 권리"의 법에 따라 근로자를 고용할 때 노조 가입의 여부에 따라 차별을 두지 말아야 함은 물론 임금에 있어서도 차등 지급하면 곤란하다는 것이다. 그리고 피고용인에게 노조에 가입하도록 강요해서도 아니 된다고 한다. 한편 노조가 자신의 조합을 건전하고도 착실하게 운영해 나갈 의무와 책임을 가지므로 계약 혹은 기업의 사정이 허용하는 범위 내에서 금전적 및 비금전적 지원을 아끼지 말고, 피고용인에게 노조의 존속을 위해 회비를 착실히 내도록 종용해야 한다는 것이다. 그 이유는 노조의 활동으로 인해 실질적인 혜택을 받을 수 있기 때문이라고 한다. 물론 기업은 외부적으로 노조를 비방하거나 음해하는 선전 혹은 소문을 흘려서도 아니 된다고 한다.

둘째로 기업과 노조 간부 사이의 밀월 관계와 관련하여, 기업이 노조 간부와 돈독하고도 원만한 관계를 가지는 것이 필수적인데, 이를 고객 및 근로자의 비용으로 충당하거나 혹은 이들에게 엄청난 손해가 돌아가는 대가로 한다면 곤란하다는 것이다. 또한 기업은 노조의 요구를 수용하거나 그들의 압력에 굴복한 다음 그로부터 발생하는 비용을 소비자 혹은 고객에게 전가하면 아니 된다고 한다. 따라서 노조 간부와의 밀월 관계는 건전하고도 정당한 방법을 통해 유지하도록 해야 한다는 것이다.

셋째로 노조의 횡포 및 부당한 요구와 관련하여, 노조는 기본적으로 근로자의 이익을 보호하는 한편 기업을 도와 생산에 차질이 발생하지 않도록 근로 분위기를 조성해야 한다는 것이다. 그런데 노조가 근로자의 정당한 접촉을 시도하는 기업을 방해하거나 경영의 효율성과 생산성이 떨어지도록 방해 공작 혹은 근로자를 선도한다면, 기업은 이를 좌시하지 말고 시정하거나 시정하도록 권유해야 한다는 것이다. 만약에 노조와의 대화가 불가능하다면 정당한 해결을 위해 외부의 도움을 요청할 수 있다고 한다.

넷째로 임금 및 복지 수당의 지급과 관련하여, 기업은 피고용인에게 지급하는 임금과 복지 수당 등을 생산에서 발생하는 필연적 비용으로 생각한 다음, 이들 생산의 고정 비용으로 처리해야 한다는 것이다. 다시 말하면, 임금 및 복지 수당의 지급이 경영 방침의 변경에 따라 수시로 변동되거나 바뀌게 되면 곤란하다는 것이다. 즉 사회 보장 보험금, 비고용 보상금 및 연봉 확정 제도 등이 이에 해당된다는 것이다. 그러나 이같은 이유로 인해 고정 비용이 급등하면, 고용 축소라는 바람직하지 못한 파급 효과가 나타난다고 한다. 따라서 기업은 이와 같은 극단적인 방법을 자제해야 함은 물론 경영의 효율화를 통해 고정비의 증대를 흡수해야 할 것이라 한다.

다섯째로 생산 공장 및 지역 사회간의 관계와 관련하여, 기업은 생산 혹은 업무 처리를 위해 공간 혹은 장소를 필요로 하게 됨에 따라 그 지역 사회와 긴밀한 관계를 갖지 않을 수 없다고 한다. 그러나 상호간의 이해 관계가 항상 일치할 수 없고, 경우에 따라서는 서로 상충하여 대립과 갈등 관계를 가지게 된다고 한다. 즉 기업은 지역 사회가 자신의 기업 경영에 최대의 협조 및 협력을 주기를 바라는 반면에 지역 사회는 기업이 그 지역 발전에 크게 도와주기를 기대하기 때문이라는 것이다. 따라서 기업은 생산 활동에 가장 알맞은 공간을 요구하는 반면에 지역 사회는 그것에 상응하는 대가를 요구하게 된다고 한다. 이때 서로간의 이해 관계가 일치하면 다행이지만 그러하지 못하면 곤란하다는 것이다.

이런 경우 지역 사회의 지도자 뇌물 혹은 학교, 병원 및 도서관 건립에 필요한 돈을 기부금 및 찬조금의 형태로 요구하여 더욱더 어렵게 된다고 한다. 여기서 기부금 및 찬조금의 요구가 지도자 자신의 목적 및 이익보다는 지역 사회의 장기 발전을 위한 것이라고 판단되면 적은 금액으로 찬조하는 것이 허용될 수 있다고 한다. 하지만 가능한 범위 내에서 중립적 입장을 취하여 지방세를 충분히 납부하는 것이 정당하다고 한다.

여섯째로 공장 이전과 관련하여, 기업이 발전하여야 지역 사회도 발전하게 되고, 이와 비슷하게 지역 사회가 발전하면 기업도 따라서 크게 발전할 수 있게 된다고 한다. 그러므로 기업이 지역 사회와 더불어 적절한 지방세의 납부와 만족할 만한 노동 공급 관계를 가지기를 희망하는데 반해 지역 사회는 안정된 노동 수요, 성실한 지방세 납부, 그리고 환경 보호를 원하게 된다고 한다. 그런데 기업이 생산 시설을 다른 지역으로 옮기려고 한다면 큰 문제가 발생하게 된다는 것이다. 다시 말하면, 순수 경영상의 문제로 인해 발생하는 시설 이전은 정당한 반면에 지역 사회에 대한 감정 혹은 부당한 대우에 대한 보복적 차원에서 시도한다면 곤란하다는 것이다. 따라서 비록 정당한 이유로 시설 이전을 시도한다고 하더라도 이를 사전에 지역 사회와의 충분한 협의를 통해 납득시키는 것이 정당하다고 한다. 이때 지역 사회도 기업이 충분한 노동 공급과 알맞은 지방세로 큰 부담 혹은 장애없이 생산 활동을 계속할 수 있도록 도와야 한다는 것이다.

마지막으로 환경 파괴 및 대기 오염의 억제와 관련하여, 최근 산업의 발달로 환경 파괴와 대기 오염이 더욱 심각하여지고 있는 현실 속에서 기업이 이를 방지 혹은 억제하는 데 소요되는 비용을 모두 지역 사회와 소비자에게 전가하면 곤란하고, 또한 환경 파괴와 대기 오염으로 인해 지역 사회의 쾌적한 생활에 큰 지장 혹은 불편이 초래해서도 아니 된다고 한다. 따라서 기업은 경영의 효율성, 기술 개발 및 자금 적립 등을 통해 이 문제를 해결하도록 해야 된다고 한다.

(6) 기업의 전문직 직업에 대한 규범

경제 발전에 맞추어 사회는 구조적으로 복잡 다양화되고, 이는 분업을 통해 직업의 전문화를 초래케 하고 있다고 한다. 변호사, 의사, 공인 회계사 및 기타 브로커들이 그 대표적인 경우에 해당되며, 이들은 자신의 전문 지식 및 경험을 바탕으로 고객의 요청에 응하여 서비스를 제공하면서 상당한 대가를 받는다고 한다. 따라서 그 어느 누구보다도 소비자와 밀접한 관계를 가지면서 서비스를 제공하여야 하기 때문에 자신의 서비스에 대해 소비자로부터 신뢰성, 확실성, 성실성 및 전문성을 인정받아야만 된다고 한다.

또한 서비스를 제공함에 있어 조그마한 실수, 부정 및 잘못이 있어서는 아니 될 뿐 아니라 고객이 지불하는 대가에도 미치지 못하면 아니 된다고 한다. 그리고 고객이 자신의 서비스에 대해 오해와 잘못된 인식을 가진다고 하면 즉각 이를 해소시켜 주어야 함은 물론 항상 만족할 수 있도록 최선을 다해야 된다는 것이다. 그런데 서비스는 개별 개인의 지식, 경험 및 자세에 따라 얼마든지 상이 혹은 차이를 나타낼 수 있을 뿐 아니라, 이로 인해 고객으로부터 오해와 불만족을 불러일으킬 수도 있다고 한다. 이에 따라 일정한 기준과 표준을 세우고, 이에 맞추어 서비스를 제공한다면 그와 같은 오해와 불만족을 축소 혹은 해소시켜 나갈 수가 있다고 한다. 현재 거의 대부분의 전문직 직업이 그 나름대로 기준과 표준을 만들어 고객에게 접근하고 있다는 것이다.

그러나 여기서 문제가 되는 것은 이같은 기준과 표준을 경제 사회의 발전에 맞추어 부단히 개선 혹은 발전시켜 나가야 함은 물론 고객 및 사회의 이익을 우선적으로 고려하는 데에 그 초점을 맞추어야 함에도 불구하고 그렇게 하지 않고 있다

는 것이다. 다시 말하면, 기준 및 표준의 개선은 객관적으로
인정되거나 혹은 검증된 확실한 방법을 통해 시도되어야 하
고, 또한 개선의 목적 및 방향도 고객에게 보다 양질의 서비
스를 제공하려는 데 초점을 맞추어야 하는데, 실제에 있어
그러하지가 못하고 자신의 이익을 우선적으로 하고 있다는
것이다.

또 한편으로 전문직 직업은 그 성격 및 내용에 따라 고객
에 관한 많은 정보를 보유하게 되는데, 고객의 허락은 물론
허락이 있다고 하더라도 정보의 공개가 결과적으로 큰 피해
를 입히게 될 것으로 판단되면 이의 비밀을 지켜야 할 의무
와 책임을 가지게 된다고 한다. 마지막으로 고객에 제공하는
서비스에 상응하는 대가를 요구해야 하고, 부당하게 많은 대
가를 요구하면 윤리 도덕적 문제가 발생하게 된다고 한다.

(7) 기업의 이윤에 대한 규범

일반적으로 기업 경영의 최대 혹은 최후의 목적은 이윤이
고, 이에 반해 기업 윤리는 기업 경영의 방법이 올바르면서
도 정당한지 그것을 평가하는 것이라고 생각한다는 것이다.
또한 거의 대부분의 기업들은 목적이 방법보다 우선하며, 그
렇게 되는 것을 필연적인 것으로 받아들인다고 한다.

이에 따라 이윤과 윤리 사이에 마찰 혹은 상충이 자연적으
로 생기게 되고, 그런 경우 목적과 수단과 방법을 정당화시
켜 줄 수 있다고 믿는다는 것이다. 그러나 이같은 믿음이 과
연 옳으면서도 정당한지에 대해 많은 의문이 생기지 않을 수
없다는 것이다. 이에 대해 많은 전문가들은 이윤을 굳이 목
적으로 보려고 집착하기 때문에 윤리와의 관계에서 대립과
마찰이 발생하게 된다고 한다. 따라서 이윤에 대한 새로운

시각 및 인식이 필요하며, 그것은 이윤을 기업 경영의 목적
보다는 이를 평가하는 기준 혹은 잣대로 받아들이는 것이라
고 한다.

그럼 이윤이 기업 경영을 평가하는 기준으로서 어떤 의미
와 역할을 하게 되는지를 살펴보면, 우선 기업은 자원의 효
율적 배분을 통한 상품 생산과 이를 통해 소비자의 요구를
최대로 만족시켜 줄 수 있는 서비스의 제공을 궁극적 목적으
로 받아들여야 한다는 것이다. 이같이 이윤에 대한 새로운
인식을 가지게 되면, 이에 걸맞는 기업 경영에 있어서 이윤
의 의미와 역할은 다음과 같다고 한다.

첫째로 경영 혁신 및 불확실성에 대한 보상과 관련하여,
기업은 투자, 생산, 판매 및 재고 관리 등 복잡 다양한 경영
관리를 동태적으로 수행해야 하는데, 그렇게 함에 있어 시공
간적으로 많은 위험과 불확실성이 뒤따른다고 한다. 즉, 원
료 및 원자재의 조달, 상품의 생산, 그리고 판매 등이 아무
런 차질없이 계획대로 이루어질 것이며, 또한 차질이 생겨
계획에 없었던 엄청난 재고가 누적되어 재정 압박을 가하지
않을까 하는 두려움 등 경영 관리의 모든 분야에 걸쳐 수많
은 위험 부담과 불확실성에 제재되어 압박한다는 것이다. 또
한편으로 경제 사회의 변화에 맞추어 새로운 상품을 개발하
여 소비자에게 소개해야 하며, 그렇게 함으로써 기업의 지속
적 성장과 발전을 기할 수 있다는 것이다.

여기서 신상품의 개발 및 소개는 새로운 아이디어와 새로
운 기술 개발 및 경영 방법에 의해 비로소 가능해진다고 한
다. 따라서 새로운 아이디어, 새로운 기술 개발, 그리고 새
로운 경영 기법 등을 통해 새로운 상품을 생산·소개한다는
것은 과감한 추진력과 엄청난 모험을 각오하지 않으면 아니

되는 일이라고 한다. 이에 따라 이러한 모험과 그것에 따르는 위험 부담에 상응하는 대가가 있어야 하고, 그것이 바로 이윤이면서 기업의 발전을 의미하게 되는 것이라 한다.

둘째로 효율적 경영에 대한 대가와 관련하여, 자본주의 경제에서 기업은 경쟁사보다 매우 효율적인 경영 관리를 하여야 하고, 이로부터 얻어지는 것이 이윤이라고 한다. 다시 말하면, 생산비를 최저로 억제하는 반면에 생산성은 최고로 높여 경쟁사보다 매우 효율적인 생산을 할 때에 얻어지는 것이 바로 이윤이라는 것이다. 따라서 이윤은 자원을 매우 효율적으로 사용 혹은 배분하도록 유도하는 기능과 역할을 하게 된다고 한다.

이상과 같이 이윤의 의미, 기능 및 역할을 알게 되면, 이윤이 기업 경영의 발전은 물론 국민 경제의 발전이 어떻게 이루어지는지 그 과정과 결과를 측정할 수 있는 척도와 잣대가 될 수 있다는 사실도 파악할 수 있게 된다고 한다. 그리고 이같은 사실을 알 수 있게 될 때 이윤이 기업 경영의 목적이라기보다는 이를 평가하는 기준 혹은 잣대가 되는 것을 이해하게 된다고 한다. 또 한편으로 자유 경쟁을 원칙으로 하는 시장에 있어 이윤은 시간적으로 잠정적이면서도 일시적인 것이라고 한다. 왜냐하면, 이윤은 기업 경영의 혁신 및 효율성이 달성될 때에 생기게 되고, 이에 반해 무사안일 속에 머물게 되면 곧 사라지는 특성을 가졌기 때문이라는 것이다.

아무튼 지금까지의 새로운 시각과 인식에서 이윤을 받아들인다면 윤리 도덕적으로 정당한 기업 경영이 가능하고, 이에 반해 독점과 소비자를 억압 혹은 기만하여 얻고자 한다면, 이윤과 윤리 도덕 사이에서 대립과 갈등이 불가피할 수밖에 없다고 한다. 따라서 기업 경영의 궁극적 목적은 소비자의 요구를 충분히 만족시켜 주는 데서 찾아야 할 것이라고 한다.

(8) 기업의 국가 경제에 대한 규범

지금까지 기업 윤리를 기업의 경영 관리에 국한시켜 검토하였다. 앞에서 이미 언급한 바와 같이 기업은 국가 경제 속에서 존재할 수 있고, 그렇게 될 때 그 의미를 정확히 파악할 수 있게 된다고 한다. 즉, 국가 경제가 우선적으로 존재해야 하고, 그 속에서 기업이 나타나 존재하게 된다는 것이다. 이에 따라 국가 경제와 기업 사이에 밀접한 관계가 성립하면서 국가 경제의 성장 및 발전이 기업에 긍정적 파급 효과를 미치게 되고 이에 맞추어 기업의 발전도 국가 경제에 큰 영향을 미쳐 더욱 발전할 수 있게 만든다고 한다.

그러나 이같은 상호 관계가 좋은 방향으로 진행된다면 다행인데, 그렇지 못하고 나쁜 쪽으로 흐르게 되면 윤리 도덕적 문제가 발생하게 된다고 한다. 그 문제가 되는 경우를 간단히 살펴보면 다음과 같다고 한다.

첫째로 경제 성장 및 발전의 모순과 관련하여, 20세기에 들어와 선진국 경제는 높은 성장률을 기록하면서 발전을 거듭하고, 이에 따라 소득이 높아지면서 매우 풍요로운 생활을 하게 되었다고 한다. 그러나 실제 생활의 내용을 자세히 들여다보면, 일부 고소득층의 사람들만이 안락하고도 풍요로운 삶을 영위하는데에 반해 많은 사람들은 상대적으로 수준 이하의 생활을 하고 있는 현상을 쉽게 찾아볼 수 있다고 한다. 즉, 대도시에서도 얼마든지 많은 빈민굴과 빈민가를 발견할 수 있게 된다는 것이다. 그리고 이런 곳에 사는 사람들은 물론 이곳 외에 사는 많은 사람들도 직간접적으로 정부와 사회 단체가 지원 혹은 마련하여 주는 복지 혜택에 의존하여 살아 가고 있다고 한다. 이러한 현실 속에서 기업은 양질의 노동을 지속적으로 공급받을 수 있는지 그 여부에 대해 자세히 검토하고, 만약에 그러한 공급을 기대할 수 없다면 이에 대한 대응책을 강구해야 할 의무와 책임을 가진다고 한다.

둘째로 경쟁의 신비와 관련하여, 미국 경제는 세계의 그어느 국가보다도 자유 경쟁을 기본으로 하는 시장 경제를 운영하고 있다고 한다. 따라서 거의 대부분의 사람들은 시장에서의 경쟁을 매우 당연한 것으로 받아들이면서 실제로 그렇게 되고 있는 것으로 믿고 있다는 것이다. 그러나 실제에 있어 영세한 중소 기업의 상거래 및 행위만이 자유 경쟁 체제 속에 있을 뿐이고, 대기업은 기술 혁신, 새로운 경영 기법, 신상품의 개발, 그리고 새로운 마케팅 전략 등을 세워 독점 혹은 독과점적 상거래 및 행위를 하고 있다는 것이다.

따라서 경제력 집중 현상이 나타나면서 대기업은 자신의 목적을 달성하기 위해 막강한 경제력을 행사하는가 하면 자원 배분도 임의대로 한다는 것이다. 이럼에도 불구하고 이들 기업은 국가 경제 및 시장 경제의 발달에 크게 기여한다고 선전하는 한편 이같은 대기업의 경영 자세를 정당하게 평가 하기는 어렵다고 한다. 따라서 대기업은 보다 정당하면서도 올바른 경영 관리를 해야 할 것이라고 한다.

셋째로 새로운 생활 가치의 창출과 관련하여, 기업은 이윤을 추구하는 존재로 받아들이면서 이윤의 극대화를 위해 경쟁사보다 더욱 효율적인 경영 관리를 하고자 많은 노력을 기울인다고 한다. 이로 인해 기업은 항상 새로운 아이디어와 혁신을 통해 새로운 상품과 서비스를 창출해 내려 하고, 그 결과 시장에는 하루가 다르게 새로운 상품과 서비스가 홍수처럼 쏟아져 나오고 있다는 것이다. 이렇게 소개되는 새로운 상품과 서비스는 자연히 생활의 변화에 걸맞은 새로운 생활 가치를 창출해 내게 된다고 한다. 이때 사람들이 새로운 생활과 그 가치에 잘 적응하여 살아간다면 매우 다행스러운 일이 될 것이라 한다. 그러나 그렇게 하지 못하면, 혼란과 혼돈 등의 부작용이 발생하여 사회 질서를 파괴하거나 생활을 매우 불안하게 만들 것이라고 한다. 실제로 이같은 사회 문제가 많이 발생하고 있음에도 불구하고 대부분의 기업들은 이에 대해 조그마한 관심조차도 갖지 않는다고 한다.

넷째로 정부와의 관계 및 로비 (lobby)와 관련하여, 정부는 대기업의 경제력 집중으로 국가 경제에 막강한 영향력을 행사하게 되면 될수록 이에 대해 많은 경계심을 가지면서 대응책을 마련하려 하고, 경우에 따라서는 법 혹은 행정력을 동원하여 이를 억제 혹은 저지해 나간다고 한다. 이같은 상황이 발생하면, 기업은 정부를 적으로 간주하여 대항하거나 혹은 굴복하여 지속적인 보호와 혜택을 받고자 로비를 하게 된다고 한다. 이때 정당한 방법과 과정을 통한 로비는 허용되지만, 만약에 뇌물, 뒷거래 및 공갈 협박을 통해 하고자 한다면 문제는 매우 심각해진다고 한다. 즉 자신의 문제를 통계 자료 및 사례 등을 인용하여 관리에게 납득할 수 있도록 설명하면 다행인데, 그렇게 하지 않고 감정, 뇌물 및 공갈 등에 의존한다면 곤란하다는 것이다.

다섯째로 장기 계획과 관련하여, 기업은 그 어느 조직보다 풍부한 인적 및 물적 기동력을 가지고 있어 장기 계획을 세우는 데 매우 유리하다고 한다. 실제에 있어서 자신의 업무를 위해 빈번하게 세우고 있다고 한다. 그런데 기업은 이같은 장기 계획을 자신의 기업 경영에만 국한시키지 않고 국가 경제, 정치 및 사회에도 연결시키려고 한다는 것이다. 그 이유는 정부가 일반 연구 단체와 협력하여 장기 계획을 세운 다음, 이를 근거로 자신의 경영 관리에 부당한 압력, 개입 및 간섭, 그리고 나쁜 영향을 미치려고 하지 않을까 하는 두려움 때문이라는 것이다. 다시 말하면, 정부의 장기 계획 수립을 막는 한편 자신의 장기 계획을 이용하여 기업의 이익만을 보호코자 한다는 것이다.

따라서 이러한 경영 자세는 매우 잘못되고 부당한 것이라고 한다. 기업은 정부 혹은 연구 집단의 장기 계획이 기업 경영에 대한 오해를 해소시킬 수 있는 기회를 마련해 줄 뿐 아니라 자원 공급 및 배분에 어떤 문제가 발생할 것인가를 사전에 탐지하여 이에 대한 대응책을 강구할 수 있게 한다는 사실을 인식해야 할 것이라고 한다.

여섯째로 무역 수지의 악화 및 뒷거래와 관련하여, 최근 무역이 경쟁력의 약화, 경제 통합, 그리고 높은 비관세 장벽 등으로 인해 순조롭지 못하여 국가 수지가 점차로 악화되고, 또한 경제의 세계화가 급속으로 이루어지게 됨에 따라 대기업은 물론 중소 기업의 해외 진출이 활발히 이루어지고 있다고 한다. 이에 따라 기업이 상품의 수출입과 직접 투자를 함에 있어 국가 경제와 윤리 도덕에 위배되는 상거래 및 행위를 행하는 기회 혹은 가능성이 높아지고 있다는 것이다. 즉 수출 부진과 국제 수지의 악화 등으로 많은 어려움에 직면한 국가 경제를 돕기보다는 해외 투자의 폭을 더 넓힘으로써 더욱 어렵게 만든다는 것이다. 그리고 중진국 혹은 개도국에 진출하면서 현지 정부와 관리들이 인·허가를 미끼로 뇌물을 요구하는 데에 쉽게 응하고 있다는 것이다. 또 한편으로 관세의 포탈과 외환 거래법을 피해 나가기 위해 서류 조작, 뒷거래 및 위장 거래 등의 부당한 상거래 및 행위를 서슴없이 한다는 것이다.

일곱째로 자연 환경의 보존과 공해 방지와 관련하여, 70년 대에 들어서면서 경제 발전과 생산 증대에 따른 자연 환경의 파괴와 물 및 공기의 오염이 심각하여지자 정부는 법과 규칙을 대폭 강화시켜 기업에게 깨끗한 자연 환경, 물 및 공기 등의 보존에 적극 협조해 줄 것을 요청하였다. 이럼에도 불구하고, 기업들이 환경을 파괴하고 물과 공기를 오염시켜 가면서까지 이윤을 추구하고자 하니 이러한 기업의 상행위는 매우 부당한 것이라 하였다.

마지막으로 기업의 통합과 경제 질서의 파괴와 관련하여, 1, 2차 에너지 파동 이후 나타나기 시작한 경제의 장기적 및 구조적 불황을 극복하기 위해 기업은 새로운 기술 및 상품 개발, 시장 확보 및 경쟁력 향상 등을 더욱 적극적으로 모색하고 있다고 한다. 그러나 새로운 기술의 개발과 경쟁력의 향상이 생각하는 바와 같이 간단히 이루어지지 않고 많은 시간과 노력을 요구한다는 것이다. 이에 따라 기업들은 그같은 당면한 문제를 해결함과 동시에 경영 실적 및 성과를 올리기 위해 기업 통합에 많은 관심을 가진다고 한다. 왜냐하면, 유사 업종 혹은 산업에 있는 기업들이 각자가 가지고 있는 기술 및 경영상의 장점을 규합하여 이를 최대한으로 활용하면 자신들의 목적 달성이 한결 쉬워지면서 빨라질 수 있기 때문이라는 것이다.

그런데 통합 과정에서 정보가 사전에 누출되어 특정인으로 하여금 부당한 많은 이득을 보게 하는가 하면, 또 한편으로 기업의 당면한 문제 해결보다는 처음부터 개인의 목적을 달성하기 위해 경영 회계 자료를 조작하여 기업 통합을 시도하는 경우가 허다하다는 것이다. 이런 경우 소수의 사람들이 짧은 시간 내에 적은 노력으로 엄청난 이득을 보면서 갑자기 많은 사람들이 부러워하는 재벌이 된다고 한다. 그러나 이같은 상거래 및 행위는 자본주의 경제의 바탕인 시장 질서를 파괴하면서 국가 경제를 어렵게 만든다고 한다.

이상으로 전문가들이 기술한 미국의 기업 윤리를 통해 기업이 이윤을 추구하는 과정에서 어떠한 기업 윤리의 문제들이 발생하는가를 비교적 자세히 검토해 보았다.

여기서 나타나는 특징을 살펴보면, 첫째로 처음 예상한 바대로 기업 윤리가 자신의 독특한 영역을 구축하여 배타적인 성격과 내용을 가지고 있지 않다는 점이다. 둘째로, 기업 윤리가 생활 윤리와 경제 윤리를 바탕으로 자신의 특성을 형성시키고 있는데, 여기서 특정의 이론 및 사상에 의존하지 않고 이들을 모두 수용하여 기준과 근거로 삼고 있다는 점이다. 셋째로 이에 따라 덕의 윤리와 규칙의 윤리가 동시에 내재되어 그 의미의 해석 및 활용에 혼란을 일으키고 있다는 것이다. 그러나 규칙의 윤리가 절대적인 비중을 점유하는 것은 사실이다. 다시 말하면 규범의 합리주의, 공리주의, 신자유주의, 종교적 규범, 덕의 규범, 그리고 생활 규범 등이 모두 기업 윤리의 기준 및 근거로 활용되고 있다는 것이다. 하지만 자본주의 경제의 기본인 합리주의, 공리주의, 신자유의, 그리고 기독교의 규범 등이 절대적인 위치에서 막강한 영향력을 행사하고 있는 것으로 나타나고 있다.

넷째로 세계 경제의 발달에 맞추어 기업 윤리의 범위도 국가 경제와 그 속에서 행하는 상거래 및 행위에 국한되지 않고 세계 경제 및 무역으로까지 확대되고 있다는 점이다. 마지막으로 기업의 최종 목적이 곧바로 이윤이라는 자본주의 경제의 본질을 불식시키기 위해 새로운 이해, 인식 및 가치관을 도입코자 한 점이라고 할 수 있겠다.

　이와 같이 복잡 다양한 성격과 내용을 담고 있는 미국의 기업 윤리를 이해하기 위해서는 서구의 생활 관습, 의식, 가치관, 사상, 종교, 그리고 윤리 철학에 대해 많은 이해와 지식이 필요하다는 사실을 알 수 있게 된다.

제 2 장
한국 경제, 기업 및 윤리

앞에서 우리는 서구의 선진국 경제가 중심이 되는 세계 경제의 흐름, 그 속에서 산업 경제의 발달과 더불어 나타나게 된 기업, 그리고 사람들 사이에서 일어나는 상거래 및 행위를 규제하는 경제 윤리와 기업 윤리를 살펴보았다. 여기에서는 이에 비교가 되는 한국 경제, 그 속에서 형성된 기업, 그리고 경제 생활의 규범인 경제 윤리와 기업 윤리를 고찰해 보도록 하겠다. 이와 같이 비교를 하게 됨으로써 우리는 이들 사이에 얼마만큼 유사하고 혹은 상이한 점이 실제로 존재하고 있는가를 찾아낼 수 있을 것이다.

그런데 여기서 우리가 주의해야 할 것은 이들 사이를 비교하는 방법이다. 왜냐하면, 이들은 서로 시공을 달리하므로 거의 모든 사람들이 생각할 수 있는 완벽한 비교는 불가능하기 때문이다. 다시 말하면, 상이한 시공을 가지고 있기 때문에 이들 사이를 분명하고도 정확하게 비교할 수 없다는 것이다. 따라서 굳이 비교한다면 외부로 나타난 모양, 특징 및 구조 등을 서로 맞추어 볼 수밖에 없다고 생각된다. 물론 구체적으로 비교할 수 있는 조건과 토대가 마련되면 어느 정도의 확실한 비교도 가능해질 것으로 믿는다. 그러나 여기서는 엄밀한 비교보다는 외부로 나타난 구조적 특징을 토대로 상호간에 존재하는 비슷한 점 혹은 상이한 점을 간단히 비교해 볼까 한다.

이에 따라, 앞에서 언급한 바와 같이 비교의 출발점을 고대 사회로 정하고, 이로부터 시간의 흐름에 따라 한국 경제, 기업, 그리고 경제 윤리와 기업 윤리가 어떻게 형성되어 지금에 이르게 되었는가를 비교 측면에서 그 과정과 오늘의 모습을 검토하고자 한다. 여기서 한국 경제라고 하면 8·15 해방 이후에 성립한 우리의 경제를 의미하게 되는데, 왜 굳이 고대 사회로 거슬러 올라갈 필요가 있겠는가라고 의문을 가질 수 있겠다. 이에 대한 회답은 간단하다. 경제는 어느 정도의 조건 및 여건만 갖추어지면 짧은 시간 내에 시대별로 특성을 잘 나타낼 수 있는 반면에 윤리 도덕은 그러하지 못하고 비교적 많은 시간을 필요로 하기 때문이다. 다시 말하면 사람의 관습, 의식, 가치 및 믿음 등은 오랜 시간을 통해 형성되고, 또한 그런 과정을 통해 점차적으로 사라져 없어지기 때문인 것이다. 그러므로 여기서 우리들이 규범과 가치를 비교 측면에서 고찰하고자 한다면, 자연히 고대 사회의 생활 및 의식을 검토한 다음, 그로부터 현재의 규범이 어떤 과정을 통해 발전하여 왔는가를 알아볼 수밖에 없는 것이다.

1. 경제 성장과 경제 사회의 발전

한국 경제의 성장과 경제 사회의 발전이라고 하면, 60년대 초 5개년 경제 개발 계획을 실시한 이후에 나타난 경제·사회적 현상을 의미하게 된다. 따라서 여기서도 60년대로부터 시작하여 한국 경제가 어떻게 발전하면서 지금의 모습으로 나타나게 된 것인가 그 과정을 살펴보아야 할 것이다. 그러나 조금 전에 언급한 바와 같이 경제 규범을 고찰하기 위한 접근 방법으로 간주되기 때문에 고대 사회로 거슬러 올라가 보도록 하겠다. 우리 역사에 있어 고대 사회라고 함은 단군 조선으로부터 시작하여 삼국 시대에 이르는 사회를 의미하게 된다. 따라서 여기서도 고대 사회로부터 시작하는 한국 경제와 20세기 중반을 넘어서면서 비약적인 성장과 발전을 이룬 그 과정을 간단히 검토해 보도록 하겠다.

I

한국은 아시아 대륙의 동북쪽에 위치하여 북쪽으로 만주와 연결되면서 중국과 인접하고 러시아와도 국경을 맞대고 있다. 동남쪽으로는 좁은 대한해협을 사이에 두고 일본과 서로 마주보고 있다. 최근에 와서 3~5만 년 전의 구석기 시대의 유물이 많이 발견되고 있는 점을 미루어 보아 오랜 옛날부터 한반도에 인간이 살고 있었다는 사실이 확인되고, 심지어는 공룡의 뼈와 그 발자국이 발견됨으로써 수백만 년 전에 이미 동물들이 존재했다는 것이 확인되고 있다. 지금까지 발표된 학설에 따르면 2~3만 년 전에 소수의 구석기 시대의 사람들이 중앙 아시아를 거쳐 동쪽으로 이동해 오면서 한반도에 들어와 정착하고, 이들 중의 일부는 계속 이동하여 일본으로 건너가 살게 되었다. 이같이 오래 전부터 사람이 살기 시작했지만 기록된 역사에 나타나는 것은 4천여 년 전의 단군이 최초의 한국 사람으로 등장하고 있다. 즉 그에 의해 한국이 국가로서 성립하면서 한민족 사회를 이루게 된 것이다.

기원전 4~5세기경에 그 뒤를 이어 기자조선과 위만조선이 나타나고, 그 다음으로 중국의 한나라가 침입하여 한사군을 설치하였다. 그리고 기원을 전후로 하여 만주 지방에서 부여와 고구려가 나타나고, 이 무렵 한반도의 남쪽에서는 삼한이 세워지고 있었다. 그후 2세기경에 와서 백제와 신라가 등장하면서 고구려와 더불어 삼국 시대를 열게 되었다. 이같은 삼국 시대는 7세기 후반 신라가 백제와 고구려를 차례로 멸망시키고 하나의 국가로 통합함으로써 통일신라 시대로 접어들고, 그후 10세기경에 고려가 나타나 무혈로 권력을 인수함으로써 통일신라 시대는 그 막을 내렸다.

그러나 최근에 와서 고고학의 탐사를 통해 발굴된 유적을 보면 구석기 시대에 이미 사람들이 살았다는 것이 확인되고, 그후 신석기 시대(기원전 6천 년경)에는 전국토에 흩어져 거주한 것으로 나타나고 있다. 처음에 이들은 대체로 바닷가 혹은 강가에서 살았고, 그후 점차로 내륙 지방으로 들어가 생활을 하였다. 이에 따라 이들의 식생활은 사냥, 고기잡이 및 과일 채집 등에 의존하고, 시간이 지나면서 농경지를 가꾸어 농사를 짓고 살기 시작하였다. 그리고 이 시대의 기본적인 생활 단위는 씨족이고, 씨족의 우두머리가 혈연 중심으로 그 집단의 생활을 이끌어 갔다.

신석기 시대를 얼마쯤 지난 다음, 북방으로부터 청동기 문화가 유입되기 시작하여 그때까지 사용하던 석기 대신에 청동으로 된 단단한 도구를 만들어 사용함으로써 수확을 크게 올릴 수가 있었다. 그리고 칼과 창 등의 무기도 만들 수 있게 되어 혈연을 중심으로 한 소규모의 씨족 혹은 부족 사회로부터 탈피하여 무력으로 여러 씨족과 부족을 통합하고, 이를 토대로 작은 국가를 건설하였다. 이같은 생활 변화에 맞추어 주거지도 자신들을 방위하면서 다른 부족을 통치하기에 편리한 구릉지와 같은 장소를 택해 옮겼다. 곧 이어 기원전 4세기경에 중국으로부터 철기 문화가 소개되어 생활의 변화를 가속화시켰다. 그리고 거의 모든 농기구가 견고한 철로써 만들어지게 됨에 따라 수확을 대폭 증가시킬 수 있는 한편, 부의 증대도 기할 수가 있었다.

이와 같이 철기 시대로 접어들면서 씨족 및 부족 사회에서 규모가 큰 국가 사회로 발돋움하는 것과 때를 맞추어 농업이 식생활에서 가장 중요한 위치를 점유하기 시작하였다. 그리고 농업은 지형적 이유로 북쪽보다는 남쪽에서 더욱 발달하고, 밭에서 잡곡은 물론 논에서도 벼농사를 짓기 시작했다. 한편으로 목축이 크게 행하여져 소, 말, 돼지 및 개 등의 가축도 사육되었다. 이렇게 식생활이 농업에 크게 의존하게 되자 한 해의 수확이 국가적인 관심사로 대두되지 않을 수 없었다. 따라서 왕으로부터 시작하여 농민에 이르기까지 모든 사람들이 풍작을 기원하는 행사를 지내고, 그것은 5월에 씨를 뿌린 다음 지내는 기풍제와 10월에 추수가 끝난 뒤에 지내는 추수 감사제였다. 그리고 농사를 돕기 위해 국가적 차원에서 저수지를 만들었을 뿐 아니라 농민들로 하여금 농사에 전념하게 하였다.

이같이 농업을 삶의 기본 토대로 삼으면서 생활을 영위하는 농경 사회는 통일신라가 망할 때까지 지속되었다. 이에 따라 생활은 농업 중심의 자급자족이고, 또한 이런 생활에 매우 만족하고 있었다. 물론 삼국 시대 이전부터 중국과 긴밀한 관계를 갖지만, 이는 어디까지나 정치와 군사 문제에 국한되는 반면에 서구 사회와 같은 먼 거리와의 교역으로까지는 확대되지 못했다. 그러므로 자연히 내부적으로 먼 지역 간의 상거래는 물론 일정한 장소에서 행하는 물물 교환도 성행하지 아니했다.

신라의 멸망으로 고려 왕조가 등장하고, 고려는 호족의 세력이 막강하여 이를 견제하면서 왕권을 강화시키기 위해 제도를 정비하는 한편 과거 제도를 실시하여 많은 인재를 등용시켰다. 그리고 귀족에게 정치에 계속 참여할 수 있도록 음서 제도를 실시하고, 이를 통해 귀족들은 막대한 토지와 노비를 세습받아 막강한 경제력을 행사할 수 있었다. 이같이 정치·군사적으로 엄청난 변화가 일어났음에도 불구하고 생활의 경제적 바탕에는 큰 변화가 발생하지 않았다. 오히려 시간이 흐르면서 막대한 토지와 노비를 가진 귀족들은 농업의 중요성을 깊이 인식하고 이의 발전을 도모코자 하였다. 따라서 경작 기술이 발달하고, 이에 맞추어 벼 재배에서 이앙법도 개발되기 시작하였다. 그리고 기후에 알맞은 품종도 개량해 나감으로써 증산을 기할 수가 있었다.

한편 상업과 유통에 있어 국가가 점포를 만들어 상인에게 임대해 줌과 동시에 전매권도 부여하고, 지방에서는 5일장의 시장이 나타나 특산물을 거래하기도 했다. 그러나 농업 위주의 생활과 서민들의 대외 교역이 이루어지지 못해 시장에서의 상거래 및 행위는 활발하지 못했다. 물론 국가적 차원에서 중국과의 관계가 깊어 학문, 종교 및 특산물 등의 교환 및 전래가 활발히 이루어졌지만, 이러한 거래는 어디까지나 왕과 귀족 중심으로 나타나는 특수한 현상이었다.

고려 왕조가 멸망한 후 조선 왕조가 들어서고, 불교를 배척하고 유교를 받아들임으로써 정치·경제적으로 큰 변화가 발생하였다. 우선 정치에 있어 통치 이념이 완전히 바뀌고, 그리고 양반 계급에 속하는 사람은 천한 직업 혹은 일이라고 하여 농업, 상업 및 공업에 종사하지 못하도록 막았다. 경제에 있어서는 막대한 재정적 뒷받침을 마련하기 위해 토지 개혁을 실시하여 토지를 모두 국유화시켰다. 그런 다음 농민과 노비들로 하여금 농사에 전념케 하면서 수확에서 일정량을 떼어 조세로 바치게 하였다. 이에 따라 농업의 중요성이 더욱 강조되고, 이에 맞추어 농업 기술도 더욱 발달하였다. 즉, 토지를 비옥하게 만드는 방법으로 각종의 거름(비료)을 사용할 줄 알게 되면서 해를 건너뛰어 쉬지 않고 매년 경작하고, 그때까지 직파법이 널리 사용되었으나 모를 옮겨 심어 벼를 재배하는 이앙법이 보급되었다. 그리고 가뭄에 대비하여 많은 저수지가 만들어지고, 기후에 알맞도록 품종의 개량도 시도되었다.

한편 산업과 유통에 있어 고려 시대와 같이 국가가 점포를 만들어 상인에게 임대해 줌과 동시에 전매권도 부여했다. 그리고 그 대가로 국가가 필요로 하는 물건을 바치도록 명하였다. 이러한 시책이 서울의 육의전을 중심으로 실시된 반면에 지방에서는 5일장이 발달하여 농산물, 수공 제품, 수산물 및 약재 등을 거래하였다. 이같이 상거래가 활발히 이루어지게 됨에 따라 엽전 혹은 동전이 만들어져 나왔으나 그 사용은 활발하지 못했다.

이와 같은 농업 중심의 생활은 조선 왕조 말기까지 큰 변화없이 지속되었다. 그러나 17세기 중반을 넘어서면서 중국을 통해 서구의 문물을 접할 수 있는 기회가 생기고, 이로부터 영향을 받아 실학 사상이 대두되면서 경세치용과 이용후생을 강조하기 시작하였다. 다시 말하면, 삶의 기본 바탕인 농업을 더욱 발전시켜 농민에게 보다 많은 이득이 돌아가게 하는 한편 상공업과 기술도 개발하여 상업 및 산업 경제의 발달을 도모코자 한 것이었다. 그러나 이같이 개발을 시도하는 진보적 사상은 개화파에 영향을 주었으나 보수 세력의 완강한 저항에 부딪쳐 주춤하고 말았다. 그리고 말기에 와서 서구 사회에서 유행하던 금화를 주조하여 유통시키려고 했으나 화폐 경제에 익숙하지 못한 그 당시의 경제 사회는 이를 받아들여 생활화시키는 데에 실패하였다.

19세기 말경은 제국주의 시대로 세계 경제는 식민지 쟁탈전이 성행하여 그 극에 달하고, 이로부터 많은 영향을 받은 일본이 한반도로 침입해 들어옴으로써 우리 나라는 식민지국으로 전락하였다. 이 결과 4천 년이란 오랜 세월을 통해 이루어 놓은 정치·사회적 전통과 관습이 깨어지면서 국권을 상실하고, 또한 경제적으로도 생활의 바탕이 파괴되면서 삶에 큰 위험을 느끼기 시작하였다. 이같이 식민지 경제가 성립하자 실학으로부터 시작하여 개화 사상으로 이어지면서 나타나고 있던 경제의 자율적 근대화는 자취를 감추고 말았다. 이 무렵 서구의 경제 선진국들은 자본주의 경제를 바탕으로 경제・사회적 발전을 적극 추진하고 있었던 것에 반해 한국 경제는 경제적 자립과 자유를 상실하면서 억압과 통제에 얽매이는 오랜 암흑 시대로 접어들고 있었다.

Ⅱ

2차 세계 대전의 종전과 더불어 우리 나라는 식민지 지배로부터 벗어나 그렇게도 갈망하던 광복과 자유를 맞이하였다. 그러나 오랜 기간을 통해 식민지 통치하에 있었던 관계로 정치・사회적 및 경제적 기반이 취약해져 정상적인 생활을 어렵게 만들고 있었다. 구체적으로 설명하면, 이념적 차이로 인한 남북간의 분단으로 에너지 공급이 두절되는 것을 비롯하여 원료 및 원자재 공급이 여의치 못하게 됨에 따라 생산 시설의 가동이 중단 상태에 빠지고, 또한 외국으로 망명했던 많은 동포들이 귀국하게 되자 그때까지만 하여도 농업국으로서 주곡의 수급에 여유를 가졌다고 자부하던 한국 경제는 갑작스럽게 쌀 및 생필품 공급이 절대적으로 부족한 매우 절박한 위기에 직면하게 되었다. 이로 인해 가격 폭등, 암거래, 뒷거래, 이중 가격 및 매점매석 등의 각종 부작용이 나타나기 시작하였다.

이와 같은 생활의 어려움과 경제 위기 속에서 미 군정은 정치적으로 자유 민주주의를 소개코자 하는 한편 경제적으로는 시장을 바탕으로 자본주의 경제를 들고 들어와 이를 생활의 기본 토대로 삼으려고 하였다. 그러나 이를 시도하자마자 시장 경제의 원리가 쉽게 적용될 수 없다는 사실을 발견하고 종전의 통제 경제로 되돌아갔다. 이 당시 시장 원리를 바탕으로 자유 경제가 실패로 돌아갈 수밖에 없었던 이유는, 첫째로 우리들이 오랜 생활을 통해 반봉건적 경제에 익숙해져 갑작스럽게 밀어닥친 자본주의 경제에 대해 전혀 아무런 이해와 인식을 갖지 못했기 때문이었다. 둘째로는 오랜 식민지 경제로 인해 왜곡된 한국 경제가 구조적으로 시장 경제를 받아들일 준비를 하지 못하고 있었다.

이같은 최악의 상태에서 50년에 발발한 6·25 동란은 그나마 조금 남아 있는 생산 시설과 경제 하부 구조를 송두리째 파괴하면서 공급을 더욱더 어렵게 만들고, 이로 인해 생활은 단군조선 이래 처음으로 극도의 어려움 속으로 빠져 들어가고 있었다. 이 무렵 공산주의의 남침에 대응코자 많은 지원을 아끼지 않았던 미국과 유엔은 생필품 위주의 구호품을 전달하는 한편 파괴된 경제를 재건하는 데에도 참여하여 많은 경제적 도움을 주기 시작하였다. 이러한 경제적 도움을 바탕으로 50년대 말에 접어들면서 지역별로 소규모의 공장들이 세워지고, 이들이 가동됨에 따라 일부의 생필품이 공급되기 시작하였다. 곧 이어 시행된 수입 대체 산업의 육성 정책에 힘입어 대규모의 생산 시설이 세워지게 되자 이번에는 공급의 부족 현상이 조금씩 해소되기 시작하였다.

그러나 한국 경제의 전반에 걸쳐 어려운 상황이 지속되면서 근본적인 해결책을 필요로 하고 있었다. 따라서 절대 다수의 국민들은 여전히 궁핍한 생활에 허덕이지 않으면 아니 되었다.

60년에 군사 쿠데타를 통해 정권을 장악한 군사 정부는 빈곤으로부터 벗어날 수 있는 방안을 마련하겠다고 공약한 다음, 5개년 경제 개발 계획을 수립하여 이를 적극적으로 추진시켜 나가려 하였다. 그리고 국민들에게 정부의 시책에 적극 호응하는 한편 땀흘려 열심히 일할 것을 요구했다. 이에 대해 사람들은 절대적인 지지를 보내면서 매우 환영하였다. 이같이 서로간에 암묵적인 합의가 이루어지자 모두 뭉쳐 강한 결속력을 나타내면서 서로가 열심히 일하겠다고 다툼까지 벌였다.

70년대에 접어들면서 경제 재건이 어느 정도 이루어진 다음 개발 계획에 따라 경공업이 본격적으로 발달하기 시작하자 경제 성장의 발판이 구축되기 시작하였다. 그리고 생산 시설의 확대에 따라 많은 노동력을 필요로 하게 되자 많은 사람들이 시골로부터 도시의 공장 지대로 이동하기 시작하였다. 이로 인해 그때까지 경제·사회적으로 큰 문제로 간주되었던 만성적인 공급 과잉 상태가 점차로 해소되고 있었다. 또한 생산의 증대가 내수 시장보다는 해외 시장에서의 판매를 목적으로 하였기 때문에 수출이 매우 강조되고, 이는 곧 성장의 견인차 역할을 하게끔 조정되었다. 그리고 생산 증대를 통한 수출의 확대는 충분한 원료 및 원자재의 공급을 전제로 하고 있어 자원의 부족과 기초 산업 낙후 등의 이유를 내세워 중간재와 부품을 수입·가공하여 수출하는 조립 가공식의 산업 구조를 구축해 나갔다.

또 한편으로 경제의 균형적 발전을 도모코자 정부는 전략 산업의 육성에 많은 비중을 두면서 중화학 공업의 육성을 서두르고 나왔다. 이에 따라 여러 곳에 공업 단지를 조성하는 한편 일본의 산업 정책을 모방하여 성장 산업이라고 간주되는 업종을 개발·육성시키고자 하였다. 그리고 투자에 필요한 자금은 외국 자본과 정부의 지원 및 특혜 등으로 충당하였다. 일찍이 군사 정부가 금융 산업을 장악하게 되어 필요한 자금을 정책 금융으로 충분히 감당할 수가 있었다.

이상과 같이 정부가 5개년 계획을 직접 수립하고, 이에 맞추어 수출 주도의 성장을 추구하게 됨에 따라 한국 경제의 특징이 형성되면서 한국 자본주의의 모습을 만들어 내었다. 이 당시 한국 경제의 목표는 고도의 성장과 빠른 발전이고, 이것이 차질없이 달성될 수 있도록 총력을 기울이는 것이 정부의 역할이었다.

74년 1차 석유 파동이 세계 경제와 선진국 경제에 많은 피해를 입힌데 반해 경공업 중심의 한국 경제는 큰 피해를 받지 않아 에너지 위기를 무사히 극복할 수가 있었다. 그러나 선진국 경제가 침체 속으로 빠지게 되자 이들 시장에 많이 의존하고 있던 수출이 어려워지면서 한국 경제도 간접적 피해를 입기 시작하였다. 그리고 선진국들이 국제 수지의 악화를 막기 위해 시장 보호와 수입 규제를 강화시키게 됨에 따라 수출은 더욱더 어려워지기 시작하였다. 이같이 세계 경제의 침체와 이에 따른 수출의 부진은 성장은 물론 해외 금융 시장에서의 자금 조달에도 큰 타격을 입혔다.

Ⅲ

76년, 이와 같은 어려운 상황 속에서 건설을 통한 중동 진출의 기회가 마련되고, 이에 건설 진출이 활발하여지자 노동 인력의 진출도 뒤따르게 되면서 중동 진출의 러시(rush)를 이루었다. 이러한 진출은 그 당시 외화 부족으로 큰 타격을 받는 한국 경제에 많은 외화를 벌어들여 어려운 난국으로부터 빠져 나올 수 있는 계기를 마련하여 주었다. 연이어 국제 해운업의 활황으로 선박 수주가 늘어나게 되자 조선 산업도 활기를 띠면서 국가 경제에 큰 도움을 주기 시작하였다. 이 결과 78년 경상 수지가 처음으로 흑자로 돌아서면서 국가 경제를 호황 국면으로 진입하게 만들었다. 이같은 경기 호황은 고도의 성장을 달성하게 하는 한편 노동 시장에서 수급이 반전되어 공급의 부족 현상을 초래케 하였다. 이에 따라 필요한 노동 인력을 경쟁사로부터 몰래 빼앗아 오는 스카우트 열풍을 불러일으켰다. 그리고 실질 소득이 증가하는 것에 비례하여 소비도 늘어나게 됨에 따라 거의 모든 사람들이 절대 빈곤으로부터 벗어나 어느 정도 만족할 만한 생활을 할 수 있게 되었다. 한편 정부는 경기 호황에 힘입어 중화학 공업의 육성에 박차를 가하면서 이에 엄청난 투자를 하는 한편 기업에게도 과감한 지원과 특혜를 주어 독려하였다.

79~80년에 생긴 2차 에너지 파동은 선진국 경제보다는 중화학 공업의 육성을 서두르고 있던 한국 경제에 더 많은 피해를 입혔다. 1차 파동 때 많은 타격을 받은 선진국 경제는 에너지 소비를 줄이기 위해 에너지 다소비형의 산업을 억제하는 반면에 에너지 절약형인 자본 집약적 및 첨단 산업을 육성코자 함으로써 에너지 위기를 어느 정도 피해 갈 수 있었다. 이에 반해 한국 경제는 에너지를 많이 소비하는 에너지 다소비형인 중화학 공업을 본격적으로 육성시키고자 하게 됨에 따라 엄청난 피해를 받지 않을 수 없었다. 이 결과 물가가 엄청나게 뛰어오르면서 인플레 현상이 나타나고, 또한 생산이 둔화되면서 실업률이 높아지자 성장률이 개발 계획을 실시한 이래 처음으로 무의 성장을 기록하였다. 이에 무역 수지의 적자폭이 더욱 확대되는가 하면 원유 수입의 비용이 증가함에 따라 외채도 거의 곱절로 늘어났다.

이와 같은 경제 여건의 악화는 한국 경제로 하여금 깊은 침체 속으로 빠지게 하면서 개발 계획이 실시된 이후 처음으로 성장 전략에 수정을 가하지 않으면 아니 될 위기에 놓이게 되었다.

80년대에 들어서면서 한국 경제는 침체로부터 빨리 빠져나와 다시 도약할 것을 최우선 과제로 삼았다. 그런데 새로운 군사 정권이 들어서면서 정책 수립에 직접 참여하게 됨에 따라 불안감이 감돌기 시작하였다. 그러나 전문가들의 조언을 받아들여 산업 구조의 조정, 긴축 경제, 그리고 신기술의 개발 등을 주축으로 하는 새로운 정책을 세워 안정 속에서 성장을 계속 추구해 나가겠다고 하였다.

시간이 조금 지나면서 국내·외적으로 큰 변화가 일어나기 시작하였다. 유가와 국제 금리가 갑작스럽게 하락하는가 하면 환율의 절상으로 수출 가격도 떨어지는 3저 현상이 나타나고 있었다. 이같은 하락은 경쟁력을 갖게 만들어 수출에 큰 활력소를 불어넣어 주고, 84년부터는 수출 증대는 물론이거니와 국제 수지의 개선도 두드러지게 나타나고 있었다. 이 당시 수출의 호조는 주로 미국 시장에서 나타나는 반면에 일본의 경우에는 적자의 폭이 계속 늘어나는 추세에 있었다. 이같은 실상이 확인되자 미국은 한국에 대해 지적 소유권을 주장하면서 시장 개방을 강력히 요구하고 나왔다. 이에 반해 일본은 우리의 기술 이전 요구를 거절하면서 그 이유는 양국의 경제가 매우 심한 수직적 경쟁적 관계에 있기 때문이라고 하였다.

86년 한국 경제는 드디어 단군조선 이래 처음으로 무역 수지에서 흑자를 기록하고, 88년 올림픽이 개최되던 해에는 흑자의 폭이 백억 달러에 육박하면서 저물가, 고성장 및 수출 증대를 동시에 달성하는 기적을 이루어 냈다. 이로 인해 경

188

제가 유래없는 최대의 호황 국면으로 접어들면서 소득이 늘어나는 것만큼 소비도 증가하여 풍요로운 삶을 영위하게 되었다. 그러나 노사 관계에 있어서는 불안한 조짐이 나타나기 시작하고 있었다. 수출의 신장으로 생산이 증대되고, 이에 노동 수요가 급증하자 근로자들은 임금 인상을 요구하면서 파업에 들어가려 하였다. 87년 대기업의 근로 현장에서 발생하기 시작하던 노사 분규 및 파업은 시간이 흐르면서 전국적으로 확산되어 중소 기업의 근로 현장에서까지 심각한 노사 간의 대립을 발생하게 만들었다.

Ⅳ

88년 올림픽을 무사히 끝마치자마자 한국 경제는 밑으로 곤두박질치면서 무역 수지가 흑자에서 적자로 반전하는가 하면 물가도 엄청나게 뛰면서 인플레 현상을 나타내 보이기 시작하였다. 이에 경기가 둔화되면서 생산이 떨어지고, 실업도 늘어나는 추세를 보이기 시작하였다. 이같은 경제의 악화에도 불구하고 부동산 투기, 재테크 및 사치성 과소비가 나타나 다시 투기 열풍 속으로 몰아넣으면서 공급 부족 현상마저도 나타나게 하였다.

이에 정부는 위기 의식을 느낀 나머지 지속적 성장만이 당면한 문제를 해결할 수 있다고 판단한 다음 성장 위주의 정책을 펴는 한편 주택 공급을 늘리기 위해 신도시 개발을 서둘렀다. 그리고 부동산 투기를 억제하기 위해 토지 공개념을 도입하는 한편, 개발 이익과 토지 초과 이득을 환수하기 위해 강력한 조세 제도를 마련하였다. 또 한편으로 수출 경쟁력을 떨어뜨린다고 지목된 임금 인상과 노사 분규를 억제시키기 위해 연봉 개념을 들고 나오면서 무노동 무임금 정책을 강력히 추진시켜 나갔다. 이 결과 부동산 투기를 진정시킬 수는 있었으나 무역 수지의 악화와 물가 상승을 억제시키는 데에는 실패하였다.

이에 한국 경제는 높은 물가와 수출 부진이라는 침체 속에서 계속 허덕일 수밖에 없고, 이러함에도 불구하고 사치성 과소비가 줄어들지 않는 기현상마저 나타나고 있었다. 이 무렵 86년에 거론되기 시작한 우루과이 라운드(UR)가 타결되어야 할 시점이 임박해 옴에 따라 농민들은 쌀시장 개방을 둘러싸고 강한 반발을 나타내기 시작하였다. 이와 때를 맞추어 미국도 시장 개방을 더욱더 강력하게 요구하면서 반도체 및 전자 제품 등의 주요 수출 상품을 불공정 거래 상품으로 몰아 이를 슈퍼 301조를 가동시켜 규제하겠다고 위협하고 나왔다. 이같이 국내·외적으로 분쟁에 휘말리게 되자 한국 경제가 또 한 번 파탄에 빠질 위기에 직면하게 되었다.

93년에 들어선 문민 정부는 침체된 경제를 활성화시키기 위해 100일 경제라는 구호를 내걸고, 기업에게 투자를 권유하면서 수출의 활성화 및 증대를 적극 모색하고 나왔다. 그리고 선거 공약으로 내세웠던 쌀시장의 개방을 계속 반대하겠다고 약속하면서 농민들을 안심시킨 다음 전격적으로 금융 실명제를 발표하는가 하면 곧 이어 부동산 투기를 영원히 억제하는 방안으로 부동산 실명제까지도 실시하겠다고 하였다. 그러나 실명제 실시로 인해 나타나는 가시적 효과는 기대한 바와 같이 크지는 아니했다. 93년 가을로 접어들면서 "엔고" 현상과 중국 수출에 특수 현상이 나타나자 수출이 늘어나기 시작하고, 경제도 침체 국면으로부터 벗어나는 조짐을 보였다. 그러나, 낙동강의 페놀 사건이 발생하게 되자 환경 오염 및 파괴가 처음으로 경제 생활의 심각한 문제점으로 거론되기 시작하고, 그후 깨끗한 물 및 공기의 보존이 시민의 최대 관심 사항으로 대두하였다.

94~95년에 "엔고" 현상에 따른 긍정적 효과가 뚜렷하게 나타나자 반도체, 자동차 및 석유 화학 등의 주요 업종에서 수출이 크게 신장하면서 무역 규모를 세계 10위권에 육박하게 만들었다. 이에 힘입어 고성장을 달성하면서 1인당 소득이 1만 달러에 달하는 고소득 국가로 발돋움하게 하였다. 그러나 이같은 경제 호황은 대기업의 업종에만 국한하게 되어 중소 기업은 계속 침체 속에서 고전을 면하기 어려웠다. 또 한편으로 UR의 타결과 새로운 무역 질서인 WTO의 출범으로 농수산물 시장뿐만 아니라 금융 및 서비스 시장도 개방하게 되어 큰 부담을 안게 되었다.

96년에 들어와 OECD 가입을 적극 추진하게 됨에 따라 시장 개방이 앞당겨지면서 이에 대한 준비를 서둘러야 했다. 시장 경제로의 진입은 경쟁력 제고를 전제로 하기 때문에 정부는 기업에 대해 기술 혁신과 업종 전문화를 통한 경쟁력 제고를 권유하는데에 반해 기업은 정부의 규제와 높은 임금으로 인해 거의 불가능한 상태에 있다고 단정한 다음 규제 완화와 임금 인상의 억제를 강력히 요구하고 나왔다. 또 한편으로 경쟁력 제고를 억제하는 요소가 높은 물류 비용이라고 규정하고 이를 인하시키기 위한 사회 간접 투자를 증대시킬 것도 요구했다.

이런 가운데서 "엔저" 현상이 나타나 그때까지 호조를 보이던 수출에 제동이 걸리게 되자 경제적 위기감이 감돌면서 대기업들은 5고를 피하기 위해 해외 직접 투자에 적극적으로 나서기 시작하였다. 다른 한편으로 OECD의 가입 조건으로 근로 조건의 개선도 제시되며 복수 노조, 정리 해고제, 파견 근무제, 3자 개입, 그리고 변형 근로제 등을 둘러싸고 정부, 기업 및 노동자 사이에 긴장감이 감도는 심각한 대립이 나타나고 있었다.

이상과 같이 한국 경제가 다시 침체 국면으로 접어드는 시점에서 국제 수지의 적자가 대폭 늘어나 2백억 달러에 달하는 한편, 외채도 1천억 달러에 육박할 것이라는 전망들이 나오고, 또한 물가도 급등하면서 경제 안정을 위협하게 되자 과연 한국 경제가 정부가 제시한 전망대로 순조롭게 자유 시장 경제 체제로 진입할 것인가를 놓고 많은 논란을 벌이는 것이다. 이때 대기업은 현재의 경제 난국이 고임금 때문이라고 단정한 다음 임금 동결, 고용 감축 및 정리 해고 등을 통해 경제 위기에 대응하겠다고 하였다.

이같은 대기업의 움직임에 노조는 강력히 반발하면서 문제의 근본적인 해결책이 마련되어야 할 것이라고 했다. 그리고 정부는 OECD 가입과 때를 맞추어 통폐합을 통한 금융 기관의 대형화와 금리의 인하를 인위적으로 유도하면서 경쟁력을 10% 정도 향상시켜 나가겠다고 하는 것이다.

2. 기업의 역할과 기여

여기서 기업이 한국 경제가 성장 발전하는 데에 어떤 역할을 하면서 기여하였는가를 살펴볼까 한다. 우선 기업이 무엇을 의미하는지를 정확히 알아야 하겠고, 그렇게 할 때에 비로소 한국 경제와 기업 사이의 관계를 똑바로 파악하게 될 것으로 믿어진다. 앞에서 이미 언급한 바와 같이 우리들이 기업 자체보다는 이들이 행하는 상거래 및 행위에 더 많은 관심을 가지고 있기 때문에 여기서 거론하고자 하는 기업은 많은 사람들이 생각하는 대기업 혹은 재벌 기업에 국한하지 않고 고객 혹은 소비자를 상대로 상거래 및 행위를 하는 모든 조직체와 개인을 포함하게 된다. 따라서 대기업을 위시해 중소 기업, 국영 기업 및 영세 상인들이 모두 기업으로 간주될 것이다. 그러므로 기업의 역할과 기여도 8 · 15 해방 이후의 한국 경제에만 국한되지 않을 것이다. 또한 이들의 상거래 및 행위를 규범 측면에서 고찰하는 것이 본 책자의 목적이므로 더욱더 8 · 15 해방 이후에 국한시킬 필요가 없는 것이다. 그럼 우리 나라의 고대 사회로 거슬러 올라가 간단히 살펴보면서 내려오도록 하겠다.

I

이미 세계 경제를 검토하면서 살펴보았듯이 원시 사회에서는 생활의 특징 때문에 상거래 및 행위가 있을 수 없는 것이다. 이러한 사실은 우리의 경우에도 예외는 아니며, 비록 그렇게 될 수 있다고 하더라도 그 가능성은 희박한 것이다. 서구 사회는 지중해를 중심으로 먼 거리의 지역과 왕래를 하면서 상거래 및 행위를 하기 시작하였다면, 그러한 지리적 조건이 우리에게는 처음부터 주어지지 않았다. 즉 서쪽으로부터 이동해 와서 정착하였기 때문에 중국과 밀접한 관계를 가질 수밖에 없는 반면에 일본과는 그후 상당한 시간이 지난 다음에 왕래를 하기 시작했다.

역사에 나타난 바에 의하면 우리 나라는 단군조선으로부터 시작된다고 하지만, 고고학에 의해 밝혀진 유물을 감안할 때에 인간의 삶은 그것보다 훨씬 앞선 석기 시대로부터 시작된 것으로 판단된다. 따라서 우리의 조상들은 오랜 옛날에 한반도로 들어와 살기 시작하고, 생활은 수렵, 주워 먹기, 그리고 강에서 고기를 잡아먹으면서 동굴보다는 움막에서 기거한 것으로 나타나고 있다. 그런 다음 기자조선과 위만조선을 거쳐 삼한 시대에 와서는 밭을 가꾸어 씨앗을 뿌리고, 가을에 가서 수확하여 먹고 사는 농경 사회로 접어들고 있었다.

역사가들의 조사에 의하면 동서양을 통해 농업을 시작한 시기는 거의 비슷하다고 한다. 그런데 이를 생활의 기본 바탕으로 하였는지 혹은 보조 수단일 뿐 다른 방법으로 생계를 꾸려 나갔는지는 그 당시의 지리적 조건과 기후에 따라 결정되었다고 한다. 이같은 학설과 출토된 유물을 감안하여 본다면 우리 나라는 이미 삼한 시대에 농업을 위주로 살아가는 농경 사회로 깊숙이 들어가 생활을 영위해 나갔다는 사실은 벽골제와 같은 저수지로서 확인된다. 그리고 삼국 시대 초기에는 논에서 벼를 심기 시작하고, 이로부터 수확한 쌀을 주식으로 하였다. 물론 서구 사회와 같이 수렵, 물고기 잡이 및 열매 따먹기 등도 하였겠지만 이는 어디까지나 논과 밭에서 경작하여 얻는 농산물의 보완적 역할에 그쳤다.

이같은 생활 속에서 이웃과의 관계는 서구 사회와 비슷하게 어려울 때에 빌려 주면서 받고, 남아돌아가면 나누어 먹는 공동체 생활을 가족 중심으로 하고 있었다. 따라서 씨족 혹은 부족 사회가 발달할 수 있고, 이러한 사회가 발달하면 할수록 개인보다는 공동체가 우선하였다. 이에 상거래 및 행위보다는 이웃간에 빌리고, 나누어 가지거나 혹은 먹는 것이 더욱더 자연스러운 생활 방식이 되고, 실제로도 그러한 생활을 행하였다.

그리고 이같은 공동체적 농경 사회 속에서 중국과의 관계는 정치·군사적 측면을 중시하지 않을 수 없게 된다. 즉 통치 영역을 확대하거나 혹은 경작하기 좋은 땅을 빼앗기 위해 침입하는 것이 생활의 중요한 부분이 되는 것이다. 중국과 한국 사이를 비교하여 볼 때 토양과 기후에 있어 큰 차이가 없었기 때문에 한쪽이 다른 쪽에서 갖지 못하거나 재배하지 못하는 특산물을 가질 수 없었다. 이에 따라 서구 사회에서 볼 수 있었던 먼 거리 사이의 교역과 상거래가 동양 사회에서는 발생하지 않았다. 이에 이들 국가는 자신들이 재배하고 수확한 작물로 살아가는 데에 만족하고, 그것으로 충분하였다.

삼국 시대에 들어와 한국과 중국 사이에는 군사적 충돌이 빈번하게 일어나면서 정치·군사적 관계가 깊어지는 한편 문화 교류도 활발하여졌다. 특히 종교, 언어 및 학문 등이 전래되어 생활 의식 및 양식에 큰 영향을 미쳤다. 그러나 서민들 사이에서 특산물을 교환하는 상거래는 이루어지지 않았을 뿐 아니라 그러한 특산물도 가지고 있지 아니했다. 물론 왕과 귀족에게는 귀한 물건을 조공의 형태로 서로 주고받은 것은 사실이지만, 이는 일반 서민의 생활과는 거리가 먼 일이었다.

일본과의 관계에 있어서도 비슷하였다. 일본과 매우 가까운 관계를 가졌던 백제는 특산물을 교환하는 교역보다는 문화, 종교 및 학문 등의 교류에 더 많은 신경을 쓰고, 이에 따라 백제로부터 불교, 한문 및 도자기 기술 등이 일본으로 전래 혹은 전달되었다. 한편으로 신라와의 관계는 정상적인 교류보다는 몰래 들어와 약탈하거나 빼앗아 도망가는 야만적인 행동을 일삼아 왔을 뿐이었다.

이와 같이 이웃 나라와의 관계가 정치·군사와 더불어 문화 및 종교적 교류에 국한되는 한편, 이러한 관계도 왕과 귀족 중심으로 이루어지고 있었다. 또한 이들 국가는 서로 가까이 인접하고 있음에도 불구하고 민족 및 종족 의식이 강하여 외부로부터 이방인을 선뜻 받아들여 함께 살아가는 개방적인 생활 자세도 갖고 있지 아니했다. 그리고 왕과 귀족 사이에서 정략적 혼인 관계가 간혹 이루어지고 있었지만, 이는 어디까지나 정치적 목적을 위해 행하였을 뿐이었다. 따라서 서민들 사이에서 왕래와 혼인 관계는 생각할 수도 없는 일이었다.

다시 말하면, 폐쇄적 농경 사회와 강한 유대 관계를 갖는 씨족 사회 속에서 자급자족적 생활로 충분히 만족하고 있었기 때문에 굳이 이웃 나라와 거래할 필요가 없었고, 또한 그렇게 할 특별한 이유도 없었다. 이같은 폐쇄적 생활은 국가 차원에만 국한되지 않고 서민들에게도 동일하였다. 강한 유대 관계를 갖는 씨족 사회는 매우 배타적이어서 다른 지역으로부터 이방인이 들어와 함께 어울려 살아가는 것을 매우 싫어하고, 또한 다른 지역으로 가서 사는 것을 죽는 것보다도 더 싫어했다. 씨족 사회 속에서 이웃과 밀접한 관계를 가지면서 어려울 때 서로 도움을 주고받는 것으로 만족하고, 그렇게 하는 것을 당연한 일로 생각하였다. 따라서 이같은 폐쇄적 생활 속에서 서구 사회에서 볼 수 있었던 이득을 위한 상거래 및 행위는 생각조차 할 수 없는 일이었다.

고려 시대로 내려와서 이러한 폐쇄적 생활 자세는 지속되고 있었다. 중앙 집권제와 과거 제도가 실시되어 많은 인재가 등용되면서 보다 효율적인 국가 운영이 이루어진 것은 사실이지만, 이웃 나라와의 관계에서는 군사적 충돌이 빈번하면서 수차례에 걸쳐 몽고족으로부터 침입을 받았다. 이외에 여진 및 거란족과의 관계는 특산물의 교환보다는 군사적 마찰이 더 많이 발생하고, 고려는 이들 종족과의 거래 및 교역을 처음부터 꺼려했다. 이에 반해 중국의 송나라와는 매우 우호적 관계를 맺으면서 종교적 및 문화적 교류가 활발히 이루어졌다. 그러나 이는 어디까지나 왕과 귀족 사이에서 행하여지고 있을 뿐이었다. 한편 중국을 모방하여 주화를 만들어 유통시키려 했지만 폐쇄적 농경 생활을 영위하고 있었기 때문에 큰 호응을 얻지 못했다.

이같이 삼국 시대 이전부터 정착되기 시작한 농업 중심의 폐쇄적 생활은 조선 왕조에 와서도 계속되고 있었다. 앞에서 언급한 바와 같이 시대적으로 내려오면 올수록 농업 기술이 발달하여 많은 수확을 올리게 됨에 따라 농업을 통한 자급자족의 생활에 큰 불만을 가질 이유가 없었다. 특히 유교의 통치 이념에 따라 거의 완벽한 계급 제도가 실시되면서 사회의 엘리트로 분류되는 사대부 양반들로 하여금 유학과 학문에만 전념케 함으로써 농업은 서민과 노비들의 몫으로 돌아갔다. 그리고 상공업은 하인급에 속하는 평민들이 하는 일로서 천한 직업으로 받아들였다. 이에 따라 고려 시대와 같이 엽전을 만들어 유통시키려 했지만 실패하고 말았다.

이 당시 유행했던 것은 상거래보다는 어려울 때 서로 도움을 주고받는 상부상조의 "계"이고, 이는 씨족 및 지역 사회의 단합과 단결을 유도하면서 구성원 사이에 강한 유대감을 가지게 했다. 이에 따라 비록 국가가 점포를 만들어 임대해 주었음에도 불구하고 상거래는 활발하지 못했다.

중반을 넘어서면서 서울에 육의전이라는 상설 상가가 국내외로부터 특산물 혹은 특산품을 구입하여 판매하기 시작하였다. 그러나 이러한 상거래 및 행위는 왕실의 수요를 충족시키기 위한 수단이고, 그 다음으로 양반들을 상대로 상거래를 하였다. 이 당시 시골의 5일장을 돌아다니면서 특산물을 거래하는 보부상이 나타났지만, 이들이 소수에 불과할 뿐 아니라 특정의 직업 의식마저도 갖지 못하면서 배타적인 행동을 하였기 때문에 이들에 의한 상거래는 일반화되지 못했다. 한편 조선 왕조에 와서는 중국 및 일본과의 왕래가 빈번해지고, 일년에 수 차례에 걸쳐 상인들이 수신사를 따라가 특산물 혹은 특산품을 교환하는 교역이 어느 정도 활성화되기도 하였다. 그러나 이들은 주로 육의전을 대표하는 사람들이었다.

Ⅱ

19세기 중반을 넘어서면서 미국과 일본이 문호 개방을 요구하고, 이에 굴복하면서 부산항을 개방하게 되자 외국과의 교역이 본격적으로 이루어지기 시작하였다. 이 당시 한국과 일본 사이에 농수산물과 광물 등의 원료 및 원자재가 많이 거래되는 한편 가내 공업 형태로 생산된 상품도 소량으로 교환되었다. 이같은 상거래 혹은 교역은 항구를 비롯하여 지방의 도읍에서 상인들이 나타날 수 있게 하고, 이들 상인이 원료 및 원자재의 확보와 수입된 상품의 판매를 위해 지방의 도읍을 돌아다니게 됨에 따라 상설 시장이 생겨났다.

그리고 외국 상인들이 상거래를 위해 국내에 들어오게 되자 이들과 거래할 수 있는 조직이 필요하고, 이에 지금의 회사와 같은 상업 조직체가 처음으로 나타나기 시작하였다. 이러한 조직체는 곧 산업 쪽으로 확산되어 면직업에서 먼저 생겼다. 이같은 확산은 그때까지 소규모의 가내 수공업 형태로 있던 경제를 근대적 공장 공업으로 발돋움하는 계기를 마련하여 주었다. 그리고 한일 합방 이후에는 식민지 교역이 확대됨에 따라 소규모의 산업 생산도 면직업 이외에 연초, 철공, 양조 및 제재 쪽으로 확대되어 갔다. 이같은 생산 확대에 맞추어 시장에서의 상거래도 활발하여지기 시작하자 생산과 상거래를 통해 이윤을 추구하는 상인과 기업이 나타나고 있었다.

그러나 곧 이어 일본의 식민지 정책이 강화되자 조선 회사령에 의해 한국 사람의 상거래 및 행위가 억제되고, 이에 일본인이 설립한 회사가 100여 개에 달하는 반면에 한국인의 회사는 불과 21개밖에 되지 않았다. 그리고 회사 설립을 위해 불입된 자금도 일본인의 경우에 비교하여 그 절반 수준에 머물고 있었다. 그러나 20년대에 접어들면서 조선 회사령이 폐지되는 한편 민족 기업에 대한 규제도 크게 완화됨에 따라 한국인이 설립한 기업수는 362개로 대폭 늘어나고, 또한 자본금도 다소 증가하였다. 하지만 이러한 증대와 증가는 일본인의 경우에 비교하면 여전히 낮은 수준에 머물렀다.

31년부터 45년 해방까지는 일본이 만주 사변, 중일 전쟁, 그리고 태평양 전쟁을 치르기 위해 한반도를 자신들의 병참 기지로 사용하였다. 31년 만주 사변은 한국 경제에 큰 전환점이 되면서 기업 활동에 새로운 기회를 마련해 주었다. 즉 일본은 대륙 진출의 전초 기지를 한반도에서 만주로 옮기면서 조선을 일본의 경제권에 편입시키는 한편 근대 공업화를 추진시킨 것이었다. 이로 인해 한반도의 공업 생산은 10년대에 비교해 6배, 44년에는 20배 이상으로 증가하면서 그 구성 비율도 10%에서 34%로 증가하였다.

그리고 중국 본토의 침략이 본격화되자 중공업 기지화의 계획이 세워지면서 중화학 공업이 처음으로 소개되었다. 그러나 근로자에 있어 2백 명 이상 고용한 기업 중에서 87%가 일본인이 경영하는 기업이고, 이에 따라 민족 기업은 영세한 자본으로 경공업 분야에 집중할 수밖에 없었다. 이 당시 생산된 주요 상품은 고무, 유지, 제과, 제련, 전력, 제지, 목재, 시멘트, 모직, 유리, 타이어, 방직 및 도자기 등이고, 이들 중에서 민족 기업이 많이 모인 업종은 방직, 고무, 미곡, 목재 및 운수업 등이었다. 그 당시 경성방직은 민족 자본으로 설립된 대표적인 큰 기업이었다.

Ⅲ

2차 세계 대전의 종전과 더불어 맞이하게 된 해방은 정치적으로 일본의 통치로부터 완전히 벗어나 처음으로 생소한 자유 민주주의를 받아들이는 한편 경제적으로는 자유 시장을 기본으로 하는 자본주의 경제도 수용하였다. 그러나 소수의 지식인을 제외한 절대 다수의 국민들은 오랜 세월을 통해 농경 사회의 생활에 익숙해져 왔기 때문에 자본주의 경제가 무엇을 의미하는지에 대해 전혀 아는 바가 없었다. 사실 이 당시 일본의 식민지 통치하에서 어느 정도의 상거래 및 교역이 이루어졌다고 하더라도 많은 사람들은 필요한 생필품을 상설 시장 혹은 5일장에서 구입하는 상거래 및 행위에만 익숙해져 있었을 뿐이었다.

앞에서 이미 언급한 바와 같이 해방 직후 한국 경제는 공급의 절대 부족으로 인해 극도의 혼란 속에 빠져 들게 되어 기업이 이윤을 목적으로 하는 생산은 물론 소비자도 자신들이 필요로 하는 생필품을 마음대로 시장에서 구입할 수가 없었다. 즉 시장의 고유 기능이 발휘되지 못하게 됨에 따라 정상적인 상거래 및 행위가 이루어질 수 없었던 것이다.

이런 가운데서 시장에서 거래되는 상품은 공산품과 미곡을 제외한 잡곡, 채소류 및 생선 등뿐이었다. 따라서 시장에서의 상품 거래는 한산해질 수밖에 없었다. 이러함에도 불구하고 노동의 과잉 공급으로 인해 상업에 종사하겠다는 영세 상인들이 대폭 증가하게 됨에 따라 시장 및 상품 거래의 질서는 매우 혼란스러워지기 시작하고 있었다. 거의 대부분의 상인들이 매점매석, 뒷거래 및 폭리 등은 물론 거짓, 속임수 및 사기까지 벌여 자신들의 이익을 챙기는 데에 혈안이 되었다. 이때 큰 이득을 본 상인들은 자본 축적이 가능해지면서 지역을 벗어나 전국을 상대로 하는 큰 규모의 상거래 및 행위를 할 수 있는 거상으로 발돋움하였다.

한편 식민지 통치하에서 설립된 기업들은 원료, 원자재 및 전력 공급의 두절 등으로 인해 생산이 중단 상태에 빠지게 되자 기업 경영에 큰 타격을 받았다. 이에 이들은 마카오와 교역을 시작하면서 생고무, 양복지 및 신문 용지 등을 수입하는 대신 중석과 미 군용 차량의 부품 등을 수출하려 했다.

아무튼 이 당시 미 군정은 자유 시장 원리를 도입하려다 실패하였지만, 일본인이 소유하였던 재산을 일반인에게 불하하려 했다. 따라서 이중 일부는 불하가 되고 그 나머지 많은 부분은 한국 정부에 이양시켰다. 그리고 한국 경제가 필요로 하는 소비재 중심의 생필품을 원조하려 했다. 그러나 곧 이어 발발한 6·25 동란은 생산 시설의 파괴는 물론 기업 활동에도 엄청난 타격을 가하였다. 하지만 휴전 협정이 체결되고 귀속 재산의 처리가 마무리되는 동시에 해외로부터 원조가 재개되자 정부로부터 특혜를 받은 기업이 대기업으로 발돋움할 수 있는 토대를 구축하는가 하면 국가가 직접 경영하는 국영 기업체도 등장하였다.

이들 기업은 맥주, 화약, 직물업, 비료 및 철강업에서 두각을 나타내고, 이중에서 일부의 민간 기업은 금융, 제당, 제분, 모직, 시멘트 및 판유리 등의 업종에서 독과점을 형성할 수 있어서 일약 재벌 기업으로 성장하였다. 이 당시 이들의 기업 경영은 자기 자본을 바탕으로 한 경영의 효율성 및 합리화보다는 원조 물자, 귀속 재산의 불하, 특혜 금융, 환차 이익, 인플레, 저임금, 저금리, 그리고 유통 과정에서의 폭리 등을 통해 막대한 이익을 얻는 데에 초점을 맞추고 있었다.

IV

62년 군사 정부에 의해 실시된 5개년 경제 개발은 기업에게 새로운 기회를 마련하여 주었다. 1차 개발 계획이 에너지 공급원의 확보, 농업 생산력의 증대, 기간 산업의 확충, 사회 간접 자본의 충족, 수출 증대, 그리고 기술 진흥 등에 초점을 맞추게 되자 정유 산업, 화학 비료 공업 및 시멘트 공업이 일차적으로 육성되었다. 그리고 2차 계획이 자립 경제에 중점을 두게 되자 철강, 기계 및 화학 공업 등이 크게 발달하기 시작하였다. 이에 따라 이들 공업 혹은 업종에 관련된 민간 기업과 국영 기업은 그 규모에 있어 대형화되면서 대기업으로 성장할 수가 있었다. 한편 중소 기업의 육성 시책이 발표되면서 중소 기업 전용 공단과 협동 조합이 조성 및 설립되자 중소 기업도 대기업과 더불어 성장할 수 있는 기회를 가졌다.

곧 이어 전자, 조선 및 철강 산업의 육성 및 진흥 계획이 마련됨에 따라 이번에는 전자, 자동차 및 조선 업종에서 대기업들이 탄생하기 시작하였다.

이같이 짧은 기간 동안에 정부 주도의 개발 계획에 따라 많은 기업들이 대기업으로 발돋움할 수 있었던 것은 외국으로부터 막대한 자금을 빌려 올 수 있었기 때문에 가능하여졌다. 그러나 충분한 준비와 완벽한 사업의 타당성 조사가 이루어지지 않아 과잉 투자와 중복 투자를 초래케 하는가 하면 기업이 전문 경영인의 부재로 합리적 경영 관리를 기할 수 없게 되자 경영상의 많은 손실도 초래하였다. 자세히 말하면, 기업들이 경영의 실질적 합리화와 효율화를 추구하기보다는 밖으로 드러난 형식을 존중하고, 경영 원칙을 무시한 가운데서 적당주의와 요령주의에 따른 경영에만 급급하였던 것이다.

이 무렵 기업인의 상호 협조와 이익 증진을 목적으로 하는 전국경제인연합회가 설립되어 기업의 이익을 증대시키고자 그 활동을 개시하였다.

70년대에는 2차 계획이 마무리되고 3, 4차 계획이 실시되었다. 이에 3차 계획이 산업 구조의 고도화, 국제 수지의 개선, 주곡의 자급, 그리고 지역 개발의 균형 달성에 초점을 맞추게 되자 광공업의 성장이 두드러지게 나타나면서 그 비중도 매우 높아졌다. 그러나 투자 재원의 조달을 외자에 의존하게 됨에 따라 외채에 의존적이면서 만성적 국제 수지의 악화 등이 심각한 문제로 부상하기 시작하였다. 이에 기업들은 국제 수지의 개선을 위해 수출 증대에 전력을 투구하지 않으면 아니 되었다.

이무렵 정부는 국제 경쟁력 혹은 수출 경쟁력의 제고와 수출 증대를 겨냥한 나머지 기업의 집단화 및 대형화를 시도하면서 일본의 종합 상사 제도를 모방하여 종합 상사 제도를 도입하였다. 그리고 이들 기업에게 대규모의 생산 체제를 갖추도록 유도하는 한편 많은 금융 및 세제상의 특혜와 지원을 주었다.

1차 석유 파동 이후 수출 부진으로 인해 한국 경제는 매우 심각한 상태에 빠지고, 이때 기업이 건설업의 해외 진출을 이끌어 냄으로써 중동 진출이라는 새로운 활력소를 불어넣어 주었다. 처음에는 단순한 토목 공사를 통한 근로자의 진출이 주류를 이루었으나 점차로 조선 및 플랜트 분야의 진출도 가능하여짐에 따라 조선업이 크게 성장하였다. 이같은 해외 진출이 침체에 빠진 한국 경제에 큰 도움이 된 것은 사실이지만, 기업에게도 막대한 이득을 보게 하여 국제 기업으로 발돋움할 수 있는 계기를 마련하여 주었다. 이 당시 대기업들은 문어발식의 확장을 통해 수십 개의 계열 기업을 거느리는 초대형의 그룹으로 부상하였다.

이같이 대기업들이 종합 상사 제도와 중동 진출을 통해 초대형의 그룹 기업으로 변신하는 것에 반해 중소 기업은 정부로부터 특별한 혜택을 받지 못하여 침체 상태에 머물고 있었다. 이들 중의 일부는 대기업에 반제품 혹은 완제품을 납품하는 하청업체로 전락하고 있었다. 특히 수출을 위주로 하는 업종 혹은 산업에서 두드러지게 나타나고, 이들이 영세한 자본으로 하청받은 상품을 생산해야 하기 때문에 대기업에 많이 의존하지 않으면 아니 되었다. 이같은 의존도가 높으면 높을수록 중소 기업의 경영은 더욱 악화되어 갔다.

다른 한편으로, 성장으로 국가 경제의 규모가 확대되면서 소득도 증대하기 시작하자 금융, 보험, 호텔, 식당 및 문화 등의 서비스 산업도 크게 발달하였다. 이에 따라 기업들은 자본 축적이 가능해지면서 대기업으로 발돋움하고, 폭증하는 수요와 새롭고 고급스러운 서비스를 요구하는 소비자의 기호에 맞추어 새로운 상품 및 경영 방법을 도입하여 떼돈을 벌기 시작하였다.

79~80년에 발생한 2차 에너지 파동은 한국 경제에 큰 타격을 가하고, 기업도 큰 피해를 받았다. 지난 10년간 외형적으로 크게 성장하면서 경영의 합리화를 통해 경영 기반을 굳건하게 다지기도 전에 몰아닥친 경기 침체와 수출 둔화는 이

중 삼중으로 큰 어려움에 직면하게 하였다. 곧 이어 경제의 재도약을 위해 시도된 정부의 산업 구조의 조정 정책은 기업에게 큰 위협이 되면서 많은 부담을 안겨 주었다.

이 당시 일부의 기업은 산업 구조 조정 및 부실 기업의 정리 대상으로 지목되어 주력 업체를 타기업에게 넘겨주어야 하는가 하면, 또 다른 일부는 예상하지 않았던 유망 업종 혹은 업체를 인수하게 되어 하룻밤 사이에 초대형 기업으로 부상하였다. 그러나 인수받은 기업을 짧은 시간 내에 합리적 경영을 통해 흑자 경영으로 전환시키는 것이 쉬운 일은 아니었다.

이와 같은 산업 구조의 조정과 부실 기업의 정리와 더불어 전략 산업 혹은 업종이 결정되자 기업은 국가의 정책에 맞추어 문어발식 확장으로부터 전문 생산업체로 변신하면서 합리적 경영을 시도하려 했다. 한편 산업 구조의 조정에 따른 기업의 재편이 경쟁력 제고에 꼭 필요한 것이었지만 그것으로 충분하지만은 아니했다. 따라서 기업들은 앞을 다투어 감량 경영을 시도하면서 경영의 합리화 및 효율화에 한층 더 많은 신경을 쓰고, 이에 실패한 기업은 도태되어 사라졌다.

이 무렵 침체로부터 벗어나 경제의 재도약을 기하기 위해서는 그때까지의 통제 경제보다는 시장 원리를 바탕으로 한 자유 경제가 더욱 효과적이라는 분위기가 조성되자 국영 기업의 민영화가 적극 추진되고, 이러한 추진은 일부의 기업에게 대재벌 기업으로 약진할 수 있는 기회를 제공하였다. 그리고 정부는 민영화에 맞추어 모든 국영 및 투자 기업에 경영 평가제를 실시하여 부실 예방 혹은 경영의 효율성을 한층 더 높이려고 하였다. 이 결과 국영 기업과 투자 기업은 민간 기업처럼 경영의 합리화를 통해 크게 신장하는 모습을 보였다. 그러나 이들의 대부분이 독점적 성격을 띠고 있어 소비자에게 주는 피해도 상당하였다.

한편, 중소 기업은 대기업의 부진으로 인해 많은 어려움을 받으면서 존립의 위협마저도 느끼기 시작하였다. 이에 정부는 중소 기업의 육성책을 발표하면서 기술 혁신과 신기술의 개발에 힘쓰도록 독려하는 한편 이에 필요한 자금을 융자해 주겠다고 하였다. 그러나 금융 기관의 까다로운 대출 조건과 전문 기능공의 공급 부족으로 그 효과는 기대 이하였다. 이 결과 대기업과 중소 기업 사이의 간격 및 격차가 더욱 넓어지면서 대기업이 약진하는 반면에 중소 기업은 제자리 혹은 뒤로 물러서 위축될 수밖에 없었다.

아무튼 이 당시 기업 경영에 나타난 특징은 확장보다는 감량, 그리고 답습보다는 혁신에 더 많은 비중을 두고 기술 혁신과 신상품의 개발에 총력을 기울이면서 이를 바탕으로 경쟁력을 향상시킴과 동시에 수출 증대를 도모코자 하였다. 이에 대기업은 전자, 반도체 및 자동차 산업 등의 유망 업종에 많은 시설 투자를 하는 한편 이에 따른 새로운 기술을 개발하려고 많은 노력을 기울였다. 이에 반해 중소 기업은 이같은 대기업의 전략에 맞추어 앞으로 다가올 생산 증대에 대비하고자 그 준비를 서두르고 있었다.

86년 수출 증대와 무역 수지의 흑자로부터 시작된 경제 호황은 기업에게 오랫동안 침체되었던 분위기로부터 벗어나 매출 신장에 따른 고수익을 얻게 하였다. 다시 말하면, 국제적으로 3저 현상이 나타나 수출 증대에 크게 기여한 것은 사실이지만 2차 에너지 파동 이후 감량 경영과 신기술 및 신상품의 개발을 크게 도와 반도체, 컴퓨터 및 자동차 등의 상품 수출에서 큰 실적을 올릴 수 있게 하였다.

이와 같이 수출 신장으로 달성하게 된 매출 증가와 고수익은 88년 가장 많은 흑자의 폭을 기록할 때에 그 절정에 달하였다. 이 당시 중소 기업도 수출 호조에 힘입어 대기업에 납품이 크게 늘어나면서 대금 결제도 만족스러웠다. 이에 대기업의 정도에는 못 미치지만 상당한 수익과 규모의 확대를 기할 수 있었다. 한편 내수 시장에 의존한 중소 기업도 경기호황에 따른 수요 폭발로 높은 매출 신장과 수익을 얻을 수 있었다. 이와 같은 수출 증대에 따른 경기 호황과 기업 매출의 신장은 고성장으로 이어지면서 소득을 높이고, 이는 상거래 및 행위를 더욱 활발하게 만들었다. 특히 올림픽 개최를 기회로 삼아 기업 홍보를 적극 추진함으로써 대기업이 세계적 기업으로 발돋움하고, 상품의 브랜드도 알려지기 시작하면서 그룹의 이미지 제고에 크게 기여했다.

V

87년부터 일어나기 시작한 노사 분규와 올림픽 이후 3저 현상의 소멸은 그때까지 밝게만 보이던 수출 시장을 어두움으로 가려지게 하고, 드디어 수출이 둔화되면서 무역 수지에 적자를 나타나게 하였다. 90년에 들어와 매출이 현저히 둔화되면서 생산이 감소하고, 이것이 경기 침체로 이어지자 중소 기업은 물론 근로자도 타격을 받기 시작하였다. 이 당시 대기업은 토지의 공개념을 둘러싸고 정부와 신경전을 벌이지 않을 수 없고, 이로 인해 5개년 계획이 실시된 이후 처음으로 매입한 토지가 비업무용이라고 판정받으면서 엄청난 세금을 내야만 했다.

그리고 수출 부진과 경기 침체에 대응하기 위해 감량 경영을 시도하면서 안정 기조를 유지시켜 나가려고 하였다. 그러나 노사 분규가 매년 연속적으로 발생하여 생산과 수출에 차질을 빚어 내고, 또한 기술 개발도 생각과 같이 용이하지 않아 경쟁력 제고에 많은 어려움이 뒤따랐다.

이와 같이 기업들이 침체 속으로 빠져 들어가는 것과는 대조적으로 경기 호황 때에 투기로 한몫을 잡은 졸부와 중소기업의 일부는 사치성 과소비에 앞장서고, 일반 시민들도 한번 익숙해진 과소비로부터 빠져 나올 수 없게 되자 백화점, 고급 음식점, 호텔 및 유흥업소 등의 서비스 산업은 엄청난 호황을 맞이하여 높은 수익을 올렸다.

그리고 근로자들이 3D 업종을 기피하게 됨에 따라 중소기업이 인력 수급에 큰 어려움을 겪는 반면에 서비스 산업은 더욱더 많은 호황을 누리면서 상당한 부를 축적하기 시작하였다. 이에 외국의 다국적 기업들이 앞을 다투어 서비스 산업에 진출하고 있었다.

90년부터 점차로 본격화되기 시작한 경기 불황, UR의 타결과 WTO 체제의 출범, 그리고 북미를 비롯한 세계 각국의 경제 통합 혹은 연합은 한국 경제는 물론이거니와 기업에게도 큰 부담을 안겨 주었다. 이에 새로이 정권을 장악한 문민 정부도 국제화와 세계화를 강력히 주장하면서 세계 각국 간의 치열한 경쟁 속에서 살아 남을 수 있는 길은 오로지 경제력을 제고시키는 것밖에는 없다고 하였다. 이같은 위기감 속에서 대기업과 중소 기업들은 해외 진출에 열을 올리면서 거액의 해외 직접 투자를 연이어 시도했다. 이 당시 중소 기업은 고임금과 채산성의 악화로 국내 생산이 어려워진다는 이유를 내세워 임금이 낮은 베트남 및 필리핀 등의 동남 아시아와 중국으로 빠져 나가고, 대기업은 규제 완화를 강력히 요구하면서 직접 투자, 합작 투자, 인수 및 합병 등의 형태로 수출 시장이 가까우면서도 투자 조건이 매우 유리한 국가로 대거 진출해 나가고 있었다.

95년 "엔고" 현상과 중국의 특수는 수출에 활력소를 불어넣어 주고, 특히 첨단 제품과 고부가 가치 상품을 생산하는 대기업이 수출 신장에 힘입어 고성장과 고수익을 달성할 수 있었다. 이에 반해 대기업 혹은 수출과 관련된 중소 기업을 제외한 대부분의 중소 기업은 70년대 이후 계속 침체 속에서 허덕이고, 금융 기관으로부터의 자금 대출도 계속 여의치 못하게 되자 도산하는 기업들이 속출하였다.

이러한 가운데서 새롭게 나타난 현상은 전직 두 대통령의 비자금 및 뇌물 사건과 관련하여 재벌 총수들이 기소되어 검찰청에 출두하는 것이었다. 검찰 심문과 언론 재판에서 많은 모욕감과 수치심을 느낀 총수들은 앞다투어 2세에게 경영권을 넘겨주고 뒤로 물러서고 있었다.

그리고 경영권을 물려받은 2세들은 한결같이 모두가 세계 제일 혹은 초일류의 기업으로 성장하겠다고 다짐하는 한편 소비자가 신뢰하는 정도의 경영을 하겠다고 약속하는 것이었다. 그런 다음 수출 시장의 악화, 국가 경제의 5고 현상, 그리고 정부의 강력한 규제 등을 이유로 내세워 해외 진출을 서두르는 것이었다. 이 무렵 대재벌 기업의 상당수가 세계 100대 기업 속에 들어가고, 개인 재산으로 세계 10위권 내에 들어가는 총수도 나오고 있었다.

3. 경제 윤리

앞에서 우리들은 윤리 도덕이 무엇을 의미하며, 선진국 중심의 세계 경제가 발전하는 과정에서 경제 윤리가 어떻게 형성되어 왔는가를 살펴보았다. 여기서는 한국 경제가 발전하여 오는 가운데서 경제 윤리가 과연 어떻게 형성되어 지금에 이르고 있는지를 검토해 볼 것이다. 그런데 이곳에서 우리들이 주의해야 할 점은 세계 경제와 한국 경제 사이에 많은 차이점이 존재하고 있다는 사실이다.

다시 말하면, 이들이 형성하게 된 동기, 과정 및 내용 등이 서로 다르다는 것이다. 물론 현재 선진국 경제가 자본주의를 토대로 하여 성립한 것과 마찬가지로 한국 경제도 이를 토대로 하여 성장·발전하고 있는 것이다. 하지만 이미 오래 전에 자본주의가 선진국의 경제 사회 속에서 형성되어 나와 지금의 모습으로 발전하여 온 것에 반해 한국 경제의 경우는 이제 겨우 반세기가 지나가고 있을 따름이다. 이러한 점을 감안한다면, 양자 사이에 차이점 혹은 상이점이 발생한다는 것은 너무나 당연하다고 해야 할 것이다.

이에 따라 여기서는 선진국 경제에서 형성된 경제 윤리보다는 한국 경제가 성립, 발전하는 데 어떤 경제 윤리가 형성되어 나왔는가를 살펴볼 것이다. 이미 경제 발전의 동기, 과정 및 내용에 있어 상당한 차이점이 있다고 가정하였을 뿐 아니라 실제로도 그러한 사실이 나타나고 있는 점을 감안한다면 선진국 경제와 한국 경제 속에서 형성된 경제 윤리가 처음부터 서로 다르다는 것을 짐작할 수 있게 된다.

또 한편으로, 앞에서 이미 우리들이 검토해 본 바와 같이 선진국 경제의 경제 윤리는 서구 사회가 형성되어 경제·사회적 생활을 영위하기 전에 이미 마련되어 이들의 상거래 및 행위를 규범적으로 규제한 것은 아니다. 생활을 시작하면서 안정된 삶과 질서있는 생활을 원하게 되고, 이를 달성하기 위해 사회 구성원 사이에 협조와 단합이 필요하였다. 그리고 이같은 협조와 단합이 자율적으로 이루어지지 않을 경우에는 규범적으로 구속력을 갖는 수단도 필요로 했다. 이러한 필요성에 의해 생기게 된 것이 경제 윤리이고, 그 내용과 성격은 생활의 내용과 형태에 따라 결정될 수밖에 없는 것이다. 이에 선진국 경제의 경우에도 경제 윤리가 생활 윤리에서 형성되어 나왔다.

이에 따라 한국의 경제 사회가 성립하면서 어떠한 생활 윤리를 필요로 했고, 그 속에서 과연 어떤 경제 윤리가 성립하여 나왔는지 혹은 성립하지 못했는지를 알아보도록 하겠다.

(1) 고유의 신앙 및 의식과 복 사상
앞에서 이미 언급한 바와 같이 기원전 4천 년경에 서쪽으로부터 이동해 온 사람들이 한반도에 들어와 여러 곳으로 흩어져 살아가기 시작하였다. 그리고 이들은 바닷가와 강가에서 살다가 그후 점차적으로 내륙으로 들어가서 생활하였다.

따라서 식생활은 고기잡이, 사냥 및 과일 채집 등에 의존하다가 시간이 지나면서 빠른 속도로 농경지를 가꾸어 농사를 짓는 쪽으로 나아갔다. 한편 생활의 기본 단위는 씨족이고, 씨족의 우두머리는 혈연 중심으로 그 집단의 생활을 이끌어 갔다.

이같은 구석기 시대를 지나 신석기 시대로 접어들면서 북방으로부터 청동기 문화가 소개되자 그때까지 사용하던 석기 대신에 청동기로 된 단단한 도구를 만들어 경작에 사용하면서 수확을 증대시켰다. 그리고 칼과 창 등의 무기를 만들어 무력으로 여러 씨족을 통합하고, 이를 토대로 혈연을 중심으로 한 소규모의 씨족 사회로부터 탈피하여 작은 국가를 건설하기 시작하였다.

기원전 4세기경 중국으로부터 철기 문화가 소개되고, 이에 모든 농기구가 견고한 철로 만들어지게 되자 수확이 대폭 증가하면서 부의 증대를 도모할 수가 있었다. 이렇게 증대된 부는 사회 계층에 빈부의 격차를 더욱 확대시키면서 지배층의 지위를 보다 확고하게 만들어 주었다. 이같은 철기의 사용은 농사뿐만 아니라 주거지 및 생활 양식에도 널리 보급되어 생활을 한층 더 편리하게 만들고, 이에 맞추어 지배층은 권력뿐만 아니라 경제적 부와 많은 노비들도 소유할 수 있었다. 이같은 생활의 변화 및 발전을 토대로 씨족에서 국가로 발돋움하고, 기원전 3세기 전후에는 역사에 기록된 고조선, 부여, 예맥, 임둔, 진번 및 진국 등의 소국가들이 세워졌다. 그후 얼마 있지 않아 위씨조선, 그리고 낙랑을 위시한 한사군이 설치되었다. 한편 한강 이남에서는 진국이 마한, 변한 및 진한으로 나누어지고, 기원전 37년경에는 부여로부터 이탈해 나온 주몽에 의해 고구려가 세워졌다. 그리고 곧 이어 백제와 신라가 등장하였다.

이같이 씨족 사회에서 규모가 큰 국가 사회로 확대되자 농업이 식생활에서 가장 중요한 생활 방법이 되고, 농업에 대한 절대적 의존은 한 해의 수확을 국가적인 관심사로 대두되게 만들었다. 이에 왕으로부터 시작하여 농민에 이르기까지 모든 사람들이 풍작을 기원하고, 이를 위해 기풍제 및 추수감사제 등의 거국적인 행사를 치르렀다. 이같은 행사를 거행할 때에는 왕을 위시해 모든 백성들이 나와 많은 술과 음식을 차려 놓고 밤낮으로 먹고 마시면서 노래와 춤을 즐겼다. 이는 단순히 즐긴다기보다는 종교적인 예식이고, 특히 국왕은 종묘를 세우고 선조에 대해 극진한 예를 다하였다.

이렇게 국가가 세워지는 한편 농업 위주의 사회가 형성되자 사회 질서도 어느 정도 잡혀 나아가기 시작하였다. 그러나 사회 질서를 유지시키기 위해 선과 악이 구별되어야 한다고 믿으면서 악을 저지르려는 사람에게는 벌을 주려고 했다. 이 당시 벌을 받게 되는 행위는 살인, 절도, 간음 및 상해 등이고, 이중에서 살인과 간음을 저지른 사람은 사형에 처하는 반면에 절도는 10배 이상에 달하는 배상을 하도록 했다. 그리고 악을 범한 자에 대한 처벌은 신의 뜻에 따르는 것이라고 보고 종교적인 행사를 거행할 때에 행하였다.

이러한 생활 속에서 사람들은 초자연적 힘을 가진 신을 믿으려고 하면서 신당을 세워 신을 모시는 한편 모든 물체는 귀중한 생명력을 가지며, 이는 신으로부터 받은 것이라고 생각했다. 또한 사람이나 동물이 죽어 육체가 썩어 없어지더라도, 그 생명은 영원히 사라지지 않고 계속 살아가는 것으로 믿었다. 이같은 신앙으로 인해 부모가 죽으면 영원히 사라져 없어지는 것이 아니고 항상 곁에 있으면서 돌보아 준다고 생

214

각하였다. 이에 따라 왕을 위시해 모든 사람들이 조상에 대해 대단한 예를 갖추었다.

한편으로 이 당시 비록 농업이 발달되었다고 하더라도 기후 및 기온 등의 원인으로 수확에 증감이 많아지게 되자 식생활은 계속 불안정하고, 이를 생활에 있어 가장 심각한 문제로 받아들였다. 따라서 시간이 지나면서 선과 악보다는 축복에 대한 신앙이 두드러지게 나타나면서 생활에 큰 영향을 미치기 시작하였다. 또한 농사가 기후에 많은 영향을 받기 때문에 비오는 것에 대해 많은 관심을 가지고, 이를 신 혹은 조상에게 빌게 되면 해결될 수 있는 것으로 믿었다. 이같은 신 혹은 조상에 대한 신앙은 이들의 건국 신화를 통해 잘 나타내 보여 주고 있다. 단군 신화, 고구려의 시조인 주몽에 대한 신화, 그리고 신라의 시조인 박혁거세에 관한 신화가 그 대표적인 예가 된다.

신 혹은 조상에 대한 신앙을 좀더 구체적으로 설명하면, 하느님과 인간이 결합함으로써 새로운 생명이 탄생하고, 이에 하느님의 뜻에 따라 삶을 영위해 나갈 수밖에 없게 된다고 한다. 그리고 행복한 삶을 이어 나가기 위해서는 꼭 지켜야 할 절차가 있는데, 그것은 바로 자기 부정과 고통이라고 한다. 이중에서 가장 중요한 것이 결혼이고, 이를 꼭 해야 하며 그렇게 못 할 경우에는 악귀가 된다는 것이다. 그리고 결혼을 하여서도 자식을 낳지 못한 사람은 죽어서 무자식 귀신이라는 불행한 귀신이 된다고 한다. 그 다음으로 중요한 것은 죽을 때 자식이 임종을 지켜 보아야 한다는 것인데, 이는 죽음으로 인해 자신이 완전히 끝나는 것이 아니고 자식들로 하여금 자기의 생명을 계속 이어 나갈 수 있도록 한다는 것이다. 그리고 집 밖에서 죽거나, 아이를 낳다가 죽거나 혹은 물에 빠져 죽는 따위의 사고로 인한 죽음은 모두 불행한 것으로 받아들였다. 그래서 죽을 때에 심한 고통 혹은 괴로움없이 죽는 절차를 밟는 것이 매우 중요하다고 한다.

이와 같이 하느님과 인간의 결합으로 새로운 생명이 탄생되고, 신의 뜻에 따라 행복한 삶을 영위해 나가는 것이 모두 조상을 통해 가능하여진다는 것을 굳게 믿게 됨에 따라 조상에 대해 엄청난 존경심을 가지기 시작하였다. 이에 왕이 직접 나가서 조상에 대해 제사를 주제하고, 신에게 축원을 하여 농사가 잘되어서 복된 삶을 영위할 수 있기를 빌었다. 이때에 연일 밤낮으로 노래를 부르고 춤을 추게 되는데, 이는 신령과 조상을 즐겁게 해드리기 위한 것이라 하였다. 그리고 노래와 춤을 통해 집단적으로 황홀경에 빠지도록 유도함과 동시에 이로부터 신바람을 나게 하여 자신으로부터 벗어나 신에게 더욱 접근하는 것이 좋은 일이라 여겼다. 또한 이러한 제사 혹은 제례를 통해 복을 기원할 때에는 어떤 관계가 있는 것이 아니고, 많으면 많을수록 좋다는 생각을 하면서 모든 것을 다 가질 수 있게 해달라고 빌었다.

이상과 같은 고유의 신앙은 삼국 시대의 중반을 넘어서면서 불교가 전래되어 국교로 정하여지자 한 발 뒤로 물러서고, 이러한 현상은 고려 시대에까지 이어졌다. 그러나 그 맥이 완전히 끊긴 것이 아니고, 신앙의 일부는 외래 종교와 습합하여 새로운 모습을 나타내기 시작하였다. 즉 신라 시대에 시조제, 산체제 및 기우제 등이 매우 유행하고, 이들 제(祭)는 고려 시대에 와서 태조와 조상, 그리고 토지신과 곡신 등에게 제사지내는 것으로 이어졌다. 그 대표적인 것이 왕이 맹춘에 천제를 드리는 기복제, 사직단에서 춘추로 지내는 농제, 그리고 종묘에서 조상에게 드리는 제사 등이며, 이외에

도 산천신에게 생사화복뿐만 아니라 비가 고르게 오도록 비
는 산체제도 있었다. 이러한 제사의 목적은 산천의 여러 신
들, 그리고 조상과 태조에게 제사를 지냄으로써 그들의 뜻을
헤아림과 동시에 그들의 자비를 구하고자 하는 데에 있었다.
그리고 후기에 오면서 불교와 습합하여 신앙의 뿌리를 더욱
굳건하게 만들었다.

 고려 왕조 후 조선 왕조에 들어와 유교가 국교로 정하여지
자 많은 박해와 억압을 받기 시작하였다. 그러나 어려운 한
문에 접근하지 못하는 서민들의 생활 속에 끼여들어가 그 맥
을 이어 갔다. 다시 말하면 불교가 억압을 받게 됨에 따라
어려운 생활 속에서 많은 복을 구하고자 하던 서민들은 자연
히 토속 신앙 쪽으로 발길을 돌리지 않을 수 없었다. 이에
기우제와 산천제는 그대로 국가적인 행사로 계승되고, 산신
제는 성황제로 변형되어 거행되었다. 이외에도 죽은 사람의
명복을 비는 49제와 100일제가 보편화되는 한편 구병 기도,
수육제 및 소해도장 등과 같은 제해초복을 위한 공불 기도도
일반화되었다.

 그리고 조선 왕조 후기에 오면서 토속 신앙은 더욱 번창하
여 서민들은 물론이거니와 궁궐 속의 여자들도 많은 무사를
공공연히 거행하였다. 또한 개인적 차원에서 누구를 저주 혹
은 구병하기 위해 무당굿을 하는 개인 제례도 매우 성행하였
다.

 이같이 신 및 조상의 자비를 통해 복을 얻겠다는 생활 의
식은 지금에 와서도 사라지지 않고 오히려 오복 사상으로 이
어지고, 신세대들도 이러한 고유의 의식 및 신앙에 대해 아
무런 비판과 거부감없이 그대로 받아들여 생활화시키려고 하
고 있다. 최근에는 생활의 변화에 따라 매우 추상적 의미로

부터 벗어나 복을 직접 돈으로 연결시켜 보려는 풍조마저도 나타나고 있는 실정이다.

(2) 종교적 신앙과 충효 사상

앞에서 언급한 바와 같이 삼국 시대에 들어와 왕의 권한이 더욱 굳건하게 되면서 중앙 귀족 제도가 확립되자 왕과 귀족들은 통치의 기반을 한층 더 확고히 다지기 위해 세습 혹은 왕이 될 수 있는 계층을 규정하는 한편, 의복과 생활 형태를 계층에 따라 구별시켰다. 그리고 국가의 안전과 발전을 도모하기 위해 우수한 젊은 인재를 모아 몸과 마음을 단련시키면서 항상 올바른 행동과 생활 자세는 물론 국가에 대해 충성심을 가지도록 했다. 그러나 토속 신앙에만 의존하면서 국가를 다스리고, 또한 통치 기반을 견고하게 다져 나가는 데에는 한계가 있었다.

즉 인구가 늘어나면서 생활이 매우 복잡 다양해지고, 그 속에서 국가의 모양을 제대로 갖추고 확고한 통치권을 행사하는 데에는 사회 질서의 확립과 생활의 안정이 그 무엇보다도 필요했다. 이에 이를 달성하기 위해 왕과 귀족들은 신 혹은 조상의 가호 및 자비보다는 더 강력한 힘을 가진 그 무엇을 찾아내 그로부터 도움을 받으려 했다. 이 무렵 중국으로부터 좀더 발달된 고급 신앙인 불교가 소개되고, 고구려, 신라 및 백제는 이를 적극적으로 받아들여 자신들이 필요로 하는 도움을 받고자 하였다.

불교는 대승 불교를 강조하게 됨에 따라 고유 신앙과는 다르게 살생, 간음, 도둑질, 음주 및 망언 등은 매우 나쁜 것이라 가르쳤다. 그리고 죽어서 좋은 세상에 가고 싶어한다면 이같이 나쁜 행동을 절대로 하지 말아야 함은 물론이고, 이미 지은 죄는 사하고 남의 잘못을 용서해 주어야 된다고 하였다. 또한 윤회 사상을 강조하면서 세상의 모든 일은 인과 법칙에 따라 발생하는 것이라 가르쳤다.

즉 사람이 생전에 좋은 일 혹은 행동을 하면 죽어서 천사들이 사는 극락 세계로 가고, 그렇지 않고 나쁜 일과 행동을 하면 죽은 다음 귀신과 악마가 사는 지옥으로 가서 자신이 지은 죄에 대해 벌을 받는다는 것이다. 그리고 동물에게 해를 가한 사람은 동물로 다시 태어나는 반면에 좋은 일과 행동을 한 사람은 다시 사람으로 태어나 높은 자리에 앉아 많은 복을 받는다는 것이다. 그러므로 왕은 저 세상에서 좋은 일과 행동을 많이 하였기 때문에 이 세상에 나와서 운명적으로 왕이 될 수밖에 없다는 것이다.

이와 같은 불교의 신앙은 왕에게 많은 관심의 대상이 되지 않을 수 없고, 특히 신라의 경우는 불교를 국교로 삼으면서 이를 바탕으로 호국 정신, 통치의 정당성, 그리고 왕권의 보호를 기하고자 하였다.

즉 건국 신화를 통해 왕의 특수성과 통치의 정당성을 알린 다음, 자신에 의해 통치가 계속 지속되어야 하는데 이는 윤회 사상에 의해 그렇게 되는 것이라는 점을 백성에게 주지시키려고 한 것이다. 그러므로 백성들은 태어날 때부터 국가와 왕에게 충성심을 나타내야 하고, 그렇게 하는 것이 전 세상으로부터 운명지워졌다는 것이다. 그 대표적인 것이 화랑도와 이들이 지켜 나가려고 한 세속오계이고, 원효와 같은 승려가 나와 일반 서민들도 불교를 잘 이해하고 믿을 수 있도록 하면서 화와 정의 관계를 설명하였다. 다시 말하면, 인간으로서의 개인은 우주와 천체에서 서로 연결되어 존재하고, 그렇게 되어야만 비로소 자기 자신을 알게 된다고 하였다.

이같이 불교가 일반 서민들에게까지 깊이 뿌리를 내리는 것과 때를 같이하여 왕과 귀족들도 더 많은 국가의 번영 및 보호와 충성심을 얻기 위해 사찰과 탑을 건축하는 데에 많은 지원을 아끼지 아니했다. 이 결과 화려한 불교 문화가 발생하여 신라의 통치를 더욱 빛나게 만들었다.

이같은 불교의 신앙에도 불구하고 신라는 멸망하고, 그 다음으로 고려 왕조가 등장하면서 신라의 종교와 생활 문화를 그대로 받아들였다. 이에 따라 호국 정신과 충성심을 강조하는 불교가 계승되고, 특히 고려의 태조는 고려 왕조의 건설이 불교의 가호에 의해 가능할 수 있었다고 믿었다. 그리하여 모든 백성들로 하여금 불교를 착실히 믿도록 권유하면서 선교를 위주로 하는 사찰을 지어 국가가 관리하도록 하였다. 또한 계속적인 국가의 발전 및 번영을 도모하기 위해 많은 사찰과 탑을 세우는 한편 많은 불사도 거행하였다.

이 당시 거국적으로 행하여진 불사는 연등회와 팔관회 등이고, 이외에도 경도장, 법회, 법좌, 그리고 현실성을 매우 강조한 제 등이 있었는데 그 종류가 무려 60종에 달하였다. 이러한 불사는 불교의 교리를 배운다기보다는 토속 신앙에서 널리 유행되어 온 재앙을 물리치고 복을 구하는 데에 그 초점을 맞추는 한편, 불교의 가호에 의해 나라가 계속 발전할 수 있도록 기원하는 것이 주류를 이루었다. 또한 과거에 승려제를 두어 의도적으로 많은 승려를 배출시켜 불교의 전파에 큰 도움이 되도록 하였다.

그후 몽고의 침입을 받으면서 국가의 존립이 매우 위태롭게 되자 호국 정신이 더욱 요구되는 한편 왕실의 보호 및 안전에 더 많은 신경을 쓰지 않을 수 없게 되어 수년에 걸쳐 팔만 대장경을 만들어 내었다. 이는 불교의 힘으로 외부로부터의 침략을 막으면서 국가와 왕을 보호하겠다는 단호한 의지를 백성들에게 보이려고 하는 데에 그 목적을 두었다.

고려 다음으로 등장한 조선 왕조는 고려의 멸망은 전적으로 불교에 기인하는 것이라고 믿었다. 이에 따라 조선 왕조의 태조와 그를 도와 나라를 세운 공신들은 새로운 정치 이념을 통치의 기본틀로 삼을 필요성을 절실히 느낀 다음 불교를 대신해 생활의 절차와 이에 따른 행동 규범을 매우 중시하는 유교를 국교로 삼았다. 이같은 불교의 부당성 및 배척과 유교의 타당성 및 적절성은 정도전의 심문권답, 심기이편 및 불씨잡변을 통해 잘 나타나고 있다. 여기서 언급되는 선한 행동과 악한 행동에는 반드시 그것에 합당하는 복 및 화와 응보가 따라오게 마련이라고 하였다.

그 이유는 하늘은 인간에게 이(理)를 부여하였지만 인간이 그 이치 혹은 도리를 지키지 못하고 그릇된 행동을 하기 때문이라고 하였다. 그러므로 화를 스스로 자초하고, 그렇게 되도록 만드는 것이 사람의 기(氣)라 했다. 그리고 불교는 심, 도가는 기에 많이 집착하지만 유교는 자연의 근원이 되는 이에 입각하여 사람을 다스리는 것이라 하였다. 이때 이는 근본이고, 기는 형태를 이루게 하는 역할을 한다는 것이다.

한편 정도전은 불씨잡변을 통해 만물의 생성 및 변화가 중단되지 않는 이유는 불교의 윤회와 인과 법칙보다는 음양오행을 기초로 하는 것에 있기 때문이라 하였다. 그리고 하느님은 인식의 주체인 심(心)에 인의예지라는 덕성을 부여함으로써 인간은 태어날 때부터 선천적으로 그같은 덕성을 가지게 된다고 보았다. 그러나 인간은 생활을 영위하는 과정에서 욕망을 가지게 마련이고, 만약에 덕성이 약해져 심이 흔들리게 되면 이 욕망에 쉽게 빠지게 되는 것이라 하였다. 또한 일상 생활에 충, 효 및 질서의 규범적 법칙이 있어야 하고 나의 마음이 이러한 규범 법칙을 잘 간직하면서 준수하고 있는지 그 여부를 인식하는 것이 바로 지식이라 하였다. 따라서 인의예지에 바탕을 둔 충, 효 등의 삼강 오륜을 올바르게 실현시켜 나가는 것이 무엇보다도 중요하면서 필요한 것이라고 하였다.

그후 서경덕, 이퇴계 및 이율곡 등과 같은 유학자에 의해 이기에 대한 깊은 연구가 행해지고, 이로 인해 유교의 교리는 한층 더 크게 발전할 수가 있었다. 이러한 발전에 맞추어 왕에 대한 충성심이 확고히 세워지는가 하면 부모에 대한 효도심도 확립되어 생활 질서 및 행동을 규제해 나가는 기본 덕목으로 자리잡았다.

이같은 덕목을 생활화시키기 위해 왕이 스스로 유교의 교리에 맞추어 엄격한 행동을 하려고 할 뿐만 아니라 양반과 서민들도 이를 철저히 지키도록 명하였다. 일부의 유학자들은 시골로 낙향하여 서원을 세운 다음 농민들에게 유교적 도덕과 덕목을 가르치면서 유교의 규범에 어긋나는 미신과 기타의 생활 규범을 타파하는 한편 이에 알맞은 권선징악과 상부상조를 권하는 향약을 실시하여 이를 지켜 나가도록 하였다.

이렇게 생긴 충성심과 효도심은 조선 왕조가 멸망할 때까지 지속되고, 특히 한일간의 합병이 이루어질 때 유생들은 강한 충성심을 발휘하여 일본의 침략에 결사적으로 항거하였다. 또한 이 정신은 독립 운동에 활력소의 역할을 하면서 많은 의사, 열사 및 애국자의 출현을 가능케 하였다. 지금도 그 어느 국가보다도 강한 애국심을 가지게 하는 것은 바로 이러한 충성심에서 나오는 것이고, 최근에는 이를 국가의 통치자와 조직체의 장들이 자신들의 이익을 위해 악용하는 경우가 빈번하게 발생하고 있는 실정이다.

또 한편으로 효도심은 충성심보다 오히려 더 많이 작용하면서 우리들의 생활 속에서 매우 중요한 기본 덕목으로 유지되고 있다. 지금도 주변에서 쉽게 찾아볼 수 있는 것이 부모에 대한 공경과 사랑이고, 이에 맞추어 생긴 자식에 대한 부모의 따뜻한 사랑도 대단하다. 이러한 사랑을 바탕으로 우리 사회는 그 어느 나라보다도 우애가 많으면서 정이 깊은 가족 관계를 가지며, 최근에 와서까지도 부모 혹은 자식을 위해 자기 자신을 희생하는 행위를 서슴없이 하는 것을 많이 볼 수가 있다.

(3) 성장, 파이(pie), 그리고 신바람

역사에 나타나는 한국은 단군조선이 4천여 년 전에 세워지고, 그후 2천 년 동안에 여러 씨족 혹은 부족 국가들이 나타났다 사라지는 춘추전국 시대를 지난 다음 삼국 시대에 들어와 어느 정도의 국가적 모습을 갖추기 시작하였다. 그러다가 신라가 고구려와 백제를 멸망시키고 한반도를 완전히 장악하면서 통일된 국가로 등장하게 되고, 그후 고려 왕조를 거쳐 조선 왕조로 이어지면서 한반도를 중심으로 하는 국가로 자리를 굳혔다. 이같이 오랜 역사를 통해 통치권이 수 차례에 걸쳐 바뀌고, 또한 여러 번 외부로부터 침입을 받아 정치·군사적으로 상당한 어려움을 겪기도 하였다.

이같은 정치·군사적 변화 속에서 권력을 잡은 왕과 귀족들은 막강한 권력을 행사하면서 부를 축적하고, 이를 바탕으로 풍요롭고 사치스러운 생활을 영위한데에 반해 서민 혹은 농민들은 밤낮으로 열심히 일을 함에도 불구하고 생활의 빈곤으로부터 벗어날 수가 없었다. 이같은 생활의 어려움은 왕 및 귀족과 서민 사이에 신분적 혹은 계급적 차이가 많이 나면 날수록 더욱 심해지고, 이러한 현상은 고려 왕조 때 몽고의 침입 이후부터 두드러지게 나타나기 시작하면서 조선 왕조에 와서는 매우 심각한 상태에까지 이르렀다.

조선 왕조의 중반을 넘어서면서 만주족 및 왜구의 침입이 연이어 발생하여 나라가 완전히 초토화되는 한편 많은 인명의 살상도 뒤따랐다. 이로 인해 농촌은 황폐화되고, 기근과 질병이 만연되면서 생활이 극도로 어려움으로 빠졌다. 또한 끝없이 계속되는 당쟁과 사화로 인해 정치가 흔들리면서 관리들의 기강마저도 흐트러져 부정부패가 만연하고, 이에 통치권의 올바른 행사가 매우 어렵게 되었다. 이같은 정치·사회적 혼란은 조세를 통한 재정 수입을 대폭 줄어들게 만들고, 이를 보충하기 위해 실시된 정책은 결과적으로 농민들에게 가중한 노역과 조세 부담만을 안겨 주었다. 이로 인해 많은 농민들이 논과 집을 버리고 다른 지방으로 도망가든지 혹은 양반 사대부의 노비로 들어가 노역과 조세 부담을 피하려고 하였다. 이같은 현상이 심각한 상태에 이르게 되자 국가는 농민의 이농을 막기 위해 호적법을 엄격히 실시하는 한편 모든 농민들로 하여금 호패를 꼭 차고 다닐 것을 명하였다.

이에 반해 양반 사대부는 전쟁에도 불구하고 많은 농민들의 노비 전환과 수탈 및 억압을 통해 사유지를 확대시켜 나감으로써 종전보다 더 사치스러운 생활을 하기 시작하였다. 그리고 이같은 정치, 사회 및 경제적 환경의 변화는 양반 사대부로 하여금 자신의 가문 혹은 씨족에 대해 대단한 자부심을 갖게 하여 족보의 작성에 매우 많은 관심을 가지게 만들었다. 이 당시 유명한 가문의 출신이 정치 및 사회적으로 누리는 특권은 한두 가지가 아니기 때문에 족보의 여하에 따라 그 사람의 운명과 생활이 하룻밤 사이에 크게 변할 수 있었다.

조선 왕조 후반에 들어와 정치, 사회는 더욱더 혼란 속으로 빠지고 있었다. 이에 농민이 노비로 내려앉는가 하면 부를 축적한 노비는 뇌물을 주어 양반으로 올라가는 경우가 빈번하게 발생하였다. 이로 인해 신분 제도의 붕괴는 더욱 가속화되고, 당파 싸움을 통해 권력을 장악한 양반 사대부들은 세도 정치를 펴면서 자신들의 이익만을 챙기는 데에 혈안이 되었다. 따라서 정치의 부정부패 및 비리는 날로 더 심해지고, 농민에게 주는 부담도 더욱 무거워졌다. 이때 고리 대금업도 나타나 농민들에게 이중삼중으로 많은 피해를 안겨 주었다. 이에 생활의 어려움을 극복하기 위해 상부상조를 겨냥한 여러 가지의 계를 조직하여 서로 도우려고 했다. 그러나 이러한 자구책에도 불구하고 영세 소작농으로 전락한 농민들은 매우 가난한 생활에 쪼들리면서 기아와 질병으로 죽음을 맞이하지 않으면 아니 되었다.

이러한 궁핍한 생활 속에서 불만과 불평이 누적되어 폭발하기 시작하면서 관리들에 대항하여 민란을 일으키는가 하면, 일부는 도적으로 변신하여 약탈을 일삼았다. 이같은 민란은 역사 속에서 처음 발생하는 것으로 그 당시의 생활이 얼마나 어려웠는가를 말해 주는 것이었다. 진주 민란과 홍경래 난 등이 그 대표적인 경우이고, 도적의 약탈도 심각하여 지역간의 통행도 매우 어려웠다. 그후 이러한 민란은 동학 운동으로 이어지면서 정치적 성격을 띠게 되어 중앙 정부를 타도한 다음 농민과 서민들이 안락하게 살 수 있는 국가를 건설하겠다는 움직임마저도 보였다.

　조선 왕조의 멸망 후 곧 이어 나타난 일본의 식민지 통치와 이들의 탄압 및 수탈은 생활의 어려움 속에서 허덕이고 있는 농민에게 도움이 되기보다는 오히려 더 많은 고통과 괴로움을 가져다 주면서 언어 및 행동의 자유마저도 빼앗아 갔다. 이러한 가운데서 맞이한 해방은 여간 반가운 일이 아닐 수 없었다. 그러나 이 해방이 정치적 자유를 보장해 주었을 뿐 경제적 도움은 전혀 마련해 주지 못했다. 이때 소개된 자본주의가 시장을 통해 생활에 필요한 물건을 얻을 수 있다고 하지만 농민들은 직접 물건을 사거나 혹은 파는 것 외에는 아무런 관심을 갖지 않을 뿐 아니라 가질 필요성도 못 느꼈다. 6·25 동란을 통해 서로 죽이고 죽는 동족간의 살상을 직접 눈으로 보게 되자 의식주와 돈이 더욱 풍요해지면서 배고픔으로부터 벗어나는 것이 그 무엇보다도 가장 절실하면서도 빠른 시간 내에 꼭 이루어야 할 일이라고 생각하였다.

　이때 군사 정부가 등장하여 단군조선 이래 계속 되어 온 빈곤으로부터 영원히 벗어날 수 있게 해준다고 한 공약은 여간 반가운 일이 아닐 수 없었다. 다시 말하면, 어느 누구가 부당한 방법을 통해 정권을 잡는다고 하더라도 우리와는 아무런 상관없는 일이고, 오로지 당면한 생활의 고통으로부터 해방시켜 주는 것만이 필요하며 이것이 바로 정권의 정당성을 인정해 준다고 믿는 것이었다. 이에 군사 정부는 경제 성장을 내세우고, 이것만이 배고픔을 해결하여 줄 수 있는 유일한 방안이라 하였다. 그런데 그것을 달성하자면 우선 정부는 물론이거니와 국민 모두가 단결하여 땀흘려 열심히 일해야 하고, 그런 다음 생산이 수출로 이어져야 함으로 그렇게 될 수 있도록 최선의 노력을 다할 것을 요구하였다.

정부 주도의 개발 계획이 세워지고, 이에 맞추어 허리띠를 졸라매고 열심히 일하는 한편, 세계 시장을 누비고 돌아다니면서 하나라도 더 많이 팔려고 애를 쓰게 되자 그 결실이 시간이 지나면서 서서히 나타나기 시작하였다. 만성적인 노동의 공급 초과 현상이 점차로 사라지면서 거의 대부분의 사람들이 일자리를 구하여 일하게 되고, 그 덕택으로 오랜 세월을 통해 많은 고통을 받아 왔던 굶주림으로부터 벗어날 수가 있었다. 이 당시 일할 수 있는 기회를 가지는 것만으로도 배가 부르면서 행복감을 느끼고, 열심히 일하여 마음껏 먹을 수 있게 되자 그 행복이 거짓이 아니고 현실이라는 것을 깨닫기 시작하였다. 즉 누구로부터도 간섭받지 않고 스스로 일하여 노부모를 모시고 온 가족이 배부르게 먹고 살 수 있다는 것을 사실로 받아들이기는 너무나 꿈 같은 일이었다.

그러나 일하면서 먹고 사는 것은 하루로 끝나는 것이 아니고 생명이 존속되는 한 죽을 때까지 계속 열심히 일을 해야만 하는 것이었다. 그렇기 때문에 일거리가 계속 마련되어야 하고, 이는 경제가 지속적으로 성장하면서 생산된 상품을 모두 해외 시장에 내다 팔아야만 가능한 것이었다. 이같은 현실을 충분히 파악하게 되자 정부가 앞장서서 우리의 삶에 있어 가장 중요하면서도 가치있는 일은 경제 성장과 더불어 수출을 증대시키는 일이라고 역설하였다. 이러한 역설에 국민들도 동감을 하고, 그렇게 할 수밖에 없다는 사실도 알게 되었다. 이같이 정부와 국민 사이에 묵시적인 합의가 이루어지고, 이에 모두가 뛰면서 자신에게 주어진 일을 열심히 하게 되자 이번에는 먹는 것보다 더 많이 생산하게 되면서 부를 축적할 수 있는 여유까지 생겼다.

이같이 여유가 생기는 현상이 나타나자 정부는 그때까지

축적해 놓은 부를 가만히 앉아서 놀고 먹자는 마음을 가지면서 모두 써버리지 않을까에 대해 많은 두려움을 가진 나머지, 국민의 결속을 다지면서 마음의 각오를 새롭게 하기 위해 성장과 수출에 크게 기여한 사람에게 국가의 최고 훈장과 특혜를 주기 시작하였다. 즉 경제 성장과 수출 증대에 기여하는 것은 매우 가치있으면서 국가에 대해 애국하는 일이라고 한 것이었다.

이 결과 성장과 수출이 매우 가치있는 덕목으로 받아들여지면서 이를 실천에 옮길 때에는 훌륭하면서도 애국된 행동을 했다고 모든 사람들로부터 많은 존경과 칭찬을 받게 되었다. 이같은 사회적 분위기가 조성되자 또 한 번 정부는 성장이 매우 중요하므로 충분히 성장한 다음에 그 결실을 나누어 갖자는 "선성장 후분배"라는 구호를 만들어 국민에게 성장의 중요성을 주지시키려고 하였다.

그러나 시간이 지나면서 매년 고도의 성장을 달성하고, 이에 맞추어 부의 축적이 증대되자 여기저기서 분배를 요구하고 나오기 시작하였다. 이에 정부는 그때까지 이루어 놓은 성장이 모든 사람이 만족할 수 있는 만큼 나누어 주기에는 충분하지 않다고 주장하여 "파이"를 더 키워서 나누어 갖자고 설득하였다. 자세히 말하면, "파이"가 적으면 나누어 가지는 몫이 적고, 크면 클수록 더 많은 몫을 받게 된다는 것이었다. 이때 "파이"의 크기에 대해서는 분명하게 언급하지 않았다. 이같은 설득과 주장에 대해 일부의 사람들이 불만을 나타내었으나 대부분은 큰 몫을 갖는다고 하는 데에 많은 매력을 느끼면서 욕심을 가졌다.

이같이 분배에 대한 목소리가 높아지자 물론 "파이"를 크게 만드는 것이 어렵지만, 결코 그것이 불가능하지 않으며

228

노력하면 꼭 달성할 수 있는 일이라고 하였다. 그런데 그때까지 줄곧 해왔던 바대로 허리띠를 졸라매고 묵묵히 일하는 것으로는 불충분하므로 이번에는 신바람을 내서 젖먹던 힘마저도 다 쏟아 부어야만 된다고 하였다.

이에 큰 몫에 많은 욕심을 가진 국민들은 신바람을 내면서 종전보다 더 열심히 일하고, 이러한 신바람이 우리 민족만이 가질 수 있는 매우 중요한 가치이면서 덕목이라고 하였다. 그러므로 신바람을 내지 못하면 존경과 칭찬을 받을 수 없는 것은 물론이거니와 이단자 혹은 배신자로 몰릴 수밖에 없었다. 사실 한국 사람에게는 신바람 자체만으로도 재미있고 즐거운 일이었다. 그 당시 "파이"를 크게 만든 다음 많은 몫을 받기 위해 신바람을 내기 시작했지만, 시간이 지나면서 신바람 자체만으로도 기분이 즐거워지면서 행복감을 느끼게 된다고 확신한 나머지 신바람 속으로 깊숙이 빠져 들어가 그곳에서 행복한 삶을 찾겠다고 하였다.

앞에서 언급한 바대로 지금까지 우리들은 서구 사회가 가지고 있는 정의를 바탕으로 한 경제 윤리를 한국 사회 속에서 찾아보려고 하였다. 그러나 그러한 모색은 불가능하였다. 그 이유는 서구 사회와 한국 사회가 각기 가지는 삶의 바탕 및 내용이 서로 다르기 때문이었다. 하지만 한국 사회는 그 나름대로 특유의 생활 규범과 덕목을 가지면서 이를 경제에 적극 활용하여 고도의 성장을 이루어 냈다.

4. 기업 윤리

　앞에서 우리들은 한국 경제에 있어 경제 윤리가 존재하는지 혹은 존재하지 않는지, 만약에 존재한다면 어떤 윤리가 있는지를 살펴보았다. 처음 예상한 바대로 정의를 바탕으로 한 경제 윤리는 찾아볼 수 없었고, 그 대신 한국 경제의 특성에 알맞은 생활 규범과 덕목을 발견할 수 있었다. 이미 수 차례에 걸쳐 언급한 바와 같이 경제 윤리는 그 사회의 생활 윤리, 가치 및 덕목으로부터 성립할 수밖에 없고, 그렇게 되는 것이 정상적인 것이라 할 수 있겠다.

　이에 따라 기업 윤리도 생활 윤리와 경제 윤리로부터 도출되어 나올 수밖에 없는 것이다. 이같은 우리들의 가정이 타당하다고 판단되면, 앞에서 살펴본 경제 윤리가 매우 중요해지면서 지금 기업 윤리를 검토하고자 하는 우리들에게 많은 시사점을 던져 줄 수 있다고 보아야 할 것이다. 이같은 측면에서 본다면, 기업 윤리를 검토해 본다는 것도 경제 윤리의 경우와 비슷하여지게 된다.

　다시 말하면, 한국 경제에 있어 기업이 성장·발전하면서 윤리 도덕적 의식을 가지고 상거래 및 행위를 하였는가 혹은 가지지 않고 하였는가 하는 점인 것이다. 만약에 그러한 의식을 가졌다고 한다면, 그것이 과연 무엇이었는가에 대해 매우 궁금해지는 것이다. 여기서 한국 경제의 경우와 마찬가지로 20세기 초에 들어오면서 기업이 출현하기 시작하다가 45년 해방된 이후부터 본격화되었다는 사실을 감안한다면, 한국 기업에도 기업 윤리가 과연 존재하였을까 하는 의문을 가지게 된다.

물론 오랜 세월을 통해 한국이 농경 사회 중심으로 발전하여 왔음에도 불구하고 나름대로의 상거래 및 행위를 하여 온 것은 사실이다. 그리고 이 상거래 및 행위는 생활 규범의 테두리 내에서 이루어져 왔다. 이에 따라 기업 활동이 본격화된 45년 이후부터 지금에 이르기까지 기업 윤리가 형성되지 않았다고 한다면, 농경 사회 속에서 상거래 및 행위를 규제하던 생활 규범과 덕목이 계속 남아 기업 윤리의 역할을 하여 왔을 것이다. 그러므로 여기서는 기업 윤리의 역할을 한 생활 규범과 덕목이 있는지 혹은 없는지, 만약에 있었다고 한다면 그것이 무엇인가를 규명해 볼 것이다.

앞에서와 마찬가지로 전문가들이 서술하거나 언급한 윤리 도덕 혹은 규범을 토대로 하여 검토해 볼까 한다. 그런데 여기서 문제가 되는 것은 첫째로, 일부의 전문가들이 학습을 통한 기업 윤리를 언급하고 있다는 점이다. 더욱 자세히 설명하면, 이 둘 중의 일부는 서구 사회의 기업 윤리를 받아들여 한국에 그대로 적용시키려고 하는 것이다. 따라서 수입된 기업 윤리를 지금까지 한국 사회가 사용하여 왔던 기업 윤리로 볼 수 있느냐 하는 문제이다.

앞에서 이미 지적한 바와 같이 선진국 중심의 세계 경제와 한국 경제가 전혀 다른 동기, 내용 및 성격을 가지고 있다는 점을 감안한다면, 선진국 경제의 기업 윤리가 곧바로 한국의 기업 윤리가 될 수 없다는 것을 알 수 있게 된다. 또한 시간 적으로 해방 직후 자본주의를 도입할 때 기업 윤리도 동시에 들여와 상거래 및 행위를 규제하려고 하였다면, 문제는 달라질 수 있다. 다시 말하면, 도입할 당시 비록 생소하더라도 이 규범에 따라 상거래 및 행위를 규제하려 하고, 또한 기업도 그것에 준하여 상거래 및 행위를 했다면 선진국 경제의 기업 윤리를 곧바로 우리 것이라고 할 수 있을 것이다.

그러나 전문가들이 선진국 경제의 기업 윤리를 거론하기 시작한 것은 불과 몇 년밖에 되지 않을 뿐 아니라 기업을 위시해 대부분의 사람들이 그런 것이 존재하는 것조차도 모르고 있는 실정이다.

둘째로, 그 나머지는 생활 규범 및 덕목을 그대로 연장시켜 기업 윤리로 확대·적용시키려고 하는 것이다. 이 경우에 있어서도 이같이 확대·적용시키는 것이 과연 타당한가에 대해 많은 의문을 가지게 한다. 셋째로, 이들 모두가 대기업을 대상으로 기업 윤리를 언급하고 있어, 중소 기업, 국영 기업 및 영세 상인들이 제외된다는 것이다. 물론 이들 기업 혹은 상인들이 포함되어야 거의 완벽한 기업 윤리를 거론할 수 있게 되는 것이다. 다시 말하면, 한국 경제의 상거래 및 행위에 있어 대기업만이 전부는 아니라는 것이다.

아무튼 여기서는 각기 상이한 이들의 주장을 검토해 보기로 하겠다. 그럼 먼저 선진국 경제의 기업 윤리를 학습을 통해 한국 기업의 상거래 및 행위에 적용시키려는 학습의 규범, 그리고 개인의 이익과 사회의 이익 사이에 있어 개인이 사회에 대해 책임져야 할 부분이 있다고 보는 사회적 책임의 규범을 검토한 다음 마지막으로 기업 윤리에 전통 의식과 관습이 크게 작용한다고 보는 고유 의식의 규범을 살펴보도록 하겠다.

(1) 학습의 규범

여기서 기업 경영의 전반에 걸쳐 기업인이 상거래 및 행위에 대해 규범적 측면에서 문제점을 지적하고, 이에 대한 해결책을 제시하고 있다. 자세한 내용은 다음과 같다.

① 전략 경영에 있어서의 윤리적 딜레마 — 한국 사회에 있어서 기업 윤리의 문제는 정치 집단과 기업 사이에 유대 관계가 성립한 다음, 기업이 이러한 관계를 이용하여 자신의 사업 영역을 확보 혹은 확대시키면서 특혜 및 독과점 등을 통해 대재벌 기업으로 부상하려고 하는 데에서 발생한다는 것이다. 따라서 기업은 처음부터 자신의 사명 및 목적을 분명히 밝히고, 그것에 의거해 주어지는 역할과 기능을 충분히 인식해야 된다는 것이다.

둘째로, 목표 달성 혹은 성장을 위해 자원 사용의 능률성과 환경 적응을 통한 조직의 유효성을 유지해야 된다고 한다. 셋째로, 사업 영역의 설정과 영역간의 자원 배분은 전략 경영에서 중요한 의사 결정 사항이므로 윤리적 문제가 발생할 수 있게 된다고 한다. 따라서 기업은 고객에 대한 균질적 서비스로부터 벗어나 시장을 세분화한 다음, 이에 맞추어 각 고객에게 차등 혹은 차별 서비스를 해야 된다는 것이다.

넷째로, 기업의 시장 지배력이 가격 결정, 거래 기업과의 협상, 그리고 신규 기업의 시장 진입 등에 대해 부당하게 큰 영향력을 미칠 수 있으므로 자신의 시장 지배력에 대한 통제가 필요하다는 것이다.

다섯째로 자원의 획득 및 배분이 기업의 경영 성과에 큰 영향을 미치게 되므로 이에 대해 비용의 극소화 혹은 이익의 극대화를 기할 수 있는 경영의 효율성이 필요하다고 한다. 여섯째로, 조직 구조의 개편에 있어 큰 규모 혹은 폭의 변경은 기업의 모든 구성원에게 상반된 이해 관계를 가질 수 있게 하므로 이에 대한 충분한 사전 준비와 대응책이 필요하다는 것이다.

마지막으로 기업간의 제휴 혹은 인수 과정에 있어 부당한 방법이 사용되어 상대방 혹은 이해 당사자들에게 상당한 손해를 입힐 가능성이 있으므로 이에 대한 사전 점검과 평가 시스템이 마련되어야 한다는 것이다.

② 생산 관리에 있어서의 윤리 문제 — 기업 경영에 있어 생산 분야의 윤리 문제가 가장 심각하며, 이의 심각도가 경영 성과에 엄청난 영향을 미칠 수 있다고 한다. 첫째로, 근로자는 자신에게 주어진 작업을 충실히 완수하지 않으면 그 날의 생산 목표에 미달할 뿐 아니라 기업의 생산 계획에도 상당한 차질을 초래케 할 수 있으므로 열심히 일해야 한다는 것이다. 즉 근로자는 직업적 양심을 가지고 장인 정신을 발휘해야 된다는 것이다. 여기서 양심은 약속에 대한 충실성을 의미하는 것이라 한다.

둘째로, 우리 나라는 원자재의 부족, 인플레이션에 의한 원가 상승, 이로 인한 수출 경쟁력의 약화, 그리고 무역 적자 등은 생산성 향상을 절대적으로 필요로 하고 있다는 것이다. 따라서 근로자의 능력, 가치관 및 작업 태도에 대해 신중한 검토가 필요하다는 것이다. 즉 이들이 근로 의욕 및 동기를 충분히 가지고서 작업에 임하는지를 찾아내야 한다는 것이다.

셋째로, 근로자에게 적절한 근로 조건과 만족할 만한 작업 환경이 마련되어야 일을 열심히 하게 된다는 것이다. 그러므로 기업은 근로자들이 자신의 작업 혹은 직무 수행을 통해 만족할 수 있도록 근로 조건을 개선함과 동시에 작업 환경을 정비해야 한다는 것이다.

넷째로, 세계는 점차로 기술 보호주의를 강화시켜 나가는 반면에 국내 기술은 아직도 낙후 상태를 면하지 못하고 있어서 기술 도입이 벽에 부딪치고 있을 뿐만 아니라 이로 인해 수출 경쟁력이 점차로 약화되고 있는 실정이라고 한다. 따라서 이와 같은 치열한 기술 경쟁 시대에서 우리 기업들이 살아 남으려면 연구 개발 투자를 늘려 스스로 기술을 개발해 나가야 한다는 것이다.

다섯째로, 현재 고도의 산업 사회에 있어 가장 심각한 문제는 산업 활동에 없어서는 아니 될 에너지 자원이 급격히 고갈되고 있으며, 또한 소비 증가도 놀랍게 높다고 한다. 따라서 대체 에너지를 빠른 시간 내에 개발해야 함은 물론 에너지 사용량을 감소시키기 위한 절약 방안을 강구해야 할 것이라고 한다.

여섯째로, 상품의 신뢰성은 자재의 품질과 직접적인 관련을 가지므로 기업은 생산 자재에 대한 철저한 품질 관리와 구입 자재의 철저한 검사를 통해 자재의 적정 품질을 확보해야 한다는 것이다.

일곱째로, 생산 공장의 입지가 이윤 잠재력을 극대화시키는 데 매우 중요할 뿐 아니라 오염 물질의 배출과도 밀접한 관계를 가질 수 있으므로 이에 대한 새로운 인식과 준비가 필요하다는 것이다.

여덟째로, 대량 생산과 유통 구조의 복잡화 등으로 소비자에게 불량한 상품이 판매될 경우가 허다하다는 것이다. 그러므로 기업은 완전한 상품을 공급할 책임을 가지면서 소비자를 보호해야 한다.

아홉째로, 기업은 소비자에게 품질이 훼손된 상품을 판매하는 경우가 많은데, 이를 시정하여 소비자가 믿고 사용할 수 있는 양질의 상품을 생산·판매해야 하고, 상품에 문제가 발생할 때에는 신속하게 아프터서비스(A/S)를 제공해 주어야 한다는 것이다.

마지막으로, 생산 활동을 원활히 수행하기 위해서는 생산에 필요한 원자재나 부품을 그것도 적정 품질을 적정 가격으로 적정 시기에 적절한 양을 공급업자로부터 조달받아야 한다는 것이다. 이를 위해 공급업자 혹은 하청업자는 합리적 관리와 효율적인 구매를 해야 할 것이라고 한다.

③ 마케팅에 있어서의 윤리 문제 — 상거래 및 행위에 있어 공정한 거래가 무엇보다도 중요하다는 것이다. 그런데 최근 우리 나라의 경우는 불공정 거래가 극에 달하여 심각한 사회적 문제로 대두된다고 한다.

첫째로, 생산자와 고객 사이에서 빈번하게 발생하는 문제는 상품의 시장 개척에 있어 지나친 설득, 과장 광고, 불량 제품, 부당한 가격, 불리한 거래 계약 조건, 그리고 아프터서비스 제공의 기피 등이라고 한다. 따라서 이러한 문제가 시정되어야 한다는 것이다.

둘째로, 기업과 구매자간에도 심각한 윤리 문제가 발생하는데, 그것은 구매자에게 높은 가격을 제시하거나 혹은 규정된 반품 수용 및 서비스를 기피한다는 것이다.

셋째로, 경쟁자간의 경제 활동에서도 문제가 발생하는데, 그것은 거래선을 부당한 방법으로 가로채고, 또한 특약과 계약에 의해 판매 구역과 판매 조건이 정해져 있는데도 불구하고 이를 어기고 새로운 거래선을 개척하는 것 등이라고 한다.

마지막으로, 기업은 고객 혹은 구매자 및 경쟁자에게 처음부터 거래 상대방을 해롭게 하거나 혹은 손해를 끼치게 하려는 마음의 자세를 빈번하게 가진다고 한다. 따라서 기업은 공정성과 형평성에 대해 많은 이해와 인식을 가져야 할 것이라고 한다.

④ 재무 관리에 있어서의 윤리 문제 — 기업 및 금융 기관의 자금 조달과 운용, 그리고 정부의 저축자 및 투자자의 보호뿐 아니라 국영 기업 및 금융 기관에 대한 감독과 규제, 그리고 금융 정책에서도 이해 상충과 도덕적으로 정당하지 못한 행위가 발생한다는 것이다.

첫째로, 기업 공개는 주식의 대중 분산으로 국민 자본에 의한 기업의 자본 축적을 가속화시켜 경제 성장을 지속적으로 발전시키며, 우량 증권을 대량 공급하여 자본 시장을 확대·육성함으로써 기업의 자본 조달을 원활하게 해야 된다는 것이다. 그런데 여기서 증자 남발과 과대 산정 등의 문제가 발생하여 투자가에게 손실을 안겨 주면서 시장 발전을 가로막는다는 것이다.

둘째로, 기업이 얻은 이익을 주주에게 분배하는 배당 과정에서 부당한 배당이 많이 발생하고 있다는 것이다. 이에 따라 대주주들의 지분이 많이 높아지는가 하면, 일정 시기에 집중적으로 함으로써 주주에게 큰 손실을 가져다 준다는 것이다. 그리고 이러한 배당에 관한 정보가 누출됨으로써 특정인에게 부당한 이득을 가지도록 만든다고 한다.

셋째로, 기업 규모의 확대는 점차로 국가 경제 및 사회에 상당한 영향력을 미치게 되므로 기업 활용의 내용을 적절한 시기에 일반에게 공개해야 된다는 것이다. 그렇게 함으로써 우선 투자가를 보호하고, 국가 경제에 악영향을 미칠 것을 사전에 막을 수도 있다는 것이다.

넷째로, 유가 증권의 가격에 영향을 미칠 수 있는 공개되지 않은 중요한 정보를 직무와 관련하여 또는 직무 수행 과정에서 취득하고, 이를 이용하여 당해 증권을 거래함으로써 부당한 이득을 얻는 내부자 거래가 성행하여 이해 관련자들에게 엄청난 피해를 입힌다고 한다. 따라서 이러한 행위를 규제하는 조치가 취해져야 된다는 것이다.

다섯째로, 한국 기업들은 직접보다 간접 금융 조달에 많이 의존함으로써 자기 자본에 비해 부채 비율이 매우 높다고 한다. 따라서 이 높은 비율이 지배 주주와 채권자 사이에 이해 상충의 문제로까지 발전함에도 불구하고, 채권자의 감시 기능이 제대로 이루어지지 않고 있다는 것이다.

여섯째로, 대기업의 총수는 중심 기업의 주식을 소유하고, 이 중심 기업이 다시 계열 기업을 소유하는 형태로 하여 실질적으로 계열 기업을 장악한다는 것이다. 이러한 장악과 소유 구조는 소유권 및 경영권의 상속에서 많은 이득을 준다고 한다. 이에 따라 이같은 문제가 발생하지 않도록 조치를 취해야 된다고 한다.

일곱째로, 그동안 한국 기업이 많은 성장을 했는데, 이것이 기업 자체보다는 계열 기업의 확장 및 결합을 통해 이루어졌다고 한다. 따라서 전문적인 기업의 육성 및 발전보다는 수익성이 높은 업종에 진출하여 쉽게 많은 이윤을 올리겠다는 안이한 경영 태도를 가지게 했다는 것이다. 이는 투자의 비효율적 운영이므로 시정되어야 한다는 것이다.

여덟째로, 기업은 부동산 소유를 요소 비용의 차원보다는 이윤 획득의 수단으로 간주하면서 임·직원 및 친·인척의 명의를 빌려 많은 토지를 불법적으로 소유한다는 것이다. 이러한 행위는 국가 경제에 엄청난 피해를 입힌다고 한다.

아홉째로, 은행의 지점에서 실적을 늘리기 위해 자금의 차입자와 대부자를 편법적으로 중개한다는 것이다. 이러한 금융 거래는 금융 질서를 문란케 할 뿐 아니라 사회 질서에도 나쁜 영향을 미쳐 은행에 대한 신뢰도를 떨어뜨리게 한다는 것이다. 따라서 이에 대한 조치가 필요하다는 것이다.

열번째로, 보험 회사의 경우 수신의 확대는 주로 모집인에 의존하는데, 모집인의 수급에서 부당한 상거래 및 행위가 많이 발생한다는 것이다. 즉 무리한 계약 체결, 보험료 횡령, 그리고 과열 스카우트 경쟁 등의 문제가 발생하여 사회에 커다란 혼란과 손실을 초래케 하고 있다는 것이다.

열한번째로, 은행은 고객에게 대출함에 있어 대출 기준에 따라 행하여야 함에도 불구하고 외부의 힘을 빌려 대출을 받으려고 하거나 혹은 대출에 대한 커미션을 요구하는 부당한 거래와 행위가 많이 발생하고 있다는 것이다. 이에 대한 적절한 조치가 필요하다고 한다.

⑤ 회계에 있어서의 윤리 문제 — 기업의 일정 기간 내의 경영 성과와 일정 시점에 있어서의 재정 상태는 기업주 외에도 여러 사람들에게 많은 이해 관계를 가지게 하는 것이라고 한다. 따라서 기업 회계의 결과는 기업과 관련을 맺는 이해자 집단에게 직접적이면서도 중대한 영향을 미치기 때문에 이의 부당한 처리는 심각한 윤리 문제가 될 수 있다는 것이다.

이에 따라 엄정한 회계 방법 및 처리 기준이 세워지는 한편 회계사들에 대한 감사 기준도 마련되어야 한다는 것이다.

그런데 세무 당국과 노동자를 의식한 나머지 감가상각과 조세 감면상의 준비금 등으로 이익 유연화 혹은 이익 조작을 통해 재무제표로 공시하는, 즉 이익을 축소하여 계산한 다음 보고하는 부당한 행위를 한다는 것이다.

따라서 전문직의 지식과 기술이 정당한 방법을 통해 사용될 수 있도록 해야 된다고 한다. 즉 공익과 의뢰자의 이익을 보호하는 한편 고객에 관한 정보를 비밀로 지키면서 외부로부터 영향을 받지 않는 독립성이 유지되어야 한다는 것이다.

⑥ 인사·조직에 있어서의 윤리 문제 — 기업의 정당성이 인정된 상황하에서 기업의 구성원들은 기업의 정당한 목적 달성에 협조해야 할 책임과 의무를 가진다고 한다. 그리고 기업 구성원들은 그들의 책임을 수행하는 과정에서 기업으로부터 보장받아야 할 권리를 가진다고 한다.

첫째로, 기업은 기업 구성원들이 성숙된 인간으로서의 성장과 발전을 할 수 있도록 도와야 하며, 특히 관리자의 경우에는 구성원들의 인간적 성장을 어떻게 도울 것인가를 조직 설계와 직무 설계에 반영시켜야 한다는 것이다. 그런데 이러한 것이 우리의 기업에게는 잘 받아들여지지 않고 있다는 것이다.

둘째로, 기업 구성원들에게 경력상의 발전과 자아 실현을 위해 취업과 승진에 있어 모두에게 기회가 균등하게 주어져야 하며, 이러한 기회는 업무 배치, 직장 훈련 및 교육 훈련 등의 각종 인사 관리상의 선발 과정에도 적용되어야 한다는 것이다. 그러나 한국 기업에 있어서는 남자 위주의 명문 대학 출신, 그리고 특정의 연령층을 고용 기준으로 적용하고 있으며, 기업 규모에 따라서는 출신 지역도 매우 중요한 기준으로 삼는 문제가 발생하고 있다는 것이다.

셋째로, 상벌상의 보상과 복지 혜택, 그리고 기타 대우에 있어서도 균등과 공정을 기하는 것이 매우 중요한 윤리적 문제인데, 남녀간 및 교육 배경 등을 내세워 차등 대우를 심하게 한다는 것이다.

넷째로, 직장에서 구성원들의 안전과 보건은 기업으로부터 기대할 수 있는 중요한 권리라고 한다. 따라서 근로 기준법, 산업 안전 보건법 및 기타 각종 법규를 통해 안전과 보건에 대한 보호를 받아야 한다는 것이다.

마지막으로, 노사 관계에 있어 노사간의 신뢰성이 가장 중요한데 기업은 빈번히 노조의 결성과 노조의 단체 교섭에 대해 부정적 자세를 보인다고 한다. 또한 문제점으로 대두되는 것은 노조 조직의 운영과 관련하여 노조가 회원들의 인간적 권리를 침해하는 경우가 허다하다는 것이다.

⑦ 정보 관리에 있어서의 윤리 문제 ─ 최근 정보 사회로 진입함에 따라 각종의 정보를 다루게 되면서 개인 및 사회적 문제가 많이 발생하고 있다는 것이다. 즉 컴퓨터 해커, 불법 복사, 그리고 컴퓨터 정보를 이용한 금융 사기 및 범죄 등이 많이 발생한다는 것이다.

첫째로, 컴퓨터의 전문가는 고용주는 물론이거니와 고객에 대하여 정직해야 하고 고객이 원하지 않는 상품을 강압적으로 구매하도록 권해서는 아니 된다고 한다. 또한 컴퓨터 프로그램의 경우에는 사회에 큰 영향을 미칠 수 있는 잠재력을 가지고 있으므로 이 점에 대해 매우 주의해야 한다는 것이다.

둘째로, 전문가들이 빈번히 부딪치게 되는 문제로 조직의 규범과 전문인의 규범 사이의 상충이라고 한다. 이에 대해 많은 연구를 해야 할 것이라고 한다.

셋째로, 많은 소비자들이 컴퓨터 제품에 대해 상세히 모르고 있는 점을 이용하여 소비자로 하여금 제품을 구매하도록 부당하게 유인한다는 것이다. 이에 따라 제품을 판매할 때 소비자에게 제품의 내용을 충분히 설명하고, 스스로 의사 결정을 할 수 있도록 해야 된다고 한다.

넷째로, 컴퓨터 관련 제품을 거래할 때 계약 조건이 명시적으로 나타나야 함에도 불구하고 그렇지 못해 많은 피해가 발생하고 있다는 것이다. 즉 판매자는 제품에 부당 표시를 하여 구매자를 기만한다는 것이다.

다섯째로, 컴퓨터의 소프트웨어에 있어, 이를 제품 혹은 서비스로 볼 것인가와 관련하여 많은 문제점이 발생한다는 것이다. 왜냐하면, 소프트웨어를 어떻게 보느냐에 따라 상이한 법이 적용되기 때문이라는 것이다.

따라서 판매자가 포괄적 책임을 지도록 해야 할 것이라고 한다.

여섯째로, 컴퓨터가 등장한 후 이것이 개인의 사생활을 위협 혹은 침해하는 경우가 많이 발생하고 있다는 것이다. 즉 개인의 사생활에 관한 정보를 공개 혹은 노출시킴으로써 그 사람에게 많은 피해를 입히게 된다는 것이다.

그런데 여기서 더욱 심각한 문제는 기업들이 자신의 업무 수행을 위해 비밀리에 개인에 관한 정보를 수집하고 있다는 것이다. 마지막으로, 기업 정보의 보호 및 공개와 관련하여 우선 기업의 종업원이 어떤 정보를 보호하고 혹은 공개하여야 할지 그 판단 기준이 모호하다고 한다. 그리고 기업의 중요한 업무에 관련된 것으로 확인될 때에는 이를 보호하면서 개인의 목적으로도 사용해서는 아니 된다고 한다. 그러나 공정한 거래와 자신 및 사회 이익을 보호하기 위해서는 공개할 수도 있다고 한다.

이상으로 전문가들이 학습을 통해 한국 기업의 상거래 및 행위로부터 발생되는 혹은 될 수 있는 윤리 문제를 지적한 것을 개략적으로 검토해 보았다.

(2) 사회적 책임 및 기대의 규범

앞에서 언급한 바와 같이 조선 왕조 시대에는 유교가 국교로 정하여져 생활 규범에 커다란 영향을 미치고, 이에 양반 사대부는 농업, 공업 및 상업을 매우 천시하면서 이를 서민 혹은 평민들이 하는 일로 간주하였다. 이같은 의식이 사라지지 않고 지속되어 오면서 8·15 해방 이후에도 계속 나타나고 있었다. 그리고 60년대 초 군사 정권이 들어와 대기업들을 부정 축재자로 몰아붙여 사법적으로 처단하려고까지 하였다. 이 무렵 일반 국민들도 기업인 혹은 상인들을 볼 때 눈물도 콧물도 없이 이득만 추구하는 냉혈 인간으로 생각하였다.

그러나 5개년 경제 개발 계획이 실시되고, 이에 힘입어 경제가 성장하기 시작하자 정부는 기업의 도움이 필요해졌다. 왜냐하면, 공장을 세우고, 상품을 생산한 다음 이를 해외 시장에 들고 나가 팔아야 하는데 이를 정부의 관리가 직접 할 수 없는 일이기 때문이었다. 이에 따라 정부는 기업을 앞세워 개발과 성장을 추구해 나갈 수밖에 없고, 또한 기업으로서도 정부를 도와 생산과 수출에 참여하는 것이 엄청난 이득을 챙기는 데에 꼭 필요한 방법이라고 판단한 다음 이를 매우 환영하였다. 이와 같은 양자 사이의 연결은 상호간에 긴밀한 유대 관계를 가지게 하고, 이를 바탕으로 기업은 많은 부를 축적하면서 자신의 경제·사회적 지위를 한층 더 높게 올려 세울 수가 있었다.

70년대를 지나 80년대에 들어와서는 이들 사이의 관계가 기업에게 유리하게 작용하여 그전까지의 주종 관계에서 대등한 관계로 발전하고, 정치인을 위시해 기업인과 일반 국민들도 권력보다 금력이 더 오래가면서 막강한 영향력을 행사할 수 있다는 것을 알기 시작하였다. 따라서 고위직 관리로부터 하위직 관리에 이르기까지 기업의 도움 및 배려에 의존하지 않을 수 없고, 오히려 그렇게 되는 것을 자연스러운 일로 받아들이기 시작하였다. 그리고 기업으로 하여금 국가 및 사회적 행사에 적극 참여시키는 한편 높은 직책도 맡게 하여 사회적 봉사 활동을 하게 만들었다. 이에 대해 기업도 불만없이 기꺼이 받아들이고, 그 대가로 찬조금 혹은 기부금의 형태로 거액을 내놓는 것이었다.

80년대 중반을 넘어서 90년대에 들어오면서 이러한 상황은 크게 변하기 시작하고 있었다. 그 이전에는 정부와 정치인을 도와 생산과 수출에 열중하고, 그 대가로 받던 국가 훈장 혹은 공로장으로 만족하면서 국가에 대해 애국적 행위를 했다고 자부하였다.

그러나 이같은 인식과 경제·사회적 지위에 변화가 발생하면서 기업이 정치에 직접 참여하려 하고, 드디어 국회에 진출하기 시작하였다. 정치에 참여하게 된 기업은 정치의 참맛을 알게 되면서 기업 경영보다 월등히 깨끗하고, 쉬우면서도 이득이 많고, 그리고 매우 명예스러운 일이라는 것을 깨닫게 되었다. 그리고 특정한 사람만이 꼭 정치할 수 있다라는 그때까지의 구태의연한 고정 관념을 깨뜨려 버리고 누구나 돈과 능력만 있으면 훌륭한 정치를 할 수 있다는 자신감마저도 가졌다. 이에 드디어 대권에 도전하는 기업이 현실적으로 나타나기 시작하였다.

이같은 정치·사회적 인식의 변화 속에서 나타난 분명한 사실은 대재벌 기업이 한국 경제의 운명을 결정지을 수 있는 막강한 재력과 힘을 가지었으며, 또한 이들에 의해 직·간접적으로 생계를 이어 가는 사람이 인구의 절반에 육박한다는 것이었다. 그리고 한국 경제가 성장하면서 선진국으로 진입하고 싶어한다면, 기업이 종전보다 더욱 열심히 뛰면서 기술 개발을 통해 경쟁력을 제고시키고, 그리고 이를 바탕으로 수출 확대를 꼭 이루어 나가야만 한다는 사실도 똑바로 인식하게 된 것이었다. 이에 따라 기업이 한국 경제의 발전 및 성장에 꼭 필요할 뿐 아니라 없어서는 아니 될 존재라는 것이다.

이상과 같은 사실이 확인되고, 이에 대한 국민의 공감대가 형성되자 일부의 지식인 및 전문가들은 기업의 사회적 책임을 거론하기 시작하면서 이 책임이 기업에게 의무로 받아들여져야 하고, 이를 기업이 성실히 이행할 것을 모든 시민들이 기대해야 된다는 것이다. 이같은 책임론이 강하게 대두되어 많은 관심을 집중시키게 된 이유는 한편으로 그동안 기업이 경제 성장은 물론 국가 발전에도 많은 기여를 하였음에도 불구하고 다른 한편으로 사회 발전을 가로막으면서 걸림돌로 작용하는 일과 행동을 많이 하여 왔기 때문이라는 것이다. 그 대표적인 것이 바로 기업의 소유 집중 및 경제력 집중이라고 한다.

70년대로부터 기업이 성장하여 오는 과정에서 기업간의 상호 출자 및 상호 지급 등을 통해 소유 집중과 경제력 집중을 시도하고, 이같은 문어발식 확장을 통해 대재벌 기업으로 급부상하면서 국가 경제뿐만 아니라 시민의 개별 생활에도 매우 위협적인 존재가 되면서 막강한 영향력을 행사할 수 있게 되었다고 한다. 여기서 간단한 통계 자료(1991년 4월 말 기준)를 보면, 61개 재벌 기업의 평균 대주주 지분율이 46.9%이며 계열 회사수는 915개 기업이고, 이중에서 공개된 기업은 불과 226개 기업밖에 되지 않는다는 것이다. 또한 30대 재벌 주력 업체의 평균 자기 자본 및 채무 보증 비율은 310%이고, 큰 기업은 500%를 상회하고 있는 것으로 나타났다고 한다.

이와 같은 소유 집중과 경제력 집중은 엄청난 크기의 독점적 이윤을 챙기게 하여 부의 편중을 심화시키고, 이러한 편중은 생산 동기를 자극시키는 데에 시민들로부터 강한 반발을 받게 되어 생산성의 정체 혹은 하락으로 이어지게 만드는 한편 노동자의 자발적 생산 의욕을 저하시켰다고 한다. 따라서 강한 반발과 생산 의욕의 저하는 한국 사회에 심각한 경제·사회적 문제점으로 대두되면서 토지 및 주식 시장에서 투기성을 부추기고 있다는 것이다.

따라서 특히 대기업들은 우선 국가 경제와 시민 생활에 악영향을 미치면서 큰 손실을 초래케 하는 소유 집중과 경제력 집중을 자제해야 할 사회적 책임과 이에 대한 시민들의 기대를 저버리지 말아야 한다는 것이다. 그런 다음 소유 경영 체제로부터 전문 경영 체제로 전환하여 대규모의 조직보다는 자원의 효율적 배분을 통해 생산성 증대를 기할 수 있는 조직을 구축해야 할 것이라고 한다. 그리고 기업의 이익과 부의 균형적 분배를 실현시켜 조직과 구성원 사이의 공동 발전을 도모하고, 재무 구조의 개선과 경영의 합리화 등을 통해 자립적이고 안정적인 기업 성장을 유도해 건전하고도 강한 기업 체질을 갖도록 해야 할 사회적 책임도 가진다고 한다.

(3) 고유 의식 및 사상의 규범

앞에서 이미 언급한 바와 같이 경제 윤리와 기업 윤리 모두가 생활 윤리로부터 파생되어 나올 수밖에 없는 것이다. 그런데 여기서는 고유 의식의 규범이 생활 윤리로부터 형성되어 나온 기업 윤리를 말하기보다는 고유의 생활 의식 및 규범의 테두리 내에서 기업이 행하는 상거래 및 행위를 설명 혹은 해석하고자 하는 것이다. 그리고 현재 자본주의의 시장 경제에서 상거래 및 행위와 관련하여 발생하는 문제는 고유의 생활 의식 및 규범이 소홀히 다루어지거나 혹은 무시되고 있기 때문이라는 것이다.

그러므로 고유 의식 및 행위로부터 발생하는 문제를 해소 혹은 해결하여야 할 것이라고 한다. 그럼 전문가들이 주장하는 고유의 생활 의식과 규범을 살펴보도록 하겠다.

① 가족 중심의 전통 문화 ― 한국 기업은 많은 전통 및 문화적 특성을 가지고 있는데, 그것은 바로 가족 중심의 전통 문화라고 한다.

이를 좀더 구체적으로 설명하면, 장자 우대 불균등 상속, 배타주의, 연공 서열주의, 가장의 권위와 화합, 그리고 아랫사람의 복종심과 종속심 등이 그 특성이라는 것이다. 즉 장자 우대 불균등 상속이란 가장이 후계자에게 가장권을 물려주는 것으로서 가족을 외부에 대표하는 대표권, 가족을 지휘·감독할 감독권, 재산을 관리할 재산권, 그리고 조상의 제사를 받드는 제기권 등을 의미하며, 이것이 한국 기업에 승계하여 나타나고 있다고 한다.

둘째로, 배타주의는 혈연주의와 신분주의를 배경으로 한 가족주의가 사회 생활에서 배타적이고 폐쇄적인 사고 방식을 낳는데, 이러한 사고 방식이 소유 경영자 중심으로 하는 기업의 조직 분위기에서 나타나고 있다는 것이다. 즉 소유 경영자를 중심으로 그의 직계, 혈연, 지연, 그리고 특별 연고를 가진 중역들로 구성된 폐쇄적인 집단을 이룬다는 것이다.

셋째로, 연공 서열주의는 기업의 인사 정책에서 잘 나타나고 있는데, 승진과 승급에 있어 특별한 하자가 없을 경우 연장자 혹은 연공자 중심으로 한다는 것이다. 넷째로, 권위 및 화합과 상급자의 리더십은 전통 사회에서 가장이 대가족을 존속·발전시키기 위해 갖는 절대적 및 일방적인 권위를 의미하는데, 이것이 기업 경영에 나타나면서 통제와 융합, 그리고 집단 의식을 높여 나간다고 한다.

마지막으로 복종심과 종속심인데, 이는 전통적 효의 개념을 바탕으로 생기는 부자간의 관계를 의미하며 이것이 직장에서 종업원들이 그들보다 나이가 많거나 혹은 지위가 높은 상급자에 대해 갖는 복종심과 존경심으로 이어진다고 한다.

② 한국 민족의 고유 의식 및 사상 — 후기 산업 사회는 산업 사회와는 전혀 다른 생활 자세와 가치관을 요구하고, 이를 충족시키면서 살아가기 위해서는 한국 민족의 생활적 및 의식적 장점을 발굴하고, 이를 창의적으로 적용하면서 민주주의와 호혜로운 경제 질서를 정착시켜야 한다는 것이다. 즉 종전과는 다른 탄력성, 창의성, 조직 및 인간 관계를 정립하면서 지금까지 군림해 왔던 관료주의, 권위주의, 서구의 근대 정신인 무절제한 개인주의, 그리고 특정 집단의 이익만 추구하는 집단주의 등을 재검토 혹은 재평가해야 할 것이라고 한다.

그리고 앞으로의 사회에서는 명확한 대상이 존재하지 않고 애매성과 패러독스가 중심이 될 것이므로 합리주의가 존속할 이유가 사라지는 반면에 지금까지 많은 비판을 받아 온 동양적 직관과 감정이 다시 필요해질 것이라고 한다.

그 좋은 예가 일본이고, 일본은 서양의 기업이 가지고 있지 않은 그 무엇인가를 가지고 있는데 그것은 기술, 생산 방식 및 회계 제도라기보다는 인간 관계와 직업인의 의식 속에 있다는 것이다. 그렇기 때문에 서구의 합리적인 기업 문화보다 앞선 기업 문화를 창출해 내었다고 한다.

아무튼 한국 민족이 가지는 생활적 및 의식적 장점을 열거해 보면, 첫째로 인(仁)인데, 이는 인을 살리면 기업 내의 모든 노사간의 대립은 뿌리째 없어지면서 노사가 한몸이 되어 서로간에 고통과 기쁨을 동시에 느끼고 한 가족 속에서 식구와 같이 밀접한 관계를 가진다고 한다. 다시 말하면, 기업은 몸이고 그 속에서 종사하는 고용인들은 기업의 주체라는 것이다.

둘째로, 민족의 얼과 비전이라고 한다. 이는 오랜 전통과 관습 속에서만 찾아볼 수 있는 것으로 자신이 으뜸이라고 보는 생활 자세라는 것이다. 그리고 이 으뜸은 사명감과 자부심을 가지게 한다고 보는 것이다.

셋째로, 무속 정신으로부터 나오는 상황성, 유효성, 한풀이 및 신바람인데, 불행, 눈물 및 배고픔의 한을 풀려는 것이 한국 기업의 목적이면서 지향점이고, 그러면서 근로자들의 마음이라는 것이다. 이때 상황에 맞추어 적절하게 신바람이 나와야 한풀이가 잘된다고 한다.

넷째로, 한국 사람은 하늘과 땅의 화합을 생명의 근본으로 삼는데, 인간이 그 화합을 매개한다는 것이다. 따라서 한국 사람이 바라는 기업은 하늘과 땅의 마음을 결합하는 그 공간 속에 있으며 자연과 더불어 모든 사람들이 함께 살아가는 것을 바라면서 아침의 햇빛을 매우 중시한다는 것이다. 이때 정보 통신 사업이 바로 아침을 알려 주는 산업이라고 한다. 또한 인이 사람들 사이의 공간과 유대 관계를 의미하므로 하늘과 땅 사이의 공간과 함께 화합을 뜻하며, 이 공간과 화합이 이윤보다 우선하기 때문에 노사 관계를 원만하게 유지시켜 나가게 된다는 것이다.

다섯째로, 한문에서 사람(人)을 매우 중시하면서 널리 사용하는데, 서구 문명이 추구하는 개인(個人)은 인간이 죽은 다음 딱딱해진 고체를 뜻한다는 것이다. 따라서 죽음보다 생명이 있는 사람을 중시하는 동양의 의식이 월등히 좋은 것이라고 한다.

여섯째로, 인(仁)의 두 이(二)자 중 하나는 문이고, 다른 하나를 질로 보며 그것을 결합시킨 것이 군자라고 한다. 여기서 문은 하늘, 질은 땅을 각각 의미하는데, 이들이 서로 대립하기보다는 공존하면서 조화를 이룬다는 것이다. 그러므로써 가장 인간다운 군자가 실현된다고 한다. 다시 말하면, 한국 기업은 군자로서의 인상을 가진다는 것이다.

일곱째로, 유교는 교육을 매우 중시하면서 비록 선하고 착하더라도 교육을 받지 않으면 그 착함은 도리어 어리석음이 되고, 용기있는 것이라 해도 한낱 광(狂)에 지나지 않는다고 한다. 따라서 교육을 위한 투자가 매우 중요하다는 것이다.

여덟째로, 인은 사람을 사랑하는 것으로도 해석되는데, 이 같은 의식을 근대 기업에 적용하면 경제 발전에 있어서 최대의 자원은 바로 인간이 된다는 것이다. 또한 인을 실현하는 방법으로 서(恕)를 충(忠)과 같은 비중으로 중시할 수 있는데, 이는 사람에 대한 용서와 관용을 의미하는 것이라고 한다. 그리고 인의 공간에서 상대방을 용서와 관용으로 대할 때에 생산이 나올 수 있게 된다고 한다. 이것이 바로 인간의 숨결이 배어 있는 기업 운영이 된다는 것이다.

지금까지 검토해 본 것이 바로 생활 및 고유 의식의 장점이면서 한국인의 기업 정신이라는 것이다. 이에 추가하여 한국 문화 속에서 나타나는 특유의 생활 양식 및 관습을 또다시 조명하여 기업 경영에 활용해야 할 것이라고 한다. 그 생활 양식과 관습은 다음과 같다.

첫째로, 후기 산업 사회에서는 인간적인 체취가 풍기고, 정신이 담긴 섬세한 상품을 요구하게 되는데, 한국의 문화 관습은 두 배 이상의 정성을 기울일 때 그만큼 생산을 증가시킬 수 있다는 생활 자세를 가졌다고 한다.

둘째로, 한국은 인간적이면서 자연과 가까운 생활 기술을 가졌는데, 그것은 자연적 균형을 가진 지게 기술, 임시변통적 특성을 가진 문풍지의 기술, 신축성을 갖는 병풍의 기술, 인간과 도구의 일체성을 보여 주는 보자기의 기술, 그리고 도구의 평화 지향적 특성을 가진 다듬이·방망이의 기술 등이라고 한다.

셋째로, 한국의 생활 자세는 기본적으로 임시변통주의적인데, 이는 다양성과 가변성이 요구되는 후기 산업 사회에서 매우 적절하게 활용될 수 있다는 것이다.

넷째로, 보자기의 기술 원형에서 융통성 및 자유자재의 특성을 찾아낼 수 있는데, 이는 다양하면서 다변성을 갖는 요구를 자유롭게 만족시켜 줄 수가 있다는 것이다.

다섯째로, 후기 산업 사회는 집단이 존재하되 독립적인 개인의 영역도 엄연히 존재하는 것을 전제로 하는데, 한국의 "계"가 그러한 전제 조건을 충족시켜 준다는 것이다. 즉 "계"가 한국적 집단주의와 개인주의의 병립 혹은 조화라는 것이다.

마지막으로, 한국의 생활 관습 속에서는 "우리"라는 개념이 매우 독특한데, 이는 두레적인 협동 정신을 길러 왔다고 한다. 즉, 우리의 생활 속에서 공동으로 서로 협조하면서 행하는 일, 놀이 및 생활 등이 매우 많다는 것이다. 그 대표적인 예가 가래질이라고 한다. 따라서 한국 기업도 전체 사원이 단합하여 일사분란하게 일하기 위해서 두레적인 조직의 협조 방법을 개발해야 할 것이라고 본다.

③ 가치 인프라 ─ 종전까지 세계 시장에서의 경쟁력 싸움은 주로 기업간의 대결이었는데, 지금은 개별 기업의 경쟁력만으로 판단하기 어렵다는 것이다. 다시 말하면, 사회 전체의 총체적인 능력이 월등히 높아 경쟁자를 능가할 때에 비로소 경쟁력을 가지게 된다는 것이다. 이때 이 능력이 정치, 사회, 문화 및 관습 등의 가치 인프라로부터 생기게 된다고 한다. 즉, 정치·사회적 및 문화적으로 훌륭한 생활 의식, 가치 및 규범을 검토해 보지 않을 수 없는 필요성이 생기게 된다고 한다. 물론 과거의 의식, 가치 및 규범으로 다시 돌아가 그것을 그대로 현재에 사용하자는 것은 아니고 적절하고도 신축성있게 효율적으로 활용해야 할 것이라고 한다. 따라서 전통 속에서 가장 효율적으로 활용할 수 있는 건전한 가치, 의식 및 규범 등은 다음과 같다고 한다.

첫째로, 명분과 의로움의 추구라고 하는데, 이는 개인의 내면적 및 도덕적 수양을 바탕으로 충과 효가 대립하지 않고 서로 조화를 이룰 수 있도록 행동하는 것을 의미하는 것이라 한다. 다시 말하면, 사회적 활동을 하기 이전에 개인의 도덕성을 갖추어야 하고, 이를 바탕으로 공적 윤리와 사적 윤리가 서로 대립하지 않고 하나로 통일될 수 있도록 하는 것이라고 한다. 이를 기업 경영 측면에서 해석하면, 의리를 바탕으로 한 이익 추구, 즉 정당한 방법으로 기업 이익을 추구하는 것이라고 한다.

둘째로, 인간 중심의 리더십이라고 하는데, 유교는 인 및 자비 등의 인간 존중의 바탕을 중시하면서 사람이 사람됨을 추구하는 덕목을 매우 강조하고 있다는 것이다. 이상적인 사회는 향상심을 가진 군자가 그것을 갖추지 못한 백성들을 지도하고 경세제민과 이용후생을 통해 물질적 조건을 마련해 주고, 이를 통해 향상심을 갖도록 한다는 것이다. 이에 경영의 근본은 사람이며, 인간 존중이 미래 경영의 핵심 가치관이 되어야 할 것이라고 한다.

셋째로, 균형과 조화인데, 동양 철학은 인간이 자연에 대립하기보다는 자연의 일부분이면서 조화를 이루어 살아가는 존재로 본다는 것이다. 따라서 단선적이고 일관된 형식 논리보다는 모순을 초월하는 변증법적 논리가 더욱 생명력을 가지면서 입체적 사고를 강조하게 되는 것이라 한다. 21세기 기업 경영은 창조적 공생을 중요 덕목으로 간주하므로 인간과 자연 사이의 조화가 바로 공생의 바탕이 될 수 있다는 것이다.

넷째로, 보이지 않는 것에 대한 배려라고 하는데, 동양에서는 보이지 않은 초감각의 세계를 중요시했다고 한다. 이를 정치와 통치에 비유하면, 민심은 천심이고, 민심은 쉽게 보이지 않으므로 군자는 도리로서 백성의 마음속 깊은 곳에 들어가 보고 그 욕구를 찾아 충족시켜 주어야 한다는 것이다. 이같은 정신은 고객 만족이 고객 감동으로 이어지게 만듦으로써 사람들의 취향이 극히 섬세해지는 21세기의 시장 경쟁에 매우 큰 의미를 가지게 된다고 한다.

다시 말하면, 밖으로 나타나는 것보다는 고객의 마음을 읽는 것이 더욱더 중요하며, 이를 자신이 소유하고 있는 것 내에서 찾아내야 된다고 한다.

마지막으로, 인내라고 하는데, 동양에서는 전통적으로 "때를 기다린다"라는 천명 사상이 강조되고, 이는 당장에 무리하게 하겠다는 조급심보다는 모든 노력을 다한 다음 그 결과가 나타날 때까지 조용히 인내심을 가지고 기다린다는 것이라고 한다. 다시 말하면, 실패는 새로운 창업의 씨앗이며, 성공하였을 때가 가장 위험한 때가 될 수 있다라고 하는 것이다.

이상과 같은 의식, 가치 및 규범적 인프라를 바탕으로 우리의 실정에 알맞은 기업 경영과 그 제도를 찾아내야 하는데, 그것은 수직과 수평이 서로 연결되는 유연한 복합 제도라고 한다. 즉 전통의 가치와 규범이 현실에 맞게끔 수정 혹은 보완되어야 한다는 것이다. 여기서 수정과 보완은 본질을 바꾸는 개혁이 되는 것은 아니라고 한다.

제3장
윤리 도덕의 대립, 갈등, 그리고 실종

　앞에서 우리들은 세계 경제의 발전, 그 속에서 기업의 형성 및 발전, 그리고 불공정한 상거래 및 행위를 규범적으로 규제하고자 만들어 낸 경제 및 기업 윤리를 간략하게 검토한 다음 한국 경제의 발전, 그 속에서 기업의 역할, 그리고 불공정한 상거래 및 행위를 규범적으로 규제하고자 만들어 낸 경제 및 기업 윤리를 각각 살펴보았다.

　최근에 와서 한국 경제는 일인당 소득이 1만 달러를 상회하는 한편 무역 규모도 세계 10위권에 육박하고 있으며, 이를 발판으로 선진국의 경제 협력체인 OECD에 가입한 다음 경제 선진국의 대열에 동참하겠다는 강한 의지를 나타내고 있다. 또한 경제 성장 및 발전을 지속시켜 앞으로 10~20년 내에 무역 규모가 세계 6위권 내에 진입하면서 일인당 소득도 3만 달러에 달할 수 있도록 하겠다는 장기적 목표까지 세워 놓고 있는 실정이다. 이에 이웃 중국을 비롯하여 많은 중·후진국들이 한국 경제의 빠른 성장과 발전을 대단히 부러워하면서 자신들의 경제 개발과 발전에 모범적 모델로 삼고자 많은 문의와 조언을 구하고자 한다.

이와 같이 경제 성장 및 발전의 밝은 미래와 중·후진국들의 부러움에도 불구하고 최근에 와서 한국 경제는 빠른 성장과 발전에 따른 후유증과 부작용으로 많은 어려움에 시달리면서 몸살을 앓고 있다.

이러한 시점에서 세계 경제와 한국 경제에 대한 규범적 검토는 이들 사이를 시공적으로 비교할 수 있게 하면서 8·15 해방 이후 자본주의 경제를 받아들여 이를 기본틀로 삼아 경제 선진국으로 발돋움하려고 온갖 노력을 다 기울이는 한국 경제가 왜 성장에 따른 후유증과 부작용으로 몸살을 앓아야 하는지 그 이유와 해결책에 많은 시사점을 던져 줄 것으로 기대된다.

1. 경제 윤리

I

서구 사회와 동양 사회가 처음 시작할 때 그 생활 형태와 방법에 있어서는 서로가 비슷하였다. 그러나 시간이 지나면서 인간이 주변의 자연 환경을 이용하기 시작하면서부터는 상호간에 점차로 많은 차이가 나타나고 있었다. 다시 말하면, 동양 사회가 원시 사회로부터 농경 사회로 접어들고 난 다음 계속 그 상태에 머물면서 19세기 말까지 온 반면에 서구 사회는 일찍이 먼 거리와의 상거래 및 행위를 활발히 하면서 상호간의 왕래를 빈번하게 하였다.

따라서 지중해를 중심으로 교역이 매우 발달하면서 생활도 개방적으로 많은 발전을 할 수가 있었다. 그러나 도시에 여러 종류의 사람들이 많이 모여들고, 또한 이들이 자유롭게 살아가면서 부를 축적함과 동시에 정치·사회적 지위를 높여 나가려고 하자 종족 혹은 사람들 사이에 이해 관계를 둘러싼 대립과 갈등이 발생하면서 사회 질서를 어지럽게 만들었다. 이에 기존의 생활 규범으로 그같은 대립과 갈등을 해소시켜 나갈 수 없게 되자 경제 윤리를 만들어 내어 이를 규제하고자 하였다.

이러한 과정을 통해 나타난 것이 고대 희랍 시대의 경제 윤리이고, 앞에서 이미 설명한 바와 같이 이는 정의를 강조하면서 분배 정의와 등가 교환의 정의를 만들어 내었다. 그 다음 로마 시대에 와서 상거래 및 행위가 더욱 복잡해지면서 활발하여져 보다 더 강력한 규제와 통제를 필요로 하게 되자 이번에는 상거래 및 계약을 통제하는 법이 나타나면서 절대적 소유권마저도 인정하여 주었다. 그러나 봉건 영주의 기독교 시대에 들어와 신의 가르침이 더욱 강하게 작용하면서 폐쇄적 생활을 하기 시작하자 경제 윤리의 필요성은 점차로 사라져 갔다.

그러나 10세기 전후로 십자군의 원정으로 동서간의 교역이 다시 활발하여지면서 사람들의 왕래가 빈번하게 되자 희랍 시대와 로마 시대에서 볼 수 있던 경제·사회적 문제들이 다시 나타나기 시작하였다. 이에 "정당한 가격"이라는 경제 윤리가 만들어져 상대방에게 손해를 입히는 부당한 상거래 및 행위를 억제하고자 하였다. 그리고 그 당시 유행하던 이자, 이윤 및 고리 대금도 부당한 상거래 및 행위라고 간주하면서 이를 금지시키려고 했다.

이같은 중세기의 경제 윤리를 희랍 시대의 것과 비교하여 보면, 희랍 시대에는 상품 생산에 투입된 노동을 기준으로 경제 가치의 개념이 확립되고 이를 물건의 분배 및 교환에 중요한 잣대로 사용하고자 한 반면에, 중세기에는 자유로운 경쟁을 통해 부당한 이득이 배제된 생산 원가에서 거래되는 가격을 정당한 것이라고 간주하면서 중시하였다. 이에 따라 시장에서 억압, 압력 및 사기가 없는 자유 경쟁의 상거래 및 행위가 필수적이고, 조건이 충족될 때에 정당한 가격이 성립할 수 있다고 본 것이었다. 한편 이자, 이윤 및 고리 대금의 경우에는 노동 가치의 이론이 적용되어 노동이 투입되지 않은 이자, 이윤 및 고리 대금은 부당한 이득으로 간주했다.

그후 중상주의 시대로 접어들자 많은 부의 축적과 더불어 생활에도 많은 변화가 발생하고, 이에 경제 가치에 대한 인식도 바뀌어지기 시작하였다. 자세히 설명하면, 근대 국가의 탄생은 국부를 강조하게 되고, 이에 따라 정당한 분배와 교환보다는 생산을 더욱 중요하게 생각하면서 이것만이 생활의 발전에 큰 도움을 주는 것으로 보았다. 그리고 개인의 절대적 권리 및 소유권이 확립되자 모든 사람들이 시장에 참여하여 생산, 교환, 그리고 부의 축적을 자유롭게 할 수가 있었다. 이 결과 노동 가치(사용 가치) 외에 새로운 교환 가치(시장 가치)가 나타나 상거래 및 행위가 노동 가치보다는 교환 가치에 따라 이루어지기 시작한 것이었다. 그러나 이 당시 이들 가치가 동시에 발생할 수 있다는 사실만 확인하였을 뿐, 양자 사이를 분명하게 구분하지는 못했다.

이 당시 비록 중상주의가 강조되고, 개인의 소유권과 자연권 등이 인정되어 생산과 교환을 통해 엄청난 부를 축적할 수 있었음에도 불구하고 경제 사회 질서가 생각보다는 덜 혼란스러웠다. 그 이유는 그동안에 만들어졌던 생활 규범, 기독교의 신앙, 그리고 경제 윤리 등이 계속 강하게 작용하고 있었기 때문이었다. 하지만 자연 과학의 발달과 더불어 학문에 대한 관심이 고조되자 일부의 지식인들은 생산, 교환, 가격, 분배, 이윤 및 시장 거래 등에 대해 체계적인 연구를 하기 시작하였다. 이 결과 분업과 시장에 대한 개념이 정립되고, 노동 가치와 교환 가치 사이를 구분하면서 시장을 통해 분배와 교환 문제가 완전히 해결될 수 있다고 보았다.

다시 말하면, 경제 정의보다는 시장이 분배 및 교환 정의를 달성시킬 수 있다고 본 것이었다. 얼마 후 중세 시대로부터 줄곧 금기시되어 온 이자와 이윤도 시장을 통해 정당화될 수 있다고 하였다. 이에 따라 시장을 통한 이윤 추구가 정당화되고, 상인들의 입장도 매우 떳떳하여졌다.

그러나 산업 사회로 진입하면서 학문적으로 입증된 시장을 통한 분배 및 교환의 정당화가 적어도 노동자들에게는 현실적으로 받아들여질 수가 없었다. 이 당시 노동자들은 시장보다는 노동 가치에 따라 조합을 결성하여 집단적으로 압력을 가하기 시작하였다. 이에 기업과 전문가들은 한계 효용 이론을 들고 나와 시장의 교환 가치가 노동 가치보다 이론적으로 타당할 뿐만 아니라 매우 현실적이면서 산업 자본주의 시대의 생활을 더욱더 잘 반영시키고 있다고 주장하였다. 이같은 기업과 노동자 사이의 대립 속에서 정치적으로 신자유주의가 대두되고, 또한 현실적으로 노동자의 생활이 절대적 및 상대적으로 빈곤할 뿐 아니라 사회적 혜택도 제대로 받지 못하고 있다는 사실이 분명하여지자 국가는 서둘러 복지 정책을 세운 다음 이들을 도우려고 하였다.

20세기에 들어와 산업 자본주의의 발달과 더불어 경제학은 자유 경쟁의 시장 원리를 신봉하면서 이를 자연 과학의 물리학과 같은 학문으로 승격시키려고 하는 반면에 정부는 현실을 외면할 수 없어 노동자의 생활을 직·간접적으로 돕는 복지 정책을 더욱 강화시켜 나갔다. 특히 혁명에 의한 소련 공산주의의 출현은 이같은 복지 정책을 더욱 가속화시켰다.

이 무렵 미국에서 경제 대공황이 발생하여 유럽 대륙으로 전파되자 누구보다도 더 많이 자유 시장 원리를 고수하던 미국도 시장 실패를 인정하면서 정부의 개입을 통해 시장의 구조적 문제를 해결하려 하였다. 하지만 개입의 정도를 최소화시키는 한편 자유 경쟁의 분위기를 조성하기 위해 기업, 노동자 및 소비자 모두에게 공정한 상거래 및 행위를 계속 행하여 줄 것을 요구했다. 이 당시 유럽 대륙의 경우에는 중요 생산 시설을 국유화시키면서 국가가 경제에 깊숙이 개입하여 통제해 나가려고까지 하였다.

그러나 시간이 지나면서 정부 조직의 비대화와 행정 업무의 비효율성 등으로 이번에는 시장 실패에 뒤이어 정부의 실패가 선언되었다. 이는 희랍 시대로부터 최대의 과제로 받아들여져 온 공정한 분배와 정당한 교환을 달성하겠다고 자임하고 나온 정부가 자신의 책임과 의무를 완수하지 못한 결과를 의미하는 것이었다. 이에 전문가들은 경제 정의 문제를 또다시 거론하기 시작하면서 이의 해결 방안을 모색코자 많은 고심에 빠져 들어가고 있었다.

현재 사회 정의를 사이에 두고 개인적 자유주의와 사회적 공동체주의가 서로 상이한 견해를 제시하고 있으며, 일부는 시장 자체가 공동체적 성격을 띠고 있으므로 아담 스미스가 언급한 바와 같이 시장에 참여하는 모든 사람들이 도덕적 인격과 자질을 가지면 개인주의와 공동체주의 사이에 견해 차이가 해소될 수 있을 것이라고 한다.

Ⅱ

앞에서 한국 경제를 설명하면서 이미 언급한 바와 같이 우리 나라는 일찍이 농경 사회로 들어온 다음 계속 그 속에서 머물러 오다가 19세기 말에 서구의 식민지 진출과 맞부닥치게 되었다. 그리고 36년이란 오랜 시간 동안 일본의 식민지 통치하에서 정치 및 경제적 자유를 상실하고, 이로 인해 세계 경제의 발전과 더불어 발전하여 나아가는 데 필요한 경제 하부 구조 및 체제를 구축하는 데 실패하였다.

해방과 더불어 맞이하게 된 자본주의 경제는 생소하면서도 이해하기 어려운 경제 체제였다. 따라서 해방 직후 갑작스럽게 발생한 공급의 절대 부족, 노동의 공급 과잉, 그리고 만성적 인플레에 대응키 위해 긴급 조치를 취하지 않으면 아니 되었다. 즉 정부가 경제에 직접 개입하여 수급을 통제하면서 물가 상승을 억제시키려고 한 것이었다. 하지만 정부의 통제 및 억제가 만족할 만한 결과를 가져다 주지는 못했다.

설상가상으로 6·25 동란이 발생하여 생산 시설과 경제 하부 구조를 파괴시킴으로써 경제적 어려움은 더욱 가중되기 시작하였다. 이에 국민 생활은 더욱 악화되면서 절대 빈곤 속에 빠져 굶주림에 허덕이지 않으면 아니 되었다. 이 당시 이같은 생활의 어려움을 감안하여 세계 각국이 많은 경제 원조를 하였지만 문제의 해결에 큰 도움은 되지 못했다.

60년대에 들어와 절대 빈곤으로부터 탈출하는 방법은 오로지 생산과 생산된 상품을 세계 시장에 판매하는 것밖에 없다는 사실을 인식하고, 생산에 모든 국력을 집중시키기로 하였다. 이로써 한국 경제는 단군조선 이래 처음으로 경제에 대한 가치 개념을 가지게 되고, 그것이 생산 가치였다.

여기서 이를 서구의 노동 가치와 비교하면, 생산에 투입된 노동보다는 결과적으로 나타난 양에 더 많은 가치를 부여하는 것이었다. 이같은 생산 가치가 생활 덕목으로 받아들여지게 되자 생산과 생산된 상품의 양이 상거래 및 행위를 정당화시켜 주는 잣대로 등장하기 시작하였다. 그리고 생산과 수출이 성장과 발전으로 이어지게 해 수출은 성장에 필수적이면서도 충분 조건으로 수단화되었다. 이같은 등식이 성립하게 되자 과정보다는 결과가 중시되면서 성장에 직접적으로 기여하는 생산과 수출만이 큰 평가를 받았다.

시간이 지나면서 생산 및 수출과 성장 사이에 거의 정비례의 관계가 성립한다는 사실을 알게 되자 생산과 수출을 더욱 강조하였다. 그리고 그 결과에 대해 국가 발전을 위해 애국적인 공헌을 하였다고 국가 훈장까지 주게 되자 생산, 수출 및 성장 가치는 그때까지 한국 사회가 가지고 왔던 그 어느 생활 가치 및 덕목보다 우선하면서 더 큰 비중을 가졌다. 이에 따라 "선성장 후분배"가 국가의 최대 목적으로 설정되는데 아무런 비판이나 반대없이 온 국민들로부터 절대적 지지를 받았다.

70년대 말 경제 개발 및 성장을 시도한 이후 처음으로 경상 수지에서 흑자를 기록하고 경기 호황을 맞이하게 되자 한국 경제 수지는 드디어 절대 빈곤으로부터 완전히 벗어날 수가 있었다. 그러나 시간이 지나면서 절대 빈곤의 탈출로부터 가지게 된 기쁨과 배부름은, 선진국 경제로 하여금 그리스 시대로부터 체험하면서 19세기에 드디어 어려운 난국에 빠져 많은 시련을 겪기 시작한 분배 및 교환의 문제를 심각하게 생각해야만 할 고심 속으로 빠지게 하였다.

그럼 우선 분배 문제부터 검토해 보면, 70년대 말 이전에 벌써 노동자들은 분배에 문제가 있는 것으로 판단하고 노조를 결성하여 자신들의 이익을 보호하려고 하였다. 그 이유는 정치·군사적 상황이 불리하게 전개되고 있을 뿐만 아니라 노조의 활동도 생산, 수출 및 성장 가치와 덕목을 파괴하면서 국민 생활을 불안하게 만들 것이라고 정부와 기업이 생각하기 때문이었다. 이럼에도 불구하고 70년대 말부터는 조직을 결성하여 죽음을 각오하고 정책 당국에 대항하였다. 하지만 그 결과는 너무나 분명하였다. 정책 당국의 강압적 진압에 무릎을 꿇고 머리를 숙일 수밖에 없었다. 이같이 분배 문제를 둘러싼 대립과 마찰이 발생하는 것과 때를 같이하여 일부에서는 지금 마냥 절대 빈곤으로부터 탈출하였다고 즐거워할 것이 아니라 상대적 빈곤을 염려해야 할 것이라고 하였다.

87년 정치의 자유 민주화와 연결되어 그동안 물속 깊이 잠재되어 있던 노동자의 불만 및 요구가 폭발하기 시작하였다. 이 당시 노사 분규는 일어나자마자 노사간의 대화를 기피하면서 곧장 파업으로 이어지고, 이러한 파업은 순식간에 전국적 규모로 확산되어 나갔다. 이에 정부와 기업은 당황하고 노조 파업에 대한 대응책을 국가 위기론과 남미의 도미노 이론을 들고 나와 시민들에게 생산, 수출, 성장 가치 및 덕목의 중요성을 또다시 주지시키려고 하는 한편 강압적으로 탄압하였다. 이번에는 노동자들이 뒤로 물러서지 않고 완강히 저항하면서 자신들의 요구를 꼭 관철시키려고 했다. 이때부터 격렬한 노사 분규는 연례 행사가 되면서 높은 임금 인상률을 담보로 파업을 풀거나 자제하였다.

90년대에 들어와 경쟁력의 하락과 수출 부진 등으로 인해 국제 수지의 적자폭이 늘어나자 경쟁력의 제고와 국제화 및 세계화가 강조되면서 이것만이 지속적 성장을 위한 유일한 대응책이라고 하였다. 이에 경쟁력과 세계화가 경제뿐만 아니라 생활 가치 및 덕목으로까지도 받아들여지면서 세계에서 최고 혹은 일등이 생활의 최대 과제이면서 목표로 등장하였다.

이같은 분위기에 편승하여 기업은 경쟁력의 하락은 일차적으로 높은 임금 인상률에 기인하는 것이라고 주장한 다음 정리 해고제, 변형 근로제 및 파견 근로제를 들고 나와 이의 실시를 강력히 요구하였다. 이에 반해 노동자는 정치권에 수천억의 뇌물을 가져다 바치는 기업의 이기심에 실망한 나머지 복수 노조, 정치 참여 및 3자 개입 등을 들고 나와 정책 당국의 공정한 판단을 촉구했다. 이에 정부는 OECD 가입과 관련하여 노사 문제를 경제 선진국의 수준으로 끌어올려야 할 입장에 놓여져 애매한 자세만을 보였다.

아무튼 이같이 분배 문제를 둘러싼 노사간의 대립과 갈등은 근본적으로 자본주의 경제 구조와 현실과 이에 따른 경제 정의를 무시하고 자신의 이기심과 고유의 가치관 및 덕목을 고집하는 데에서 비롯된 것이라고 해야 되겠다. 또한 한국 경제는 물론이고, 시민들의 의식이 균형 감각을 상실하고 특정의 시점에서 나타나는 조그마한 문제나 현상을 확대 해석 혹은 매우 두려워한 나머지 많은 대가를 지불하거나 혹은 많은 비중을 두고 해결하려는 조급성과 편견된 자세에도 상당한 문제가 있는 것으로 보아야 할 것이다.

따라서 현재 분배 문제를 둘러싼 노사간의 대립과 갈등은 자본주의의 경제 윤리와 고유의 생활 가치 및 덕목 사이의 대립 및 갈등에서 빚어진 문제로 판단된다. 그러므로 자본주의 경제에서 경제 정의 문제가 필연적으로 발생한다는 사실을 의도적으로 무시하려고 하기 때문에 경제 윤리가 현실적으로 실종될 수밖에 없는 것이기도 하다.

다음으로 교환 문제를 검토해 보도록 하겠다. 8·15 해방으로부터 70년대 중반을 지날 때까지 시장은 공급 부족은 물론 수입을 엄격히 통제함으로써 상품 공급이 여의치 못하여 생산자 중심으로 형성되면서 이들의 주도에 의해 이끌려 가고 있었다. 앞에서 언급한 바와 같이 생산, 수출 및 성장 덕목이 크게 작용하고 있어 상품 가격은 시장보다 생산자가 결정하고 그 가격에는 생산자의 노력보다 더 많은 대가를 보장해 주는 엄청난 독점 이윤이 포함되고 있었다.

이같은 불공정한 가격 결정에 대해 소비자는 불만을 갖지 않았다. 왜냐하면, 돈을 가지고서도 필요한 물건을 마음대로 살 수 없는 현실 속에서 높은 가격에 대한 불만은 가격 인하의 효과보다는 쓸데없는 불만과 불평으로 받아들여지는 한편 경우에 따라서는 생산자로부터 거절당할 수 있기 때문이었다. 다시 말하면, 생산자의 시장이기 때문에 소비자는 아무런 힘없이 생산자가 원하는 가격에 물건을 살 수밖에 없는 것이다.

이러한 가운데서 들이닥친 70년대 말의 경기 호황은 상상을 초월하는 불공정 거래 및 행위를 발생케 하였다. 중동 진출로 인해 발생한 유효 수요의 증대는 생산자로 하여금 보다 더 높은 폭의 독점 이윤을 챙길 기회를 마련하여 주었다. 그리고 고급 및 신상품의 공급 부족 현상이 심각하여지자 투기와 프리미엄이 나타나면서 줄을 서서 구입하거나 혹은 예약을 하고 상당한 시간을 기다려야만 상품을 인도받을 수 있게 되었다.

이와 같이 거래 질서가 혼란해지면서 부당하게 높은 가격으로 상품을 구입해야 함에도 불구하고 소비자는 여전히 불만을 하지 않았다. 왜냐하면, 높은 가격에 상품을 구입할지라도 공급 부족과 높은 물가 상승률로 인해 실질 가치가 보장되거나 전매할 경우에는 엄청난 이득을 얻을 수 있기 때문이었다. 이로 인해 과정을 중시하는 노동 가치는 완전히 사라지고 독점 시장과 더불어 교환 가치가 악용되면서 전매, 투기, 폭리, 한탕주의, 문어발식 확장, 그리고 한몫 잡기 등의 불공정 거래 및 행위가 생활화되기 시작하였다.

또 한편으로 생산 가치 및 덕목이 우대를 받게 되자 금융 수요가 폭발적으로 늘어나면서 모든 사람들이 은행에 가서 대출을 받겠다고 야단이었다. 이에 정책 당국이 개입하여 대출을 통제하는 한편 전략 산업 혹은 업종으로 지정된 기업에게는 낮은 이자에 정책 금융을 마련해 주었다. 이럼에도 불구하고 대출을 받겠다고 긴 줄을 서게 되자 금융 독점 및 횡포가 나타나면서 자본주의 경제의 기본 바탕인 신용 사회의 출현을 가로막아 버렸다. 자세히 설명하면, 상품 시장에 뒤이어 금융 시장에서도 신용보다는 뇌물, 상납 및 뒷거래 등을 통해 대출해 주는 불공정 거래 및 행위가 성행하면서 신용 사회로의 진입을 불가능케 함과 동시에 중소 기업의 자금 조달에도 큰 시련을 안겨 준 것이었다.

80년대에 들어와 경제 침체로 인해 불공정 거래 및 행위가 어느 정도 진정되는 조짐을 보이기 시작하였다. 또한 정부도 시장 질서를 유지하기 위해 공정 거래를 유도해 내겠다고 약속함으로써 상당한 진전이 있을 것으로 기대하였다. 그러나 낮은 수출 가격으로 인해 발생한 손실은 국내 시장에서 높은 가격으로 보전될 수 있도록 허용해 주고, 또한 중소 기업과 영세 상인들이 여전히 많은 부당한 이득을 챙기려고 하게 됨에 따라 불공정 거래 및 행위의 뿌리를 완전히 제거할 수가 없었다. 그리고 금융 기관의 편법 거래, 뇌물 및 상납 등이 근절되지 않고 여전히 행하여지고 있어 정당한 교환은 더욱더 어렵게 되고 있었다.

86년부터 88년까지 지속된 무역 수지 흑자와 고도의 성장은 70년대 말의 경우보다 더욱 심각한 불공정 거래와 부당한 교환을 발생케 하였다. 그리고 생산 및 성장의 덕목을 충실히 이행한 대가로 받는 독점 이윤은 너무나 당연한 것으로 받아들여지고, 기업 규모가 확대됨에 따라 그 이윤의 폭도 엄청나게 늘어나고 있었다. 또한 산업 구조의 고도화와 새로운 업종의 개발이 보다 더 많은 이득을 얻을 수 있는 기회를 제공하게 되자 문어발식 확장은 더욱 성행하면서 경제력 집중적인 현상을 나타내기도 하였다.

특히 중소 기업과 영세 상인들은 틈새 시장에 끼여들어 단한 번에 평생 동안 먹고 살 수 있는 떼돈을 벌겠다고 야단이었다. 이런 과정에서 부패했거나 혹은 부실한 상품을 판매하는가 하면 손님의 실수만 바라는 눈속임수를 사용하거나 상품의 내용을 터무니없이 과장시켜 팔려고 하였다. 특히 농수산물의 경우에는 조금이라도 공급 부족 현상이 나타나면 가격을 10~20배 이상으로 올려 파는 것이 상례가 되었고, 이에 배추, 고추, 마늘, 멸치 및 조기 등이 공급 파동을 일으키면서 금값으로 팔려 나가는 실정이었다.

이와 같은 부당한 교환은 대기업으로부터 영세 상인에 이르기까지 허망된 꿈을 갖게 하면서 노력에 대한 정당한 대가보다는 한탕 혹은 떼돈만을 노리게 하는 나쁜 습성을 가지게 하였다.

더욱더 놀라운 사실은 부당한 교환으로부터 발생하기 시작한 허망된 꿈이 청소년의 교육과 서비스업에도 확산되어 한국 경제의 앞날을 매우 어둡게 하는 것이다. 자세히 말하면, 노력보다는 요행과 요령을 통해 입시에 합격하려고 하는가 하면 쉽게 학위를 받아 엉터리 행세도 하려고 하는 것이다. 그리고 젊은이들로 하여금 어렵고 힘든 일은 기피하고, 그 대신 편하고 수입이 높은 서비스업을 택하게 하는가 하면 서비스업도 과소비적인 분위기를 만들어 내어 분에 넘치는 사치성과 소비를 하게끔 부추기는 것이었다. 특히 의류업종은 작품이다 혹은 유행이다, 그리고 메이커(maker)라고 광고하여 소비자의 심리를 부추겨 엄청난 폭리를 내는 가격에 파는 것이었다.

여기서 금융 기관도 예외가 되지 못하고 독점적 지위를 충분히 이용하여 과다한 수수료를 챙기는가 하면 대출에 따른 뇌물과 커미션도 여전히 받고 있었다. 이같은 부당한 교환과 불공정 거래에 공기업과 지방 자치 단체도 끼여들어 수요 억제 및 가격 효과라는 이상야릇한 명목을 내세워 수수료 및 사용료를 일시에 수 배로 인상시키는 것이었다.

이상과 같은 부당한 교환 및 상거래는 우리의 고유 가치 및 규범 측면에서 납득되지 않을 뿐 아니라 자본주의의 경제 윤리에서도 전혀 이해될 수 없는 것이다. 따라서 한국 경제는 부당한 교환과 불공정 거래에 송두리째 빠져 허덕이면서 서로를 불신하는 한편 자기 자신의 이득만을 챙기려고 하는 것이다. 이런 생활 의식 속에서 경제 윤리는 완전히 실종되고 그 자취마저도 찾아볼 수 없게 되고 있다.

또 한편으로, 자연 환경이 하늘로부터 무상으로 주어졌기 때문에 생산 증대에 얼마든지 사용 혹은 남용해도 좋다고 착각한 나머지 이를 마구잡이로 훼손시키는가 하면 오물과 폐수를 몰래 혹은 무단으로 방류하여 물과 공기를 오염시키는 것이다. 그리고 이같은 오염과 파괴로도 부족하다고 생각한 나머지 경제 발전과 생활의 편의를 내세워 정화 혹은 예방 조치없이 국토를 더욱 개발시켜 나가겠다고 야단인 것이다.

2. 기업 윤리

I

앞에서 이미 설명한 바와 같이 서구 사회는 오랜 옛날부터 먼 거리와의 상거래 및 행위를 하기 시작하고, 그후 지중해 중심으로 교역이 활발히 이루어지고 있었다. 따라서 생활이 개방적이고, 많은 사람들이 서로 왕래하면서 모여 살게 되었다. 그리고 많은 종족이 함께 모여 살면서 자신들의 이익을 보호하고자 계층 혹은 계급간에 이해 관계를 둘러싸고 대립과 마찰이 빈번하게 발생하였다. 따라서 이같은 대립과 마찰을 해소하는 한편 사회 생활 속에서 발생하는 부정과 부패를 억제하기 위해 경제 정의가 나타나게 되었다.

이러한 경제 규범은 사람들 사이에서 발생하는 거래 및 행위를 규제코자 하였으므로 상거래 및 행위도 규제의 대상이 되고, 그 당시 상거래 및 행위가 사람들간의 접촉 및 거래에 있어 많은 관심의 대상이 되었다. 다시 말하면, 서구 사회가 경제를 중시하고, 이를 생활의 기본으로 삼으려고 함에 따라 상거래 및 행위가 일찍부터 발생하게 되면서 이에 종사하는 사람도 크게 늘어난 것이었다. 이에 따라 상거래 및 행위가 생활의 중요한 수단이 되면서 많은 사람들에게 관심의 대상이 되지 않을 수 없었다.

이미 언급한 바와 같이, 기독교의 봉건 영주 시대에 와서는 엄격한 종교 규범이 나타나 생활을 규제하는 것과 더불어 폐쇄적 생활을 하게 되자 상거래 및 행위는 대폭 줄어들고 이에 기업 윤리의 필요성도 감소하고 있었다.

그후 십자군의 원정으로 동서간의 교역이 활발하여지면서 부당한 상거래 및 행위가 많이 발생하고, 이로 인해 많은 사람들이 큰 피해를 입게 되자 앞에서 이미 언급한 "정당한 가격"이라는 경제 윤리, 즉 기업 윤리가 만들어져 나왔다. 등가 교환의 정의가 노동 가치를 기준으로 공정한 교환을 강조한 반면에 정당한 가격은 시장에서 어느 누구로부터 억압과 통제를 받지 않고 자유로이 경쟁하면서 물건을 사고 팔 때에 형성되는 가격을 의미하는데, 이 당시 사람들은 그러한 가격을 꼭 필요한 규범으로 보았다. 하지만 그와 같은 기업 윤리가 형성되어짐으로써 정당한 상거래 및 행위가 이루어지고, 또한 경제 사회 질서도 잘 유지되어 나간 것은 아니었다. 그러나 그러한 규범의 형성은 부당한 상거래 및 행위를 억제하고, 또한 경제 사회 질서를 잡아 나가는 데에 큰 도움이 된 것은 분명한 사실이었다.

14세기 전후로 상업 자본주의 시대로 들어와 상거래 및 행위가 더욱 활발하여지자 기업 윤리의 필요성 및 중요성은 더욱 증대되고, 그리고 증대된 만큼 많은 효과도 나타났다. 특히 종교 개혁을 통해 개신교가 근면성과 절제된 생활을 강조하게 됨에 따라 부의 축적이 방탕하고 사치스러운 생활로 이어지지는 아니했다. 즉 그 당시 상인들이 비록 축적된 부를 이용하여 자신들의 정치·사회적 지위를 높이려고 하였을지 몰라도 고전을 탐독하고 보다 개방적이고도 자율적인 삶을 추구하면서 고대 사회 지식과 문화를 일반 서민들에게 전달해 주려고 많은 노력을 하였다. 그 결과 서구 사회의 흐름을 완전히 바꾸어 놓은 르네상스가 일어나게 되었다.

18세기 산업 혁명을 계기로 산업 자본주의가 나타나게 되자 단순한 교역보다는 생산과 판매를 전담하는 현대적 의미의 기업이 형성되어 나오기 시작하였다. 이미 앞에서 언급한 바와 같이 기업에 의해 대량 생산이 가능하여지자 산업 노동자도 나타나 기업과 밀접한 관계를 맺고, 결국에는 분배 문제를 둘러싸고 상호간에 대립하게 되었다. 이에 국가가 개입하여 복지 정책을 실시함으로써 분배 문제는 어느 정도 해결될 수 있었다.

19세기 말 유럽 대륙은 사회주의의 성격 및 내용을 많이 담은 수정 자본주의를 추구해 나가는 반면에 미국에서는 자유 경쟁을 기본으로 하는 시장 경제를 고집하였다. 이 결과 미국에서 기업의 성장 및 발달이 빠르게 이루어지면서 세계 경제의 발전에 크게 기여할 뿐 아니라 자본주의 경제의 발전에도 큰 역할을 하였다. 또한 기업의 성장 및 발전이 대량 생산과 대량 소비를 가능케 하고, 이로 인해 사람들은 편리하고도 풍요로운 삶을 영위할 수 있게 되었다. 그러나 기업이 이윤을 목적으로 하기 때문에 소비자의 이익보다는 자신의 이익을 우선적으로 보호하려 하였다. 이에 따라 이들 사이에 서로 돕고 협조하는 협력적 관계보다는 자신들의 이익을 우선적으로 추구하는 대립 관계가 나타나게 되었다. 이같은 대립 관계는 기업의 생산, 판매, 광고 활동 등과 더불어 주로 경쟁자 및 국가 경제 등과의 관계에서 잘 드러나고 있다.

그 당시 미국 사회는 그같은 대립 관계 속에서 기업간의 합병 및 통합을 통해 나타나는 독점 시장 및 이윤에 대해 많은 우려를 나타내었다. 이에 따라 이를 억제하기 위해 반독점법을 만들어 내는가 하면 기업의 활동 및 경영 관리를 감시하는 데에도 게을리하지 아니했다. 물론 독점 시장 및 이윤 외에 부당한 상거래 및 행위가 전혀 없었던 것은 아니지만, 많이 염려할 정도로 심각한 것은 아니었다. 왜냐하면, 강력한 경제 윤리, 종교 윤리 및 생활 규범 등이 존재하여 기업을 엄격히 견제할 뿐만 아니라 최고 경영자로부터 말단의 노동자까지 기업의 모든 구성원이 신앙 생활과 교육을 통해 강한 윤리 도덕적 의식을 갖고 이에 맞추어 행동을 하려고 했기 때문이었다.

따라서 현재 우리 사회에서 볼 수 있는 만성적으로 체질화된 부당한 상거래 및 행위는 일어나지 아니했다. 좀더 자세히 설명하면, 심각한 정경유착이 없을 뿐 아니라 생산 및 성장 가치도 존재하지 않고, 또한 오랜 세월을 통해 가르치고 배워 온 정직성, 정당성 및 성실성 등의 덕목을 충실히 생활에 반영시키면서 어느 수준을 넘는 과다하고도 무리한 행동을 하지 않으려고 하는 것이었다.

이에 따라 독점 이윤의 경우에도, 판매가를 생산 원가보다 수십 배 더 높게 터무니없이 책정하는 것이 아니고, 자신의 양심과 사회 여론을 감안하여 적정한 수준에서 챙기려고 하였다. 또한 기업의 구성원들도 정의에 대한 의식이 강하게 작용하여 일정 수준을 넘어서는 기업의 이윤에 대해서는 거부하는 자세를 보이려고 하였다. 사실 미국과 같이 안정되고 질서가 잡힌 경제 사회 생활 속에서 시장 독점 외에 부를 축적하는 데에 가장 빠르고 쉬운 방법은 없었다. 물론 최근 소수의 기업인이 기업 통합 혹은 금융 거래를 통해 엄청난 이득을 챙기려고 하는 것은 사실이지만, 이는 기업 활동의 일부에 국한될 뿐 아니라 사회 여론으로부터도 즉각 규탄을 받고 있는 것이다.

아무튼 자유 경쟁을 원칙으로 하는 시장 경제에서 기업의 시장 진출은 자유롭고, 또한 법으로도 보장되어야 한다. 이에 따라 미국 경제에는 연간 수천 개에 달하는 기업이 형성 혹은 소멸하고 있으며, 이들 기업은 이윤 추구를 목적으로 삼아 열심히 상거래 및 행위를 하고 있다. 물론 경쟁에서 뒤떨어져 도태되지 않기 위해서도 열심히 해야 하는 것은 당연한 일이다. 이같은 이윤 추구와 경쟁 속에서 비록 심각하지 않다고 하더라도 부당한 상거래 및 행위가 발생할 수 있는 가능성은 얼마든지 존재할 수 있고, 또한 사회 및 생활의 변화에 따라 상거래 및 행위의 내용과 성격도 달라질 수 있기 때문에 그 가능성이 더욱 높아지고 있는 것이 사실이다. 이에 최근에 와서 기업 윤리를 매우 강조하면서 정당한 상거래 및 행위를 강력히 요구하고 있는 실정이다.

Ⅱ

앞에서 수 차례에 걸쳐 언급한 바와 같이 우리의 경우는 오랜 세월을 통해 폐쇄적 농경 사회를 고집하면서 상업·공업을 천시하게 되자 서구 사회와 같이 먼 거리와의 교역은 물론 상거래 및 행위도 활발히 이루어지지 못했다. 20세기에 들어오면서 이웃 나라와 더불어 교역을 하기 시작하였지만, 곧 일본의 식민지 통치하에 들어감으로써 거의 중단 상태에 빠지고 말았다.

해방과 더불어 자본주의 경제를 맞이하게 되자 교역과 상거래 및 행위를 자유롭게 할 수 있는 기회가 갑작스럽게 주어졌다. 그러나 막 출발하였기 때문에 선진국 경제와 같이 상거래 및 행위에 대한 충분한 경험과 윤리 도덕은 물론 대기업도 존재하지 아니했다. 따라서 모든 기업들이 영세 상인의 수준에 머물면서 오로지 이윤만을 추구하겠다는 강한 의욕밖에 갖지 못하고, 이로 인해 기업들간의 경쟁은 처음부터 매우 치열하였다. 더욱이 국가 경제가 매우 어려운 상태에 놓여져 있었기 때문에 그렇게 할 수밖에 없었기도 하였다.

해방 직후 한국 경제는 공급의 절대 부족, 노동의 초과 공급, 그리고 극심한 인플레 등으로 매우 침체되어 있었다. 이같은 어려움 속에서 기업들은 주어진 경제 여건과 조건을 자신들의 이익 추구에 적극 활용하였다.

이 결과, 매점매석, 이중 가격, 폭리, 눈속임, 암거래 및 사기 등의 온갖 부당한 상거래 및 행위가 나타나는가 하면 이것으로도 부족하다고 생각한 나머지 밀수에까지 손대어 건강에 유해한 식품은 물론 분에 넘치는 고급 사치품을 밀수하여 사치스러운 생활을 부추겼다. 또한 하룻밤 사이에 대기업으로 성장하는 것을 갈망한 나머지 고급 관리와 결탁하여 매우 유리한 조건에서 많은 적산 재산을 불하받으려고 하였다.

또 한편으로 고용에 있어 노동 초과 공급을 많이 의식한 나머지 일할 기회를 주는 것을 많은 은혜를 베푸는 것으로 간주하면서 절대적 충성심과 복종심을 강요했다. 그리고 작업 혹은 근무 시간은 아침 일찍부터 시작하여 밤늦게까지 하는 것으로 정하고, 작업 환경과 여건은 적당하게 마련해 주었다.

사실 그 당시 취업은 정부 기관을 비롯하여 중소 기업과 말단 문지기에 이르기까지 단단한 백과 연줄이 없으면 거의 불가능한 것이었다. 따라서 기업이 노동자에게 그같은 고압적인 자세를 취하는 것도 무리는 아니었다. 그러나 그것이 부당한 상거래 및 행위인 것은 분명하고, 앞으로 발생하는 고질적인 부당한 상거래 및 행위의 뿌리가 되기 시작하였다.

50년대에 들어와 어느 정도의 기반을 마련한 기업들은 공급의 부족 현상을 이윤 추구에 교묘히 이용하고자 소비 제품의 생산에 주력하면서 어떤 상품이든 돈벌이가 되는 것이면 국가 경제는 물론 국민 건강에 유해한 것일지라도 과감하게 생산하여 판매하려고 하였다. 물론 중소 기업과 영세 상인들도 계속 앞에서 열거한 부당한 상거래 및 행위를 하면서 떼돈을 벌려고 덤벼들었다.

60년대에 들어와 실시된 5개년 개발 계획은 또 다른 새로운 기회를 제공하게 되었다. 대기업들은 정경유착을 통해 금리가 낮은 차관 자금을 받아들여 생산 시설을 구축한 다음, 생산된 상품을 생산 원가보다 몇 배 높게 판매하는가 하면 생산 시설의 투자는 인플레로 인해 불과 수년 이내에 원금을 상환하고도 크게 남게 되었다. 다시 말하면, 상품을 생산하여 판매하면서 떼돈을 벌고, 또한 금리로 막대한 자금을 융자받아 공장을 세우는 부동산 투자를 하여서도 엄청난 돈을 버는 것이었다. 이것으로도 부족하자 영세 상인들이 하는 장사에도 끼여들어 돈벌이를 하겠다고 야단이었다.

이때부터 중소 기업과 영세 상인들은 대기업의 횡포 및 무차별 공격을 매우 두려워하기 시작하였다. 이같이 대기업에게 당한 중소 기업과 영세 상인들은 즉각 그것을 소비자에게 전가하면서 별도로 혹은 추가로 자신의 몫까지 챙기려는 욕심을 부렸다. 이때부터 유통 과정이 매우 복잡, 혼란스러워지면서 최종 소비자 가격이 눈덩이처럼 불어나 도매 가격보다 몇 배나 높게 올라가는 것이 보통이었다. 그리고 상품이 없어서 못 파는 시대였기 때문에 여전히 상품의 질 및 내용에 대해서는 어떠한 불평도 할 수가 없었다.

이 당시 금융 기관, 국영 기업 및 국가 세금 징수 기관들의 횡포도 매우 심각하였다. 계약 조건 혹은 약관이 자신들에게 매우 유리하게 만들어지는가 하면 영수증이 없으면 몇 년 후에도 몇 번이고 다시 대금 혹은 세금을 내게 되어 소비자만 억울하게 손해를 당하여야 했다. 모든 것이 인·허가 사항이었기 때문에 간단한 인·허가도 엄청난 뇌물 혹은 급행료를 가져다 바쳐야만 받을 수 있었다.

이같은 기업의 부당한 상거래 및 행위는 70년대 중반을 넘어서면서도 계속되고 있었다. 그러나 그 방법은 매우 발전하여 거칠고 노골적이던 종전보다는 간사하면서도 은밀한 방법을 택하고, 그 규모도 대형화되기 시작하였다. 얼마 후 공급 부족과 노동의 초과 공급 현상이 점차로 사라지게 되자 이번에는 인력 스카우트가 유행하면서 매우 유혹적인 조건을 제시하여 고급 인력 혹은 기술자를 빼내어 가는가 하면 도움이 안 되는 인력은 과감히 도태시키는 것이었다. 그리고 스카우트된 인력도 그가 가진 정보와 특기를 이용한 다음에는 더 이상 쓸모없다고 사정없이 내쫓아 버리고, 또다시 다른 스카우트에 나서는 것이었다. 이와 같은 한탕주의에서 기능 인력의 양성은 처음부터 기대하기 어려운 일이었다.

상품 판매에 있어 새롭고 우수한 상품이라고 요란스럽게 광고하지만 가격에 비교해 그 질과 수명이 나쁘고 매우 짧을 뿐 아니라 그 내용도 광고한 것과는 매우 상이한 것이었다. 물론 하자가 있을 경우 반품은 거의 불가능하며, 인신 공격까지 받게 되어 감히 반품할 생각조차 하기 어려웠다. 이 당시 아파트의 분양이 유행되기 시작하였는데 부실 시공과 끝마무리가 형편없이 되어 입주자로 하여금 엄청난 불편과 재산상의 손해를 보게 만들었다. 이에 대한 건설업자의 변명은 입주자가 아파트를 분양받음으로써 엄청난 이득을 얻게 되는데 그 정도의 피해는 감수해야 한다는 것이었다. 간단하게 말하면, 배가 아프니까 함께 나누어 먹자는 것이었다.

그리고 금융 기관은 안정성과 유동성만 내세워 엄청난 돈을 무이자의 예금으로 받아들여 떼돈을 벌지만 뇌물을 가져다 바치지 않은 소비자에게는 대출에 매우 인색하고, 국영 기업과 국가 징수 기관은 고자세로 일관하면서 문전부터 박대하는 것이었다.

다른 한편으로, 음식 및 유흥업소는 불결한 음식에 날림 서비스로 바가지 요금을 씌워 고객을 봉으로 만들고, 그것으로도 부족하여 선불을 요구하고 있었다. 이 당시 소득이 늘어나 여름 바캉스와 봄, 가을의 유원지 놀이가 급증하였는데, 자릿세와 억지 사용료가 유행되어 이용객만 골탕을 먹게 되었다. 이럼에도 불구하고 기관의 단속은 허술하면서 눈감고 아웅하는 식이었다. 물론 수요가 없는 곳에 공급이 있을 수 없지만, 이 당시 수요는 거의 대부분이 부당한 상거래 및 행위를 통해 떼돈을 벌었거나 한탕하여 한몫 잡은 사람들이었기 때문에 그같은 부당한 상거래 및 행위에 대해 많이 개의치 아니했다. 왜냐하면, 같은 입장에 있으므로 그들을 이해할 수 있을 뿐 아니라 나도 돌아가 그렇게 해서 떼돈을 벌면 그만이라고 생각하기 때문이었다.

80년대에 접어들면서는 국가 경제의 확대 및 발전에 따라 기업의 활동 및 영역도 확대되기 시작하였다. 이에 따라 대기업이 그룹으로 성장하면서 보다 세련된 모습을 보이기 시작한 반면에 중소 기업은 상대적으로 위축되어 대기업 및 정책 당국의 배려만 기대할 수밖에 없었다. 이 당시 육성 정책과 특혜를 통해 크게 성장한 대재벌 기업은 상호 출자와 지급 보증을 통해 문어발식 확장을 서두르면서 기업의 이미지를 과시하기 위해 초고층의 사옥을 건축하는 한편 TV 광고를 통해 그룹의 특성과 도전적 이미지를 알리려고 노력하였다. 그리고 정치권에 엄청난 뇌물을 계속 가져다 바치면서 새로운 특혜를 약속받고, 중소 기업의 하청업자에는 장기 어음을 끊어 주어 수출 금융 사이에서 발생하는 엄청난 이득을 챙기고, 또한 대형 공사에서도 눈가림식의 부실 공사로 일관하면서 떼돈을 벌려고 하는 것이었다.

이런 가운데서 여전히 중소 기업과 경쟁하면서 값싼 소비자 상품의 생산에까지 뛰어들어 한계 이윤까지 챙기려고 하였다. 이같은 독식과 잡식을 성공적으로 수행하기 위해 전가족과 일가 친척이 모두 매달리는 공동 작전이 필요하게 되자 가족 경영이 유행하면서 부(富) 및 경영 세습이 나타나기 시작하였다.

다른 한편으로 중소 기업의 경우에는 대기업의 배려로 살아 남기 위해 모든 충성을 바쳐 헌신적으로 일하는 모습을 보이는가 하면, 그렇지 못한 기업은 기술 개발에 전력을 투구하지만 좌절할 수밖에 없었다. 따라서 생존하기 위해 불량 및 부실 상품을 대량으로 생산하여 소비자에게 판매하면서 자신의 이득만 챙기려고 하였다. 그리고 국가 투자 기관과 금융 기관도 정책 당국과 밀착하여 고객의 편의 및 서비스보다는 터무니없는 요금 및 수수료 인상을 통해 자신들의 이익만을 계속 챙기려고 하였다.

90년대에 들어와서도 부당한 상거래 및 행위에는 아무런 변화와 변동이 없고, 최근에 수출 부진과 경기 침체가 문제점으로 부각되자 이는 경쟁력이 떨어졌기 때문이라 하였다. 그리고 이 하락은 높은 임금 인상률, 금융 부담 및 부동산 임대 등의 5고 현상에 기인하므로 정부의 규제를 대폭 완화시켜 노사 문제의 해결과 자금 조달에 있어 대재벌 기업에게 보다 더 광범위한 자율권을 보장해 줄 것을 요구하였다.

또한 경제의 지속적 성장이 기업의 성장을 필수 조건으로 하기 때문에 기업 경영 및 활동을 위해 자유로운 분위기가 조성되어야 하고, 그리고 기업이 세계 최고, 초일류 및 제일의 기업이 될 때 기업의 성장 및 발전이 보장되므로 정부와 시민은 계속 아낌없는 지원과 성원을 해줄 것을 요청하였다. 한편으로 최근에 많은 물의를 빚어 낸 비자금 및 뇌물 사건과 관련하여 시민의 거부 반응을 많이 의식한 나머지 사회에 봉사하는 의미에서 헌금, 기부금 및 찬조금을 기탁하는 것이었다. 이런 가운데서 중소 기업은 물론 대기업들도 정부와 환경 단체가 강력히 추진시키는 깨끗한 물 및 공기의 보존을 위한 시민 운동을 외면하고 여전히 몰래 폐수를 방류시키고 있는 것이다.

다른 한편으로 중소 기업과 영세 상인들은 UR로 인해 완전히 죽게 되었다고 많은 불만을 표시하면서 틈새 시장 혹은 공급 부족 현상만 나타나면 즉각 뛰어들어 떼돈을 벌겠다고 야단이고, 백화점, 유흥 음식점 및 의류업체들도 분에 넘치는 사치성 과소비를 부추기면서 선진국으로부터 퇴폐 문화만을 들여와 왕비병, 공주병 및 왕자병 등의 퇴폐적 고급 사치병을 유행시키는 것이었다.

아무튼 이곳에서 경제 성장에 따라 발생한 부당한 상거래 및 행위를 시대별로 모두 열거하기는 곤란하지만 한국 경제와 기업은 기업 윤리가 무엇인가를 모를 뿐 아니라 그러한 규범이 존재해야 되겠다는 필요성도 못 느끼고 있는 것이다. 따라서 정부, 기업, 노동자 및 소비자 모두가 기업 윤리를 망각한 가운데서 생산 및 성장 가치에만 매달리고, 그렇게 하는 것이 삶의 유일한 방법이라고 믿는 것이다.

III

여기서는 전문가들이 제시한 한국 기업의 윤리를 간단히 평가 및 비판하여 볼까 한다. 평가 및 비판하는 목적은 기업 윤리를 정확하게 이해하고, 그렇게 함으로써 기업의 상거래 및 행위가 올바르게 발전해 나갈 수 있도록 이를 돕게 된다고 믿기 때문이다. 물론 그들이 제시한 기업 윤리가 전혀 도움이 안 되는 것은 아니지만, 경우에 따라서는 많은 오해와 악용을 발생케 할 가능성을 가지고 있다. 사실 제시된 기업 윤리의 많은 부분이 고유의 가치관, 생활 규범 및 관습 등에 그 바탕을 두고 있지만 기업 윤리의 개선 및 발전에 아직까지 큰 도움이 되지 못했다.

첫째로, 학습의 규범과 관련하여 이들이 제시한 규범은 미국의 전문가들이 언급한 기업 윤리를 단순히 수평적으로 이동시켜 소개한 것에 불과하다. 이에 따라 나타나는 문제점은, 첫째로 기업 윤리는 물론 윤리 도덕 자체를 정확하게 이해하지 못하고 있는 것이다. 둘째로 윤리 도덕과 기업 윤리에 대한 이해 부족은 자연히 법 규범과 혼돈하면서 많은 경우 법 규범을 기업 윤리로 착각하게 만드는 것이다. 셋째로 이들이 제시한 기업 윤리가 부분적으로 옳은 것은 사실이다. 그러나 전체가 체계적으로 연결되지 않아 일관성을 결여하고 있을 뿐 아니라 모순점도 드러내고 있는 것이다. 마지막으로 정당한 상거래 및 행위를 이해시키고 이를 실행해 나가도록 돕기보다는 악용하여 계속 부당한 상거래 및 행위를 하게 만드는 것이다.

둘째로, 사회 책임 및 기대의 규범과 관련하여 이들이 언급하는 책임과 윤리 도덕에서 거론되는 책임 사이에는 그 의미에 있어 상당한 차이가 있다. 다시 말하면, 대기업이 많은 부를 축적함으로써 가진 자와 못 가진 자 사이에 절대 및 상대적으로 큰 격차가 발생하게 되는데, 이에 대해 대기업이 사회적 책임을 져야 한다는 것이다. 물론 인간적인 측면에서 책임을 질 수 있으며, 또한 그렇게 하는 것이 마땅하면서도 당연한 일로 받아들여질 수 있다. 그러나 앞에서 언급한 윤리 도덕의 개념에서 볼 때, 결과로 나타난 부의 축적보다는 그 과정을 더욱 중시하는 것이다.

다시 말하면, 정당한 상거래 및 행위를 통해 부를 축적했다면 그것에 대해 윤리·도덕적으로 책임을 가질 아무런 이유가 없는 것이다. 그러므로 이들이 언급하는 책임은 과정보다는 결과에 대한 책임을 의미하고 있는 것이다. 이와 같이 책임에 대한 혼돈은 기업 윤리 자체를 오해하고 악용할 가능성을 가지게 하는 것이다. 사실 대기업들은 헌금, 기부금, 찬조금, 협찬 및 문화 사업 등을 통해 거액의 돈을 사회에 돌려주면 그때까지 자신들이 행한 부당한 상거래 및 행위가 윤리·도덕적으로 그 책임을 면하는 것으로 착각하고 있다. 따라서 사람들은 헌금, 기부금, 찬조금 및 문화 사업과 부당한 상거래 및 행위 사이에는 아무런 관계가 없다는 것을 알아야 할 것이다.

셋째로, 한국 민족의 고유 의식, 가치 및 사상과 관련하여 이들이 언급하는 고유 의식, 가치 및 사상의 규범은 우리의 고유 의식 및 사상과 중국으로부터 건너온 유교 의식 및 사상을 기업 경영에 활용하여 바람직한 상거래 및 행위를 유도해 내자는 것이다.

우선 여기서 의문을 가지게 되는 것은 서구의 자본주의가 거론하는 경제 윤리와 기업 윤리를 어떻게 수평적으로 동양의 윤리, 의식 및 사상과 비교할 수 있을까? 하는 문제이다. 다시 말하면, 서구의 경제 윤리와 기업 윤리는 전혀 다른 내용과 성격을 가지고 있음에도 불구하고 어떻게 동양의 것과 비교할 수 있을까 하는 것이다. 왜냐하면, 자본주의의 경제 윤리 및 기업 윤리는 교역과 산업 사회를 토대로 형성된 반면에 동양의 생활 규범은 폐쇄적 농경 사회에서 나왔기 때문이다. 그러므로 이들은 구조적으로 그 내용과 성격에 있어서도 달라질 수밖에 없는 것이다.

이러한 상이점을 감안한다면, 처음부터 고유 의식, 가치 및 사상 등을 기업 윤리로 거론한다는 자체가 곧바로 문제점이 되는 것이다. 따라서 이들은 정당한 상거래 및 행위보다는 동양 사회의 가족적 분위기 속에서 기대할 수 있는 효율적이면서도 가부장적 경영을 거론하고자 하는 데에 그 목적을 두고 있는 것이다.

이와 같은 문제점이 존재함에도 불구하고 굳이 고유 의식, 가치 및 사상 등을 기업 윤리로서 고려해 본다면 다음과 같은 평가를 할 수 있게 된다.

첫째로, 인(仁)을 화합과 사람다움으로 해석하는데, 이들은 무엇을 위해 혹은 무엇으로 화합할 것인지 그 목적, 기준 및 조건에 대해 전혀 언급하지 않고 있다. 목적, 기준 및 조건이 없는 화합이 전혀 불가능한 것은 아니지만, 이는 어디까지나 생활 문제가 있어, 이것 역시 현실을 무시한 것이 아닌가 하는 생각을 하게 한다. 왜냐하면, 모든 사람이 사람답게 살아가기를 원하고, 또한 그렇게 하려고 각자 나름대로 열심히 노력하고 있기 때문이다. 따라서 사람다움에 대해 명확한 개념을 정립하지 않고 기업인에게 막연하게 사람답게 살아갈 것을 요구한다면, 이윤을 추구하는 것이 국가 경제 발전에 기여함과 동시에 자신의 욕구를 충족시켜 주기 때문에 그보다 더 사람다운 삶이 어디에 있겠느냐고 반문할 것이다.

둘째로, 상황성, 가변성 및 유연성을 언급하였는데, 꼭 들어맞는 것보다는 여유있으면서도 가변적인 것이, 또한 앞뒤가 일관된 것보다는 상황적인 것이 보다 좋은 것이면서도 필요한 것이라 하였다. 하지만 정확성과 확실성을 요구하는 현대의 기업 경영 및 기술 경영에 그러한 의식과 사상이 어떻게 적용 혹은 활용될지가 매우 의문스러운 것이다. 다시 말하면, 부실 혹은 적당한 공사로 인해 대형 사고가 연속적으로 발생하는 현실 속에서 얼마만큼의 설득력을 가질 수 있을까라고 생각하게 만드는 것이다.

셋째로, 명분과 의로움이 필요하다고 하였다. 여기서 명분과 의로움을 어떻게 정당성과 연결시켜 기업 경영을 생각할 수 있을까 하는 의문을 가지게 하는 것이다. 다시 말하면, 정당성은 정의의 개념을 내포하게 되는데, 명분과 의로움을 정의의 측면에서 평가할 수 있을까 하는 것이다. 물론 내면의 수양을 가지게 되면, 정의로운 행동으로 연결되지 않을 뿐 아니라 기업은 언제, 어떻게 그 정도의 수양을 가질 수 있을까도 의문시되는 것이다.

넷째로, 합리적 및 이성적 사고보다는 직관과 신바람이 필요하다고 하였는데, 물론 합리성이 수단으로 과도하게 사용되면 비판받을 소지를 가지게 되는 것은 사실이다. 하지만 목적으로 사용되면, 이는 매우 바람직한 것이 된다. 그리고 직관과 신바람은 초자연적 힘과 감정을 의미하게 되는데, 기업 경영이 순간적 판단, 감정 및 초자연적 힘으로 행하여질 수 있는 것인지가 의문스럽고, 또한 사람은 항상 신바람 속에서만 살아갈 수 없는 것이다. 만약에 그렇게 할 수 있다면, 처음부터 기업 경영을 할 필요성이 생겨나지 않는 것이다.

　마지막으로 보이지 않는 배려와 군자적 자세인데, 이는 폐쇄적 농경 사회와 반봉건적 사회에서 꼭 필요한 생활 자세 및 의식이다. 따라서 노력과 그것에 대한 대가를 분명하게 규정지으려고 하는 자본주의 사회에서는 받아들여지기 어렵고, 또한 자유와 평등을 기본축으로 하는 자유 민주주의 사회에서 윗사람이 아랫사람에게 너그럽게 베푸는 종속적 관계가 허용될지가 의문스럽다. 물론 공짜를 좋아하는 한국 사회에서 기대하지 않았던 것을 줌으로써 놀라움, 감동 및 즐거움 등을 가지게 하는 것은 매우 바람직한 일이라고 할 수 있을 것이다. 그러나 이러한 행동은 한 번으로 끝나는 것이지 매번 혹은 연속적으로 있을 수 없는 것이다. 왜냐하면, 여러 번 계속하게 되면 기대가 생기게 되고, 이때 그 기대를 충족시켜 주지 못하면 오히려 종전보다 더 많은 불만과 실망을 가지게 되는 것이다. 그리고 최근 노력과 창의성을 매우 강조하는 현실을 감안한다면 처음부터 이러한 행동이 있어서는 아니 될 일인 것이다.

제4장
내일의 윤리 도덕과 한국적 기업 윤리

원시 사회 때부터 인간은 혈연 중심으로 모여 살기 시작하고, 그럼으로써 일찍부터 씨족 혹은 부족 사회를 이루어 집단적 공동체 생활을 하였다. 이와 같은 생활은 서로간에 협력과 협조를 필요로 하고, 그렇게 할 때 모두가 안정되면서 안락한 삶을 영위할 수 있게 되었다. 다시 말하면, 한 가족에 질병 혹은 슬픈 일이 발생하면 다른 이웃 가족이 가서 돕거나 위로해 주고, 또한 먹을것이 없어 굶주리게 되면 먹을것을 가져다 주어 돕는 것이다. 이같이 이웃을 돕는 것은 다음에 자신이 그러한 어려운 입장에 놓이게 되면 따뜻한 도움을 받을 수 있게 하는 것이다.

씨족 사회에서 이같이 어려울 때에 서로 돕고 도움을 받는 생활 행위는 시간이 지나면서 사회적 관습으로 발전하고, 그리고 특별한 사유 혹은 경우가 발생하지 않는 한 이 관습을 모든 사람들은 잘 지켜 나가려고 하였다. 그런데 인구가 늘어나면서 씨족 사회의 규모가 커지자 어려울 때에 서로간에 도움을 주고받는 것만이 편안하면서도 행복된 삶을 보장해 주는 것은 아니었다. 앞에서 이미 언급한 바와 같이 공동체 생활 속에서 이웃에게 생활에 보탬이 되도록 물질 및 정신적 도움을 주는 것이 필요하지만, 또한 생활에 물질 및 정신적 피해도 주지 않아야만 안락한 삶을 보장할 수 있게 되었다. 다시 말하면, 물건을 훔치는 도둑질, 가족의 유대 관계를 파괴하는 강간, 그리고 때려서 몸에 상처를 입히는 것 등의 불상사가 발생하게 되면 사람들은 아픔과 고통 때문에 편안하고 즐거운 삶을 영위할 수 없게 되는 것이다.

따라서 씨족 사회에서는 모두가 함께 안락한 삶을 영위하기 위해 이웃이 도움을 필요로 할 때에 도움을 주는 한편 그들이 싫어하는 피해 혹은 손실을 절대로 입히지 않는 생활 행동이 필요하고, 이것이 시간이 지나면서 사회적 관습으로 발전하였다. 그런데 이같은 관습이 상호간의 협력 및 협조로 잘 지켜지면 다행인데, 실제로 그렇지가 못하고 이웃을 괴롭히거나 손해를 입히는 행동이 빈번하게 발생하였다. 이에 공동체 사회는 그같은 생활 행동을 규제해야 할 필요성을 느끼게 되고, 그 수단으로 고안해 낸 것이 윤리 도덕이다.

시간이 지나면서 인간은 보다 더 편안하면서도 안락한 삶을 추구하고, 이를 달성하기 위해 도구를 만들어 내어 효과적으로 이용하거나 혹은 새로운 생활 방법을 고안해 내었다. 그런 다음 인간이 생활의 발전을 계속 추진시켜 나가려고 하자 또 다른 새로운 신기술 및 방법이 연이어 개발되어 나와야만 했다.

이같은 새로운 기술과 방법은 보다 더 편안하고 안락한 삶을 영위할 수 있도록 돕게 되지만, 한편으로 인간은 새로운 생활에 적응하면서 그것에 알맞은 행동도 해야만 하였다. 따라서 새로운 생활과 이에 따른 새로운 행동은 자연히 또 다른 새로운 관습과 생활 규범을 만들어 냈다. 여기서 새로운 생활 및 행동이 항상 새로운 관습 및 윤리 도덕을 만들어 내는 것은 아니고, 경우에 따라서는 부분적인 수정 혹은 보완으로 끝나기도 하는 것이었다. 그러나 이러한 수정이 거듭되면 나중에는 완전히 다른 내용과 성격을 가지게 되는 것이었다.

이와 같이 시간의 흐름과 더불어 생활이 변하거나 발전하게 되면, 이에 맞추어 관습, 의식 및 생활 윤리도 발전하여 새로운 내용 및 모습을 가지게 되었다. 이러한 변화와 발전은 인간의 생활 역사 속에서 수 차례에 걸쳐 발생하고, 지금도 계속 진행중에 있는 것이다. 그러므로 어제와 오늘의 경제 및 기업 윤리가 내일에도 계속 지속될 것이라는 보장은 없고, 그렇게 꼭 될 것이라고 믿는다면 그것은 자신의 소신에 불과할 것이다. 이에 따라 앞으로 지금의 경제 및 기업 윤리가 정치, 경제, 사회 및 과학 기술 등의 발전에 따라 어떻게 변화 혹은 발전해 나갈 것인가를 검토하고, 그 다음 한국 경제는 과연 어떠한 경제 및 기업 윤리를 가지게 될 것인지를 알아보도록 하겠다.

1. 내일의 경제 및 기업 윤리

  내일의 경제 및 기업 윤리를 알아보기에 앞서서 우리들이
지금까지 이들 윤리가 오랜 세월을 통해 생활의 발전 및 변
화에 맞추어 어떻게 변화하면서 발전하여 왔는지 그 과거를
조금 살펴보는 것이 좋겠다. 이미 앞에서 언급한 바와 같이
동서양을 막론하고 집단을 이루어 살기 시작한 씨족 사회 때
부터 인간은 생활 규범을 만들어 내어 안정되면서도 질서있
는 삶을 영위하려고 하였다. 그러나 고대 사회에 들어오면서
각기 상이한 생활을 하게 되자 생활 규범도 서로 다른 방향
으로 발전해 나가기 시작하였다. 서구 사회는 먼 거리와의
왕래가 빈번해지면서 교역을 하기 시작하자 상거래 및 행위
가 활발하여지고, 그리고 개방적 생활을 영위하게 되자 사람
들 사이의 접촉도 많아졌다.
  이같은 생활의 발전이 계층 혹은 종족간에 대립과 갈등을
초래케 되자 그리스 시대에 와서 분업과 노동 가치를 바탕으
로 분배 및 등가 교환의 정의를 기본 골격으로 하는 경제 윤
리가 나타났다. 그후 로마 시대에는 더욱 빈번한 접촉과 활
발한 교역 및 상거래에 맞추어 윤리 도덕보다 더 구속력을

갖는 실정법을 만들어 내어 규제하려 하였다.

그러나 기독교의 봉건 영주 시대에는 폐쇄적 생활을 하기 시작하면서 강력한 종교적 규범이 등장하여 생활을 규제하자 경제 윤리와 법은 필요없게 되었다. 하지만 10세기를 넘어서 십자군의 원정에 따른 동서간의 교역과 상거래가 활발하여지 자 또다시 "정당한 가격"을 바탕으로 한 경제 및 기업 윤리 가 나타나 자유 경쟁이 보장된 시장에서 공정한 상거래 및 행위를 하게끔 강요하였다.

14세기경에 이르러 근대 국가의 출현과 중상주의의 대두는 부의 축적과 생산을 강조하게 되고, 또한 르네상스를 계기로 새로운 삶을 모색함과 동시에 입헌 군주와 상인들이 결탁하 여 더 많은 부를 추구하게 되자 정의를 바탕으로 한 경제 및 기업 윤리는 뒤로 물러서고, 이를 대신하여 새로운 윤리 도 덕이 나타나기 시작하였다. 그것이 바로 시장의 교환 가치 및 질서를 기본축으로 한 시장의 경제 및 기업 윤리였다. 이 에 이윤과 이자가 정당화되면서 이윤을 추구하는 기업 경영 이 본격화되었다. 그러나 절대적·상대적 빈곤이 심각하게 되자 국가는 이에 응하기 위해 분배 정의의 측면에서 복지 정책을 실시하였다.

이같은 정치·경제적 변화에 많은 위협을 느낀 기업은 기 업 규모의 대형화에 맞추어 교환 및 시장 가치를 더욱 강조 하고, 19세기 말경에는 효용의 극대화와 독점 시장을 통해 독점 이윤을 추구하려 하였다. 그러나 국가와 소비자들은 기 업의 급신장과 이에 따른 막강한 영향력 행사에 큰 위협을 느낀 나머지 이를 견제하기 위해 반독점법을 만들어 냈다. 얼마 후 자본주의의 구조적 결함으로 인해 경제 공황이 일어 나자 정부는 경제 안정이라는 이유를 내세워 경제에 개입하여 기업 경영 및 활동을 통제하려 하였다. 이 당시 유럽 대륙은 주요 생산 시설을 국영화하여 기업을 정부의 직접 관리 하에 두었다. 이 결과 세계 경제는 관리 자본주의 속으로 빠져 들어가고 있었다.

조금 시간이 지난 다음 정부의 노력으로 경제가 다시 안정을 찾게 되자 정부와 기업 사이에 대립보다는 서로 돕는 협조 관계가 성립하게 되고 그런 가운데서 자신들에게 주어진 역할을 충실히 이행하였다. 한편 노동자는 자신들의 이익을 보호하기 위해 노조 활동을 강화시키면서 정부와 더불어 긴밀한 관계를 가지려고 노력했다. 그러나 경제적 이익을 둘러싼 국가들간의 관계는 순조롭지 못해 두 차례에 걸쳐 세계 대전이 발생하고, 이에 승전국과 패전국 모두가 함께 엄청난 인명 피해와 경제적 손실을 입지 않으면 아니 되었다.

2차 대전이 끝난 다음, 미국과 영국이 주도하여 자유 경제를 부르짖고, 이에 거의 대부분의 국가들이 호응하게 되자 세계 경제에 있어 자유 무역과 금융 질서를 겨냥한 국제 기구가 창설되었다. 이럼에도 불구하고 각국의 경제 활동 및 여건에 따라 무역 불균형 현상이 나타나면서 질서가 흐트러지기 시작하였다. 이로 인해 미국과 영국이 국제 수지의 악화에 직면하는 반면에 독일과 일본은 높은 생산성과 경쟁력에 힘입어 많은 흑자를 기록하면서 경제 대국으로 발돋움하고 있었다. 이 결과 국가 경제와는 상반되게 생산성을 바탕으로 한 경쟁력이 국가간 부의 분배에 결정적 요인으로 작용해서 주요한 경제 가치로 받아들여지게 되었다.

한편 정치·군사에 있어 동서간의 냉전이 치열해지면서 지역 분쟁이 빈번하게 발생하는가 하면 3차 대전으로 연결될 수 있는 군사 충돌도 많이 일어나고 있었다. 이에 강대국들은 핵폭탄 및 미사일 등과 같은 최신예 무기의 개발에 열중하고, 시간이 지나면서 정치적 주도권을 잡기 위한 이데올로기적 대립이 심각하여지자 정치·군사 문제가 경제보다 더 많은 관심의 대상이 되었다.

이런 가운데서 1, 2차 에너지 파동은 생산과 소비, 정부 및 기업의 역할, 그리고 세계 경제 질서에 대해 새로운 인식을 가지게 하였다. 좀더 구체적으로 설명하면, 에너지 절약이 매우 강조되는 가운데서 에너지 확보에 총력을 기울이고, 국제 수지를 개선시키기 위해 국가가 강력한 대응책을 마련한 다음 직접 뛰어드는 것이었다. 한편 국가 경제에 있어서는 국가 권력이 막강해지면서 정부 조직이 비대화되고, 이를 바탕으로 신무기 개발에 엄청난 예산을 투입시키는 것이었다. 이에 깊이 관련된 기업은 크게 성장하면서 다국적 기업으로 대형화되었다.

이와 같은 국내·외적인 여건 변화는 노동자와 소비자에게 불리하게 작용되었다. 우선 소비자는 정부의 지출 증대에 따라 더 많은 세금을 부담해야 하고, 기업의 횡포에 굴복하여 불평없이 독점 가격으로 상품을 구입해야만 되었다. 그리고 노동자도 상대적 빈곤을 더 많이 느끼면서 자신들의 이익을 더욱더 보호하려 하고 그렇게 할 필요성이 강하게 느껴지면 질수록 정치에 참여하여 직접적인 방법을 강구하려 하였다. 그 결과, 정부와 기업이 국제 수지 방지를 위해 국산품 애용을 역설하고 나왔지만 소비자와 노동자는 이를 외면하고 값싼 수입품을 더 많이 구입하겠다고 아우성쳤다. 또한 노동의 대가가 보장되지 않아 실질 소득이 떨어지는 직장에서는 열심히 일하지 않겠다는 자세마저도 보였다.

이같은 분위기 속에서 대기업의 횡포와 독점 가격에 대항하기 위한 소비자 운동이 전개되는가 하면 정부의 과다한 지출에 대해서도 비판의 목소리가 높아지기 시작하였다. 또한 노동자도 건전한 삶을 영위할 수 있을 만큼 노동에 대한 실질적인 대가를 보장해 달라고 요구하면서 파업을 빈번하게 일으켰다. 이에 관심 밖으로 밀려났던 경제 정의에 대해 또다시 주목하기 시작하면서 분배 및 등가 교환의 정의가 필요하게 되었다고 했다.

이같이 경제 정의에 대한 인식이 새롭게 형성되면서 확산되자 법원의 판결은 물론 모든 상거래 및 계약에도 이를 적용시키려는 움직임이 나타나기 시작했으며 심지어는 선·후진국간의 무역 및 경제 협력에 있어서도 정의의 개념을 도입하여 적용시키려고 하였다.

지금까지 서구의 자본주의 경제에 있어 경제 및 기업 윤리가 어떻게 변화 혹은 발전하여 왔는가를 간단히 살펴보았다. 그럼 앞으로 이 경제 및 기업 윤리가 어떤 방향으로 발전해 나갈 것인가에 관심이 모아지게 되겠다. 그러나 여기서 경제 및 기업 윤리의 발전을 전망하여 본다는 것은 쉬운 일이 아니다. 하지만 우리들은 한국적 기업 윤리를 모색해야 하고, 그렇게 하기 위해서는 세계 경제와 기업 윤리에 대한 예측이 꼭 필요한 것이다. 따라서 약간의 무리를 각오하고 간단한 전망을 해볼까 한다. 그럼 우선 경제 및 기업 윤리에서의 변화 및 발전에 많은 영향을 미치는 서구의 정치, 경제, 사회, 과학 기술 및 생활 환경 등에 대해 간략하게 검토하여 보도록 하겠다.

첫째로, 정치·군사에 있어, 소련의 자유화 및 개방화로 거의 반세기 동안 지속되어 온 동서간의 정치·군사적 대결이 끝났다. 이로써 동서간에는 그 어느 때보다도 화해 분위

기가 조성되어 긴밀한 협조 관계를 맺어 오고 있다. 지역적
으로 중동 및 아프리카에서 종교, 종족 및 패권 타툼으로 인
해 분쟁이 발생하지만 유엔의 평화군이 파견되어 이를 해소
시켜 나가고 있다. 또한 북한이 핵폭탄을 개발하여 동북아의
평화를 위협하려 하지만 미국을 위시해 국제 기구가 즉각적
인 반응을 보이면서 대응책을 강구하고 있다.

따라서 비록 지역적 분쟁이 발생한다고 하더라도 군사 강
대국과 유엔이 나와 조정 혹은 평화군을 파견하여 해결할 것
으로 믿어져 상당 기간 동안 평화가 지속될 것으로 예상된
다.

둘째로, 경제에 있어, 에너지 파동으로 무역 불균형이 심
화되면서 무역 수지가 악화되자 세계 각국은 자국의 시장을
보호하기 위해 경제 동맹을 결성하는가 하면 경제 이익을 보
호하기 위해 강력한 대응책도 강구하여 오고 있다. 이러한
대립 속에서 중·후진국의 시장을 개방시켜 보다 자유로운
교역이 이루어질 수 있도록 하기 위해 WTO라는 새로운 무
역 질서를 확립시켰다. 이에 높은 생산성과 경쟁력을 갖는
국가가 유리하여지고, 따라서 모든 국가들은 경쟁력 제고를
위한 기술 개발에 박차를 가하기 시작하였다. 이와 같은 세
계 경제의 흐름을 감안하여 볼 때, 정부는 국익 및 시장의
보호와 기술 개발을 앞세워 경제에 더 많이 개입할 것이 확
실하여지며, 그럼으로써 주도권을 잡아 나가려고 할 것이다.

한편 기업의 경우를 보면, 다국적 기업으로 성장함으로써
막강한 영향력을 행사할 수 있게 되고, 또한 정부의 정책을
견제하면서 자신의 이익을 적극 보호하려 할 것이다. 따라서
영향력이 막강하면 할수록 신기술 및 신상품의 개발을 통해
독점 시장 및 이윤을 계속 유지시켜 나갈 것으로 보인다. 그

리고 복잡하고 귀찮은 생산은 기피하는 한편 고부가 가치의 업종이나 산업을 더욱 선호할 것이다. 이렇게 되면 노사 문제는 노동 집약 산업을 맞게 될 중소 기업과 후진국이 해결해야 할 과제로 남게 될 것으로 예상된다.

또 한편으로 소비자의 경우를 보면, 사회 구조의 복잡 다양화로 분업이 더욱 세분화되고, 따라서 전문 기술을 가져야만 취업할 수 있을 것으로 보인다. 또한 생활의 복잡화와 통신의 발달로 시장보다는 통신 주문에 의한 상품 구입이 크게 증가할 것이다. 그리고 생활 취미와 취향도 다양화되면서 고급화되어 좋은 색깔과 디자인을 갖추면서 A/S를 필요로 하지 않는 깨끗하고도 완벽한 상품을 선호할 것으로 보인다. 또한 개방적이고 활동적인 생활을 영위할 것이므로 부드러우면서도 짧고 간결하게, 피부에 와닿는 따뜻한 서비스를 좋아할 것으로 예상된다.

셋째로, 과학 기술에 있어, 전자 및 컴퓨터 산업의 발달로 기초 과학은 물론 응용 과학도 상당히 발전할 것이다. 그리고 산업 기술이 발달하면서 경제 발전에 크게 기여하고, 생활에도 많은 편리를 제공할 것으로 보인다. 따라서 과학 기술이 신상품을 통해 인간에게 새로운 생활을 영위하도록 부추기면서 그것에 알맞은 행동도 할 것을 강요하게 될 것이다. 하지만 기술 개발에 막대한 투자가 뒤따라야 하므로 대기업이 주도권을 잡아 나갈 것으로 예상된다. 따라서 기술 개발에 따른 이익은 거의 모두가 대기업의 몫으로 돌아가는 한편 정부도 끼여들어 파생 수입을 겨냥할 것이다.

넷째로, 생활 여건 및 환경에 있어, 앞으로 수십 년 이내에 세계 인구가 2배 가까이 증가할 것이라고 한다. 그리고 산업의 발달로 자연이 크게 파괴되는 것을 비롯해 물과 공기도 오염되어 쾌적한 삶을 어렵게 할 것이라고 한다. 또한 토양의 산성화, 과다한 농약 및 비료의 사용, 바다의 오염, 그리고 극심한 가뭄 등으로 식량 공급도 절대 부족 현상을 나타내게 될 것이라 한다. 그리고 앞으로 이렇게 어려운 사정은 더욱 심각해지면서 오래도록 지속되고, 이는 선진국보다는 중·후진국에서 더욱더 심각한 문제로 대두될 것이라고 한다.

마지막으로, 생활 의식 및 사상에 있어, 경제, 과학 기술 및 생활 환경 등의 급속한 변화가 생활 의식 및 자세에 큰 파급 효과를 미칠 것으로 보인다. 좀더 자세히 설명하면, 분업의 세분화와 전문성은 보다 더 자기 중심의 개인 생활을 강조하고, 따라서 모든 것을 자신의 이익 및 입장에 의해 해석하거나 혹은 받아들이려 할 것으로 전망된다. 그리고 통신 수단의 발달로 많은 정보 수집이 가능해짐으로 복잡한 것보다는 간단하면서도 분명한 언어, 자세 및 사고를 선호할 것으로 보인다. 따라서 이성에 의한 독자적 태도보다는 기술과 정보에 의존하는 타의적 생각과 자세를 좋아할 것이고, 옛날 혹은 낡은 것보다는 새롭고 깨끗한 것을 고집할 것으로 예상된다.

이상으로 경제 및 기업 윤리의 형성, 변화 및 발전에 큰 영향을 미치는 여러 요인들을 검토해 보았다. 여기서 우리들이 발견한 것은 이들 요인이 급속히 변화, 발전할 것이라는 점이다. 그럼 이같은 변화와 발전에 맞추어 앞으로 경제 및 기업 윤리가 과연 어떤 방향으로 발전해 나갈 것인가가 관심의 대상이 되면서 우리들이 꼭 찾아내어야 하는 것이다.

첫째로 경제 윤리에 있어, 우선 분배 정의의 경우를 보면, 분업의 세분화에 따른 전문성을 갖춘 노동에는 분배 문제가 노사간의 큰 문제로 대두되지 않을 것으로 보인다. 왜냐하면, 독점 시장을 통해 충분한 이득을 챙긴 기업이 전문성을 갖춘 노동자에게는 충분한 대가를 지불할 것으로 보이기 때문이다. 그런데 여기서 문제가 되는 것은 전문성을 가지고 있지 못한 노동자이다. 물론 이들이 기업과 직접적 관계를 갖고 있지 않다고 하더라도, 관리 자본주의에 있어 정부가 정치적 이유를 내세워 분배 문제에 깊숙이 개입할 것이므로 지금까지 노사간의 문제로 간주되던 분배 문제가 앞으로는 기업과 정부 사이의 문제로 전환될 것으로 예상된다.

다시 말하면, 정부는 기업에게 종전보다 더 많은 세금을 요구하고, 이에 대해 기업은 거절할 수 없는 곤란한 입장에 놓이게 된다는 것이다. 만약에 불만이 있을 경우에는, 정치에 직접 참여하기보다는 선거를 통해 나타내려고 할 것이다. 따라서 분배 정의는 새로운 모습으로 노사간보다는 정부와 기업 사이의 문제로 등장할 것이고, 노조도 그렇게 되기를 바라면서 정부에 압력을 가할 것으로 예상된다.

등가 교환 정의의 경우를 보면, 분업의 세분화가 전문성을 더 많이 요구하게 될 것이므로 시장에서 상품의 희귀성 및 노동 가치보다는 특수성과 편리함에 더 많은 가치를 부여할 것으로 보인다. 그러므로 교환 정의는 노동 가치보다는 전문성, 특수성 및 정확성에 의해 결정될 것으로 예상된다. 하지만 상품에 관한 정보가 대량으로 교환되면서 빠른 접근을 가능케 할 것이므로 특수성, 전문성 및 편리함에 대한 깊은 분석이 한결 용이해질 것이다. 다시 말하면, 지금까지는 정보 부족으로 교환 정의의 잣대가 된 노동 가치에 대한 세밀한 분석이 불가능하였기 때문에 기업이 제시하는 가설적 정보에만 의존할 수밖에 없었다.

그러나 이제는 잣대도 바뀌고, 정보도 풍부하게 공급되어 교환 정의를 더욱 쉽게 찾아낼 수 있는 한편 간단하게 따질 수도 있게 될 것으로 보인다. 물론 정보는 실제보다는 가설 혹은 가정을 전제로 하지만, 주문 구입을 통해 한 번 실제로 경험하게 되면 교환 정의에 대한 정확한 정보를 얻게 될 것이다. 그런 다음 기업에 대해 즉각적인 반응을 보일 것으로 예상된다. 따라서 분배 정의의 경우와 마찬가지로 새로운 모습으로 나타나면서 더욱더 엄밀하게 따져질 것으로 보인다.

둘째로, 기업 윤리에 있어, 앞에서 언급한 바와 같이 기업 윤리는 경제 윤리와 기독교의 사상을 그 기본 바탕으로 하면서 상거래 및 행위, 즉 기업 경영 및 관리에 적용되는 것이라 하였다. 그리고 경제 윤리에 있어 시장 및 교환 가치보다는 분배 및 등가 교환의 정의가 종전보다 더 크게 적용될 것으로 보인다고 하였다. 따라서 기업 윤리에 있어서도 분배 및 등가 교환의 정의를 중심으로 전문성, 특수성, 신뢰성, 성실성 및 정확성 등을 강조할 것으로 예상된다.

좀더 구체적으로 설명하면, 기업과 근로자 사이에 있어 기업은 근로자의 전문성 및 특수성에 걸맞은 대가를 지불하는 반면에 근로자는 그 대가에 상응하는 전문성과 생산성을 제공하게끔 요구될 것으로 보인다. 그리고 작업 환경 및 여건에 있어 전문성과 특수성이 충분히 발휘되거나 반영될 수 있는 환경과 분위기를 조성해야 할 뿐 아니라 그것을 강력히 요구할 것으로 예상된다.

다음으로 기업과 소비자 혹은 고객 사이에 있어, 소비자는 양보다는 내용과 질을 중시하면서 전문성, 특수성 및 신뢰성 등이 담긴 상품을 선호하며, 기업은 그 선호 혹은 요구를 충족시켜 주면서 적당한 이윤을 갖도록 요구될 것으로 보인다.

다시 말하면, 전문성과 특수성이 독점으로 이어질 가능성이 있으므로 이를 계기로 엄청난 독점 이윤을 챙기려는 기업의 시도 및 계획이 견제 혹은 억제당할 것으로 보인다는 것이다. 그리고 모두가 생활에 충분한 시간적 여유를 갖지 못할 뿐 아니라 핵가족도 지속될 것이므로 A/S가 필요없는 상품, 또한 공해 및 오염 등의 문제가 더욱 심각해질 것이므로 깨끗하면서도 품질이 보장되는 상품을 공급하게끔 요청될 것으로 보인다. 그러므로 종전보다 더 친밀하고도 신뢰성있는 고객 및 소비자와의 관계를 유지시켜야 할 것으로 예상된다.

한편 세계 무역에 있어 국가의 이익과 기업의 이익이 서로 대립보다는 조화를 이루는 관계가 요청되면서 수입업자 혹은 현지 법인보다는 최종 소비자와 직접 연결되어 적정한 가격에서 질과 내용이 보장되는 상품의 판매가 필요해질 것으로 보인다. 그러므로 더 많은 신뢰성과 정확성이 요구될 것이다.

마지막으로 주주, 경쟁사, 국가 경제 및 거래 업자와의 관계에 있어, 주주에게 적당한 보상을 마련해 주는 관계가 계속 요청되고, 경쟁사와는 가격보다는 전문성, 특수성, 내용 및 질 등에 의한 공정한 경쟁이 요구될 것으로 예상된다. 그리고 국가 경제 및 정부와의 관계에 있어서는, 종전보다 더 많은 견제와 협조 혹은 협력이 필요할 것으로 보인다.

다시 말하면, 높은 생산성과 소비자의 요구를 충족시켜 줌으로써 국가 경제 발전에 기여하고, 정부의 재분배에 적극 협조함과 동시에 정부의 과다한 지출에 대해서는 견제해야 할 위치에 놓이게 될 것으로 예상된다. 다음으로 거래 업자와는 경쟁 속에서 협조하는 관계를 맺어야 할 것으로 보인다.

이상으로 경제 및 기업 윤리가 발전해 나갈 방향을 간략하게 전망해 보았다. 이 전망을 통해 정의를 바탕으로 한 경제 및 기업 윤리가 종전같이 뒤로 물러서기보다는 더욱 활용되면서 많은 영향력을 미치게 될 것을 알게 되었다.

2. 한국적 기업 윤리

앞에서 이미 설명한 바와 같이 우리 나라는 오랜 세월을 통해 폐쇄적이고 반봉건적 농경 사회 속에서 삶을 영위해 왔다. 이에 따라 서구 사회와 같이 먼 거리와의 왕래 및 교역을 할 수 없었을 뿐 아니라 산업 경제도 빨리 발전시킬 수가 없었다. 20세기에 들어오면서 문호를 개방하고, 그리고 이웃 나라와 더불어 교역을 하면서 상거래 및 행위를 활성화시켜 나가려고 노력하였다. 그러나 곧 일본의 식민지 통치하에 들어가 자유와 자율권을 상실하게 됨에 따라 그 목적을 달성할 수가 없었다.

드디어 해방과 더불어 주권을 회복하는 한편 미국으로부터 생소한 자본주의 경제를 받아들여 이를 바탕으로 한국 경제를 출범시켰다. 그러나 공급 부족, 노동의 과잉 공급, 그리고 만성적인 인플레 등으로 시장 경제의 정착에 실패하고, 이에 정부가 통제하는 통제 경제를 실시하였다. 그런 다음 군사 정부가 들어와 절대 빈곤으로부터 벗어나기 위해 장기 개발 계획을 세우면서 수출 주도의 성장 정책을 강력히 추진시켰다. 이 결과 수출과 성장이 가장 중요한 가치와 덕목으

로 받아들여지면서 상거래 및 행위는 물론 일반 생활에 있어
서도 이를 행동의 지침으로 삼아야만 했다.

　이같은 수출 및 성장의 가치와 덕목으로 절대 빈곤으로부
터 벗어나 부를 축적하면서 어느 정도의 풍족한 삶을 영위해
나갈 수 있게 되었다. 그러나 공급의 절대 부족과 노동의 과
잉 공급이 사라지면서 소득이 늘어나기 시작한 70년대 말부
터 고도의 성장에 따른 후유증과 부작용이 밖으로 조금씩 나
타나고, 그리고 80년대 중반을 넘어 국제 수지의 흑자와 고
성장을 달성하게 되자 후유증과 부작용은 본격적으로 노출되
기 시작하였다.

　그런 다음 90년대에 들어와서는 물, 공기 및 환경 등의 파
괴와 오염은 물론 부실 공사와 부주의 혹은 실수로 인해 많
은 인명 피해와 엄청난 재산상의 손실을 가져다 주는 대형
사고와 사건이 연이어 발생하면서 세계 각국들을 깜짝 놀라
게 하였다. 또한 이 무렵 대재벌의 총수들이 특혜와 이권을
받아내기 위해 국가의 최고 통치자인 대통령에게 수천억 원
에 달하는 엄청난 뇌물을 가져다 바친 사실이 폭로되었다.
이에 세계 각국들이 또 한 번 깜짝 놀라면서 한국 경제에는
고도의 성장으로 인해 발생하는 후유증과 부작용이 심각하
며, 또한 그것에 대한 대가도 만만찮다고 논평하였다.

　한편 국내에서는 언론 매체를 위시해 모든 사람이 사람의
잘못과 실수로 인해 그같은 대형 사고 및 사건과 거액의 뇌
물 상납 등이 발생하게 된 것이라고 단정하였다. 따라서 이
러한 사고, 사건 및 뇌물 상납 등의 재발을 막기 위해 법의
제정 혹은 보완이 필요하지만, 그것보다 더 중요하면서도 긴
요한 것은 윤리 도덕이라고 하였다. 다시 말하면, 윤리 도덕
이 없기 때문에 그렇게 놀라운 일들이 계속 발생하게 된다는

것이다.

여기서 우리들이 의문을 가지게 되는 것은 과연 한국 경제에는 대형 사고, 사건 및 뇌물 상납 등을 막을 윤리 도덕이 존재하지 않는가 하는 점이다. 이미 앞에서 언급한 바와 같이 전문가들은 학습의 규범, 사회 책임의 규범, 그리고 고유의 의식 및 사상 등을 기업 윤리로 제시하면서 이것에 맞추어 상거래 및 행위에 있어 규범적 행동을 할 것을 촉구하였다. 이런 사실을 감안한다면 한국 경제도 윤리 도덕이 존재하는 것이다. 그런데 왜 사람들은 계속 윤리 도덕이 없다고 주장하며, 또한 왜 대형 사고, 사건 및 뇌물 상납 등이 계속 발생하고 있는가 하는 것이다. 따라서 그들의 주장과 발생의 원인에 대해 많은 의문을 갖지 않을 수 없게 된다.

이같은 의문을 해소하기 위해서는 다음과 같은 질문을 하고, 그것에 대한 회답을 얻어야 한다. 그렇게 되면 의문이 자동적으로 풀리면서 문제의 핵심을 똑바로 이해하고 파악하게 될 것이다. 그럼 첫번째의 질문은, 우리들이 말하는 윤리 도덕이 무엇을 의미하며, 그리고 어떤 역할을 하는지에 대해 얼마만큼 알고 있느냐 하는 문제이다. 두번째는 그런 측면에서 전문가들이 제시한 규범들이 기업 윤리로서 적절하면서도 타당한 것인가이다. 여기서 우리들이 주의해야 할 것은 이미 앞에서 윤리 도덕의 개념에 대해 충분히 설명했고, 또한 한국 전문가들이 제시한 규범들을 평가하면서 이들 규범이 기업 윤리로서 적절하지 못할 뿐 아니라 타당하지도 않다고 지적한 사실이다. 이러한 설명과 지적이 바로 2개의 질문에 대한 회답이 되는 것이다. 이에 따라 우리들이 갖게 된 의문이 풀리게 되는데, 그 회답은 한국 경제와 기업이 필요로 하는 기업 윤리가 존재하지 않는다는 것이다.

그럼 우리들은 앞으로 어떤 기업 윤리를 가져야만 그같은 대형 사고, 사건, 및 뇌물, 그리고 환경 파괴 및 오염 등을 포함하여 부당한 상거래 및 행위를 억제하는 데 큰 도움을 받을 수 있을까 하는 생각을 하여 보게 된다. 여기서 또 한 번 많은 주의를 요하는 것은 어떤 기업 윤리를 가진다는 것이 많은 기업 윤리들 중에서 마음에 드는 것을 하나 선택하는 것이 아니고 자기 자신으로부터 찾아내는 것을 의미한다는 점이다. 그러므로 우리는 우리들 자신부터 분석하고, 그리고 충분히 이해한 다음 그것에 알맞은 기업 윤리를 찾아내야 하는 것이다. 물론 아무것도 없는 곳에서 무엇을 창출해 내는 것은 아니고, 여러 덕목과 가치들을 비교 검토한 다음 그것을 바탕으로 해서 찾아내는 것이다.

그럼 먼저 한국 경제의 특성, 내용 및 위치 등을 검토해 보도록 하겠다. 앞에서 언급한 바와 같이 한국 경제는 해방을 맞이하면서 생소한 자본주의를 도입하여 경제 및 기업 경영의 기본틀로 삼고자 하였다. 그런데 우리들은 자본주의의 본질은 모른 채 겉으로 드러난 그 제도만 갖고 들어와 우리의 삶에 억지로 맞추어 사용하고자 하였다.

따라서 수세기에 걸쳐 형성되는 과정에서 그 바탕을 이루어 온 윤리 도덕, 가치관, 생활 의식, 그리고 관습 등은 무시하면서 송두리째 내다 버렸다. 그 결과, 내용과 질이 담기지 않은 껍데기만 가진 자본주의를 들고 와 한국 경제 및 기업 경영의 기본틀로 삼겠다고 억지를 부린 꼴이 되었다. 물론 그 당시 우리들이 서구 사회가 갖고 있는 윤리 도덕, 가치관, 사상, 종교, 관습 및 생활 문화 등을 충분히 이해하고, 그런 다음 자본주의를 올바르고 정당하게 이용할 수 있는 능력과 지식을 갖지 못한 것은 사실이었다. 그러나 우리들은 그렇게 하려고 흉내도 내지 아니했을 뿐 아니라 50년이 지난 지금에 와서도 여전히 무관심한 것이다. 단지 제도에만 계속 매달리면서 허덕이고 있는 것이다. 이에 따라 절대 빈곤으로부터 벗어나자마자 왜곡과 악용으로 인해 발생하는 후유증 등과 부작용을 볼 수 있게 된 것이었다. 그리고 목적 달성을 위해 악용하면 할수록 그 후유증과 부작용은 더욱 확대되어 심각한 사회 문제로 대두되는 것이었다.

한편으로 이 무렵 자본주의 제도와 더불어 서구의 생활 문화도 소개되어 들어오기 시작하고 있었다. 이것 역시 밖으로 드러난 형식, 외형 및 모양만을 가지고 오게 됨으로써 생활에 많은 혼돈, 부작용 및 혼란을 발생케 하였다. 이를 좀더 구체적으로 살펴보면, 우선 식생활에 있어 스테이크가 매우 유행되면서 많은 사람들이 김치와 같이 먹거나 매운 양념을 쳐 먹으면서 맛있다고 즐기는 것이다. 또한 커피를 마시기 시작하면서 김치와 된장으로 밥을 먹은 다음에도 커피를 마시겠다고 야단이고, 그래야만 소화가 잘된다는 것이다.

그리고 최근에는 신세대들이 피자와 햄버거를 먹기 시작하면서 김치를 기피하고 있다. 그런데 외국에 나가 연일 피자만 먹게 되면, 김치를 먹지 않으면 못 살겠다고 야단인 것이다. 의류에 있어서도 수천 년 동안 즐겨 입던 한복을 하룻밤 사이 팽개치고 양복을 입는가 하면 최근에는 허벅지와 배꼽을 드러내는 노출형의 옷을 즐겨 입는다. 그리고 영화, TV 및 잡지를 보고 열심히 흉내내어 입으려고 야단이다. 또한 뒷굽이 높은 신발을 신거나 이상한 머리 모양을 만들어 거리에 나가 활보하려고 한다. 그런데 막상 미국이나 유럽 대륙에 가서 그렇게 입고, 신고 그리고 머리 모양을 하고 거리로 나가라 하면 도망을 치는 것이다.

다음으로 음악에 있어서 우리의 고유 음악인 창과 더불어 20세기에 들어오면서 유행되기 시작한 가요, 해방과 더불어 유행된 가곡, 그리고 최근 신세대들이 좋아하는 랩송과 나이 많은 사람들이 좋아하는 흘러간 노래 등이 동시에 경쟁적으로 TV 쇼, 음악회 및 기념 공연회 등을 통해 불리워지고 있다. 그리고 어린 여학생의 오빠 부대들이 유명 가수를 만나겠다고 하는가 하면 남녀노소를 불문하고 모든 사람들이 노래방을 찾아 시간가는 줄 모르고 마음껏 부르는 것이다. 또한 몇 사람 모였다 하면 노래부르기 시합을 벌이는 것이다. 그런데 여기서 사람이 노래를 부르는 것인지 혹은 노래가 사람을 부르는 것인지 알 수 없을 뿐 아니라 수입된 노래도 내용을 모르는 것은 물론 발음도 틀리면서 앵무새같이 부르고 마냥 즐기는 것이다. 이런 가운데서 자신이 해야 할 일을 내팽개치는 것이다.

그런가 하면, 건물은 온통 외국어로 씌어진 간판으로 뒤덮여 있는가 하면 물건의 이름, 상표, 영화 제목, 그리고 음식의 이름에까지 전혀 뜻을 알 수 없는 이름으로 씌어져 있는 것이다. 마지막으로 영화를 보면, 흥미와 재미를 동시에 가져다 주는 것은 사실이다. 그런데 사람을 쉽게 죽이고, 폭력을 휘두르는 내용을 많이 담음으로써 청소년에게는 나쁜 영향을 미칠 뿐 아니라 허망된 꿈마저도 가지게 하는 것이다. 이외에도 많이 있겠다.

아무튼 이상과 같이 자본주의와 더불어 소개된 생활 문화도 처음에는 호기심, 흥미, 즐거움 및 편리함 등을 가져다 주어 많은 환영을 받았다. 그러나 이것이 나쁜 영향을 미치거나 혹은 악용되면서 후유증과 부작용이 나타나게 되자 많은 사람들은 우리의 미풍양속, 즉 깨끗하고 아름다운 문화를 파괴하는 저질 문화라고 비판하기 시작하는 것이다.

여기서 잠깐 우리들은 자본주의의 경우와 마찬가지로 이들 생활 문화가 왜 비판을 받아야 하는지 그 이유를 조금 알아볼 필요가 있는 것이다. 물론 수입된 생활 문화 속에 퇴폐 문화도 많이 포함되어 있는 것은 사실이다. 그러나 저질이면서도 퇴폐된 문화를 제외한 생활 문화에 있어, 이들은 나름대로 자신들의 생활에 필요했기 때문에 생겨나면서 생활화된 것이다. 그런데 우리들은 생활 문화의 배경, 즉 가치관, 문화 의식 및 관습 등을 무시하고 밖으로 드러난 모양, 형체 및 형식만을 갖고 들어와 즐기려고 한 것이었다. 이런 가운데서 이기적인 생각 및 행동으로 인해 악용, 남용 및 왜곡이 발생하고, 이것이 확대되자 그 후유증과 부작용이 나타나면서 심각한 사회 문제로 대두되고 있는 것이다.

여기서 문제를 더욱 심각하게 만드는 것은 저질 문화라고 비판을 하면서도 돌아서서 그것을 즐기고 있다는 점이다.

따라서 우리들은 내면 속에 감추어진 가치관, 윤리 도덕, 관습 및 생활 의식 등을 무시하고 밖으로 드러난 제도와 형식 및 모양만을 갖고 들어와 우리의 생활에 이용하고자 한다면, 자본주의 경제 혹은 서구의 생활 문화가 악용 및 남용될 가능성이 많을 뿐 아니라 이로 인해 감당하기 어려운 후유증과 부작용도 발생한다는 사실을 알 수 있게 된다. 그러므로 이들이 가지고 있는 가치관, 윤리 도덕, 관습 및 생활 의식 등을 동시에 갖고 들어와 그것에 맞추어 이용한다면 후유증과 부작용이 많이 줄어들 것이다.

그런데 여기서 우리들이 또 한 번 의문을 가질 수 있는 것은 수입된 자본주의와 생활 문화를 다시 그곳으로 수출해 버리고 아름다운 우리 것으로만 삶을 영위해 나가면 어떻겠느냐는 생각을 해볼 수 있지 않느냐라는 점이다. 이에 대한 회답은 한마디로 불가능이라 할 수 있다. 왜냐하면, 첫째로 이들이 물건이 아니라는 점이고, 둘째로 비록 이들이 제도, 상식 및 모양 등이라고 하더라도 이미 우리들의 생활 속에 깊숙이 들어와 생활의 일부분이 되면서 크게 작용하며, 그리고 마지막으로 지금은 서구 사회와의 정치, 경제, 문화, 종교 및 학문적 교류를 단절하고 독자적으로 폐쇄적 생활을 할 수 없기 때문이다.

만약에 이들 이유에 대해 수긍할 수밖에 없다면, 지금부터라도 우리들은 자본주의를 한국 경제에 적절하게 이용하면서 후유증 및 부작용의 발생을 최소화시켜 나가야 할 것이다. 여기서 적절하게 이용하는 방법이, 첫째로 사회의 경제 및 기업 윤리를 받아들여 한국 경제에 알맞게끔 통합시키고, 둘째로 행동의 주체인 우리들 자신도 서구의 윤리 도덕 및 생활 의식을 올바르게 받아들여 활용할 수 있는 의식 및 사상적 준비를 해야 할 것이다.

그렇다고 한다면, 여기서 문제가 되는 것은 정의에 바탕을 둔 경제 및 기업 윤리를 어떻게 이해하면서 받아들이느냐 하는 점이다. 왜냐하면, 우리의 고유 의식, 윤리 도덕, 가치관 및 관습에서는 그것과 꼭 같은 의미 혹은 내용을 갖는 규범이 없어 정확하게 이해하고 똑바로 이용한다는 것이 어렵기 때문이다.

이에 따라 정의에 바탕을 둔 경제 및 기업 윤리를 받아들이는 데에 많은 도움을 줄 수 있는 생활 의식, 윤리 도덕, 관습 및 가치관을 모색해야 하는데, 그것은 아무래도 우리의 생활 의식 및 관습 속에서 "정을 주고받고," 그리고 "가는 말이 고와야 오는 말이 곱다" 등이 아닌가 생각하여 보게 된다. 그런데 여기서 주의를 요하는 것은 지금까지 이들 의식 및 생활 관습이 가족 내에서만 통용되어 온 사실을 꼭 알아야 한다는 것이다. 다시 말하면, 가족을 벗어나 전혀 모르는 사람에게까지 적용되어 오지 아니했다는 것이다.

따라서 우선 우리들은 가족의 테두리를 혈연 중심의 친족으로부터 확대시켜 세계의 모든 사람들을 부모 형제 및 아들 딸로 받아들이도록 노력해야 할 것이다. 그런 다음 이들 모두에게 따뜻한 사랑과 정을 주고, 또한 받으면서 서로 어울려 살아가는 생활에 익숙해져야 할 것이다. 이런 가운데서 너무 과다하거나 혹은 인색한 것보다는 적절하면서도 적당한 사람과 정을 주는 것을 배워야 할 것이다. 사실 한국 사람은 감정이 많아 자신의 생각 및 마음에 많이 의존하는데, 여기서 이는 금물이다. 따라서 마냥 주고받기보다는 주변의 여건 및 상황과 상대방의 의문 및 노력 등을 항상 관찰하고, 그리고 그것에 알맞게끔 주고받도록 해야 할 것이다.

이를 예로 들어 설명한다면, 남녀간의 일방적 짝사랑으로 못살게 구는 것, 과다한 기대, 나의 자식 무조건 감싸 안기, 일방적 인신 공격 및 무고, 질투, 사촌이 땅을 사면 공연히 배아프기, 형식적인 친절, 편들기, 그리고 분수에 넘치는 행동 및 호기심 등이 해당되겠다. 물론 많은 사람들이 이같은 감정과 행동이 없으면 무슨 재미로 살아가겠느냐고 하면서 반대할 것이다. 그러나 우리들이 꼭 인식해야 할 것은 이 세상은 우리 혼자가 아닌 두 사람 이상이 모여 함께 살아간다는 사실이다. 서구의 경제 및 기업 윤리가 바로 이같은 인식과 생각에 그 바탕을 두는 것이다. 따라서 자기 중심의 인간주의, 사랑, 친절 및 정 등을 절대로 피해야 할 것이다.

최근에 대기업들이 그룹 이미지를 부각시키기 위해 가족이라는 말을 많이 사용하는 한편 현관 입구에 아주 예쁜 아가씨를 두어 방문객에게 친절한 안내를 하게 하고 있다. 그런데 이들의 친절은 인간미와 생동감이 없는 목적 혹은 기계와 같은 것이다. 그리고 가족은 그 속에 소비자, 근로자 및 다른 여러 사람들이 들어갈 수가 없어 매우 배타적인 것이다. 만약에 가족을 바탕으로 하여 세계화를 추진하겠다고 한다면, 이는 자기 모순에 빠질 수밖에 없는 것이다. 또 한편으로 친절한 서비스를 본업으로 하는 비행기의 여자 승무원의 경우도 마찬가지다. 얼굴은 예쁠지 몰라도 따뜻한 마음을 갖지 않고 형식적인 냉랭한 서비스를 하고 있는 것이다. 이러한 현상은 최근에 많은 인기를 끄는 예쁜 도우미의 경우도 똑같다.

사실 너무나 오랜 세월을 통해 폐쇄적 사회 속에서 자기 중심적인 사랑을 하여 왔기 때문에 하룻밤 사이에 가족의 테두리로부터 갑작스럽게 벗어나기 어려울 것이다. 그러나 지금부터 노력하면서 배우고, 그러면서 모든 사람들을 따뜻하게 받아들여야 한다. 현재 우리 사회에는 세계화가 유행병처럼 확산되고 있는데, 거의 대부분의 사람들이 이의 참뜻을 모르고 있는 것이다. 심지어는 이를 강조하면서 실천에 옮기자고 앞장서는 최고 책임자도 말로만 세계화를 부르짖고 있으며, 또한 기업인들을 포함해 모든 사람들이 해외에 나가 외국인과 접하면서 거래하거나 혹은 친하게 지내면서 그들의 생활을 배우는 것으로 착각하는 것이다. 여기서 분명히 지적하고 싶은 것은 이같은 생각과 자세는 세계화와는 거리가 먼 것이다. 기독교가 말하듯 이것을 자기의 부모 형제와 다름없이 따뜻하게 사랑하면서 대하는 것이다.

아무튼 편견없이 진실된 사랑으로 모든 사람을 맞아도 될 수 있는 자세와 의식을 가질 때에 비로소 서구의 기업 윤리를 똑바로 받아들일 수 있게 될 것이다. 그런 다음 적절하면서도 참된 사랑을 줄 때 악용과 남용이 없는 진실된 활용 혹은 이용이 가능해질 것이다. 좀더 구체적으로 말하면, 모든 사람들과 더불어 평등하면서도 자유롭게 어울려 함께 살아가는 방법을 찾아야 한다는 것이다. 불행하게도 폐쇄적이면서도 반봉건적 생활을 하여 온 우리에게는 그같은 생활 의식, 자세 및 규범이 없다는 것이다. 그렇기 때문에 자본주의 경제를 자신의 이익만을 추구하는 데에 이용하고, 그 결과로 심각한 후유증과 부작용이 나올 수밖에 없는 것이다. 서구 사회도 지금 한국 경제가 직면한 문제점을 이미 오래 전에 체험하였기 때문에 이를 억제 혹은 해소시키기 위해 정의를 바탕으로 한 경제 및 기업 윤리를 고안해 낸 것이었다.

따라서 한국 경제는 가족 사회에서 세계화를 목표로 하는 열린 사회로 진입하면서 "주는 사랑 받는 사랑"을 고리로 하여 모든 사람을 한가족으로 받아들이도록 해야 할 것이다. 그런 다음 적절하면서도 분수에 맞게끔 상대방의 기분, 사정 및 노력 등을 충분히 고려하고, 그리고 노력의 대가로 사랑과 정을 주고받는 생활 의식, 규범 및 자세를 가져야 할 것이다. 이같은 의식과 자세가 준비되면, 정의를 바탕으로 한 경제 및 기업 윤리를 받아들여 기업 경영 및 관리에 어떤 역할을 하는지 그 내용을 정확하게 파악해야 할 것이다. 이러한 과정을 밟게 되면, 악용, 남용, 혼돈이나 착오없이 자연스럽게 받아들일 수 있을 뿐 아니라 큰 무리나 부작용없는 생활화도 가능해질 것이다.

앞에서 기업 윤리가 기업 경영과 관리에 국한된다고 하였지만, 실제에 있어 이는 경제 윤리에 그 바탕을 두면서 생활 윤리와 연결되므로 한국 경제는 기업으로 하여금 기업 윤리를 넘어서 경제 및 생활 윤리를 동시에 이해하도록 하고, 이때 기업은 능동적 자세로 임해야 할 것이다.

앞에서 이미 언급한 바와 같이 21세기를 내다보는 세계 경제에 있어 주도권을 둘러싸고 기업과 정부가 치열한 다툼을 벌일 것이 확실시되고 있다. 이때 기업이 기업 윤리를 바탕으로 정당한 상거래 및 행위를 함으로써 소비자와 노동자로부터 절대적인 지지를 받게 되고, 그렇게 되면 주도권을 쉽게 잡을 수 있게 될 것이다. 특히 한국 경제에 있어 지금 기업은 초일류, 세계 최고 및 정도 등의 막연하고도 형식적이면서 이기적인 세계화보다는 기업 윤리에 바탕을 둔 세계화를 추진시켜야 하고, 그렇게 할 때 기업, 노동자 및 소비자 사이에 긴밀한 유대 관계가 형성되어 높은 경쟁력을 가지면서 물질적 및 정신적 성장에도 크게 기여할 것이다. 이렇게 되도록 하는 것이 기업의 의무이자 책임이고, 이를 완수할 때 15세기 르네상스를 선도한 서구 기업인의 정신, 노력 및 역할을 재현시킬 수 있을 것이다.

이제 우리 나라는 그토록 염원하는 OECD 회원국이 되어 경제 선진국으로 발돋움하려는 길목에 접어들고 있다. 따라서 기업은 OECD에 제도적으로 가입하는 그 자체가 곧바로 경제 선진국으로 부상하게 만들어 주지 않는다는 사실을 충분히 인식해야 하는 한편, 정의에 바탕을 둔 기업 윤리와 경제 윤리가 하루속히 생활화될 수 있도록 최선의 노력을 기울여야 할 것이다. 그리고 그렇게 할 때 비로소 경제 선진국과 어깨를 나란히 하면서 실질적인 선진국으로 진입하게 될 것이다.

참 고 문 헌

〔국내 문헌〕

강철규 외 2인, 《재벌》, 비봉출판사, 1993.

공병호, 《한국 기업 흥망사》, 명진출판, 1993.

대한상공회의소, 《최고 경영자의 일반 관리》, 1986.

대한상공회의소, 《한국적 노사 관계의 진로와 성공 사례》, 1986.

대한상공회의소, 《한국 기업의 성장 전략과 경영 구조》, 1987.

대한상공회의소, 《한국 기업의 세계화 전략》, 1994.

민승규·김은환, 《경영과 동양적 사고》, 삼성경제연구소, 1996.

백 일, 《한국 재벌 구조 교체안 연구》, 백산서당, 1994.

북부민부(유환성 옮김), 《한국의 기업 경영과 재벌》, 화평사, 1991.

삼성경제연구소, 《21세기 동아시아의 미래와 산업》, 1996.

삼일컨설팅그룹, 《한국 기업의 성공 조건》, 매일경제신문사, 1993.

서광조, 《한국의 자유 민주화와 현대화》, 신원, 1990.

서광조, 《한국 사회 속에서의 인간과 그 삶》, 자유출판사, 1992.

서광조, 《21세기 한국 사회와 우리의 삶》, 한국경제신문사, 1995.

서울사회경제연구소, 《한국의 산업 발전과 재벌》, 1995.

신유근, 《한국 기업의 특성과 과제》, 서울대학교 출판부, 1985.

안림, 《한국 경제와 내외 독점 자본》, 성균관대학교 출판부, 1985.

야마노우치 테루오(조성락 옮김), 《21세기 기업이 살아 남는 길》, 매일경제신문사, 1994.

이어령, 《기업의 성패 그 문화가 좌우한다》, 한국통신 출판부, 1992.

장기신용은행, 《한국 기업의 사회적 책임과 사회 봉사》, 1991.

전국경제인연합회, 《한국 사회의 변동과 기업의 역할》, 1989.

전국경제인연합회, 《자유 시장 경제와 한국인》, 1996.

전국경제인연합회, 《규제 완화의 새로운 접근》, 1996.

정신문화연구원, 《효 사상과 미래 사회》, 1995.

전용욱·한정화, 《초일류 기업으로 가는 길》, 김영사, 1994.

최동익, 《한국 기업의 성장사적 특성에 관한 연구》, 홍익대학교 석사 논문, 1988.

한국경영학회, 《한국의 기업 윤리》, 세경사, 1993.

한국경제신문, 《21C 한국적 경영의 모색》, 1996.

한국경제전략연구원, 《한국 기업의 세계화 전략》, 1995.

한국은행, 《기업 경영 성과의 국제 비교》, 1996.

현대경제사회연구원, 《신경영 사조(Ⅰ)》, 1995.

〔외국 문헌〕

Armstrong, Philip, Capitalism since 1945, Basil Blackwell, 1991.

Beaud, Michel, A History of Capitalism, MacMillan, 1988.

Blaug, Mark, Economic Theory in Retrospect, Cambridge University Press, 1978.

Bouding, Kenneth E., "Economics as a Moral Science" *American Economic Riview*, March 1969, pp. 1~12.

Brittan, Samuel, Economic Conseqences of Democracy, Wild Wood House, 1988.

Buchanan, Allen, Ethics, Efficiency & The Market, Rowman & Allanheld, 1985.

Buchanan, James, The Limits of Liberty, University of Chicago Press, 1975.

Cavalier, Roberts J., Ethics in The History of Western Philosophy, St. Martin's Press, 1989.

Chandler, Jr., Alfred D., The Visible Hand, Harvard University Press, 1977.

Darlington, C. D., Evolution of Man & Society, Simon & Schuster, 1962.

Dunn, John, The Economic Limits to Modern Polities, Cambridge University Press, 1992.

Fabra, Paul, Capitalism versus Anti-Capitalism, Transaction Publishers, 1993.

Farrar, Cynthia, Origins of Democratic Thinking, Cambridge University Press, 1988.

Fisher, John M., Moral Responsibility, Cornell University Press, 1986.

Garrett, Thomas M., Business Ethics, Meredith, 1966.

Golembiewski, Robert T., Men, Management, & Morality, McGraw-Hill, 1965.

Hausman, Daniel, The Philosophy of Economics, Cambridge University Press, 1984.

Heller, Agnes, Renaissance Man, Roultledge & Kegan Paul, 1978.

Henning, Klaus, Neoclassical Economic Theory, Kluwer Academic Publisher, 1990.

Hollander, Samuel, Classical Economics, Basil Black-Well, 1987.

Kelbley, Charles A., The Value of Justice, Fordham University Press, 1979.

Kemp, Tom, The Climax of Capitalism, Longman, 1990.

Kipnis, Kenneth, Economic Justice, Rowman & Allanheld, 1985.

Leyden, W. Von, Aristotles on Equality & Justice, MacMillan, 1985.

Lowry, Todd S., Pre-Classical Economic Thought, Kluwer Academic Publishers, 1987.

Macpherson, C. B., The Political Theory of Possessive Individualism, Oxford University Press, 1962.

Macpherson, C. B., The Rise and Fall of Economic Justice and Other Papers, Oxford University press, 1985.

Mandel, Ernest, Late Capitalism, Verso, 1978.

Mason, Stephen F., A History of the Sciences, Collier, 1962.

McNally, David, Against the Market, Verso, 1993.

Pratley, Peter, The Essence of Business Ethics, Prentice Hall, 1995.

Rawls, John, A Theory of Justice, Harvard University Press, 1971.

Ricardo, David, The Principles of Political Economy & Taxation, Cambridge University Press, 1951.

Riley, Jonathan, "Justice under Capitalism," *Market & Justice* (ed. Luy John W. Chapman), New York University Press, 1989.

Schumpeter, Joseph A., History of Economic Analysis, George Allen and Union 1954

Schweickart, David, Against Capitalism, Cambridge University Press, 1993

Sen, Amartya, On Ethics & Economics, Basil BlackWell, 1987.

Smart, J. J. C. & Bernard Williams, Utilitarianism For & Against, Cambridge Univrsity Press, 1973.

Smith, Adam, An Inquiry into the Nature & Causes of the Wealth of Nations, MacMillan, 1956.

Smith, Adam, Theory of Moral Sentiments, Clarendon, 1975

Steedman, Ian, The Value Controversy, Verso, 1981.

Stigler, George J., "Economics or Ethics?", *The Tanner Lectures on Human Value* II., 1981, pp. 143~190.

Supple, Barry E., The Rise of Big Business, Edward Elgar, 1992.

Towle, Joseph W., Ethics & Standards in American

Business, Houghton Mifflin, 1964.

Tuck, Richard, Natural Rights Theories, Cambridge University Press, 1987.

Weber, Max, The Protestant Ethics & The Spirit of Capitalism, MacMillan, 1958.

Winfield, Richard D., Just Economy, Routledge, 1988.

저자 소개

서광조(徐光晁)
미국 샌프란시스코 대학에서 경영학 석사
뉴욕 대학에서 경제학 박사 학위를 취득
미국 시티뱅크와 한국산업연구원에서 근무
현재 세종대학교에서 경제학과 교수로 재직

저　서
「한국 경제사」(공저)
「성숙한 시민 개방된 사회」(공저)
「이데올로기의 갈등과 지식의 빈곤성」
「한국의 자유 민주화와 현대화」
「한국 사회 속에서의 인간과 그 삶」
「21세기 한국 사회와 우리의 삶」

주요 논문
・사회 계약론과 경제 윤리
・공동체주의와 경제 윤리

이응권(李應權)
한성・한양대학교 무역학과 졸업
성균관대학교 대학원 경영학 석사
세종대학교 대학원 경제학 박사 취득
University of Santo Tomas에서 연구
현재 건양대학교 무역학과 조교수로 재직

주요 논문
・해외 직접 투자 모형 설정 및 실증 분석
　연구(한국경제학회지)
・한국 제조 기업의 FDI 실증 분석 연구
　(국제경영학회지)
・WTO 체제하의 금융 시장 개방화에 따
　른 주가 지수 선물 시장 관리 방안 연구
　(한국무역학회지)

1996년 11월 25일　1판1쇄 인쇄
1997년　3월 30일　1판2쇄 발행
저　자　서광조・이응권
발행인　전　춘　호
발행처　철학과현실사
　　　　서울시 서초구 양재동 338-10
　　　　☏ 579-5908. 5909
등　록　1987. 12. 15 제1-583호

값　10,000원
ISBN　89-7775-177-2　03190